陕西师范大学优秀学术著作出版资助

高校教师远程教学胜任力发展

模型、培训与评估

周　榕／著

陕西师范大学出版总社　西安

图书代号　ZZ24N1175

图书在版编目（CIP）数据

高校教师远程教学胜任力发展：模型、培训与评估／周榕著. —西安：陕西师范大学出版总社有限公司，2024.4

ISBN 978-7-5695-3640-9

Ⅰ.①高…　Ⅱ.①周…　Ⅲ.①高等教育—远程教育—研究—中国　Ⅳ.①G729.21②G645.12

中国国家版本馆 CIP 数据核字（2023）第 092293 号

高校教师远程教学胜任力发展：模型、培训与评估

GAOXIAO JIAOSHI YUANCHENG JIAOXUE SHENGRENLI FAZHAN：MOXING PEIXUN YU PINGGU

周　榕　著

责任编辑	于盼盼
责任校对	刘金茹
封面设计	鼎新设计
出版发行	陕西师范大学出版总社
	（西安市长安南路 199 号　邮编 710062）
网　　址	http://www.snupg.com
印　　刷	西安市建明工贸有限责任公司
开　　本	720 mm×1020 mm　1/16
印　　张	16.5
字　　数	288 千
版　　次	2024 年 4 月第 1 版
印　　次	2024 年 4 月第 1 次印刷
书　　号	ISBN 978-7-5695-3640-9
定　　价	75.00 元

读者购书、书店添货或发现印装质量问题，请与本社高等教育出版中心联系。
电话:(029)85303622(传真)　85307864

前　言

　　发展现代远程教育,构建终身教育体系,是高等教育改革的重要任务。我国远程教育在经历了传统函授教育和广播电视教育之后,全面进入网络教育时代。为促进现代远程教育在高等教育领域的发展,我国提出"统筹规划,需求推动,扩大开放,提高质量"的总体方针,出台了一系列重要政策,启动"现代远程教育工程",批准设立远程教育试点高校,推动制度体系建设、学习环境建设、课程资源建设和师资队伍建设,取得了显著的成就。

　　远程教学是现代远程教育活动的核心。教师从事远程教学设计、评价、技术应用与创新科研的能力对远程教学效果具有关键性作用。然而,新冠疫情期间高校远程教学的现实表现告诉我们,教师在教学设计能力、教学交互能力、教学评价能力、学习支持服务能力和信息技术应用能力等方面的不足,已经成为高校远程教学有效开展的瓶颈。为此,提升高校教师远程教学能力,成为推动高等远程教育发展的重要任务。

　　高校教师远程教学能力发展的焦点是能力界定、能力培训和能力评估,对此国内外学术界进行了持续的研究,但仍存在一定的问题。例如,基于专家分析方法构建的能力标准或模型,是对教师远程教学"理想状态"的描述,与教学实践之间存在偏差和分歧。基于传统设计理念开发的教师培训方案,不能实现培训目标的精准定位和内容的分层设计,容易与教师的工作实际脱节。远程教学能力评价缺少与绩效关联的指标体系,考核方式多针对知识、技能而缺少对现实情境中开展教学活动的综合能力的考察。更为重要的是,目前国内针对远程教学能力的研究大多采用不同的理论框架,将"能力标准""培训"和"评价"割裂开来进行讨论,结论之间无法相互呼应,导致高校在真正开展远程教学师资管理时,需要适应不同的思路和方法,得不到系统化的指导。因此,应当将新的研究方法引入高校教师远程教学能力研究之中,实现研究范式上的突破。

胜任力是 20 世纪 70 年代人力资源管理领域兴起的概念，是指与工作绩效直接相关的知识、技能、能力、物质或动机等，是个体在工作中获得成功的决定性因素。由于胜任力通过内外结合来表征个体的成功要素，强调与工作任务、工作情景和工作绩效的关联性，并且具有鲜明的可观测、可量化的特点，受到国外学界的广泛关注，并在 90 年代掀起了应用实践的热潮。我国在 20 世纪末首次引入胜任力理论，并在之后的 20 余年里进行了持续研究。目前，对不同类别高校教师（专业授课教师、创新创业教师、思政教师、创客教师、心理教育教师等）以及特殊群体教师（乡村教师、民族教师、"双师型"教师、初任教师等）的胜任力研究均有较为丰富的成果。然而文献分析发现，将胜任力视角与高校教师远程教学能力相结合的研究仍明显不足。为此，本书采用胜任力理论模型与方法框架，对高校教师远程教学胜任力进行系统化研究，力求为胜任力发展提供统一的理论基础和实践指南。

首先，本书对高校教师远程教学胜任力研究进行背景分析。时代背景层面（第 1 章），对我国现代高等远程教育兴起的历史背景、宏观现状、新冠疫情期间的现实表现进行分析。同时，对我国高校教师远程教学能力发展的作用、目标与路径以及实践诉求进行阐释。研究背景层面（第 2 章），主要采用量化方法，对国内外高校教师胜任力研究和高校教师远程教学能力研究的热点、演化脉络以及高校教师远程教学胜任力的研究内容进行分析。上述分析表明，开展高校教师远程教学胜任力研究具有时代意义和研究价值，其任务是基于胜任力模型的构建，为教师培训、绩效评价及胜任力发展提供从理论到实践的研究成果。

其次，本书对高校教师远程教学胜任力研究的理论基础和核心技术进行介绍（第 3 章）。主要包括用于构建胜任力模型的胜任力理论及其核心方法，用于构建胜任力培训体系的复杂学习理论及四要素教学设计模型（four-compoent instructional design model,4C/ID model）和用于构建胜任力评估系统的灰色系统分析技术与评价中心技术，并着重说明了胜任力与能力、胜任力模型与能力标准的差异与联系。同时，对引入复杂学习理论、灰色系统理论和评价中心技术的逻辑合理性进行分析，完成了对高校教师远程教学胜任力研究框架的整体说明。

之后，本书对高校教师远程教学胜任力模型构建过程进行阐释（第 4 章）。详尽展示了胜任力词典的编制、行为事件访谈及结果分析、胜任力模型交叉验证的实证研究过程。对所构建的高校教师远程教学胜任力模型各维度（思维意识、教学素养、技术应用和自我发展)的 16 项胜任力进行阐释,并对胜任力模型的差异化应用方式进行说明。

基于胜任力模型,本书对高校教师远程教学胜任力培训体系进行设计和实践(第 5 章)。对"胜任力培训是复杂学习"的设计理念进行了论证,并介绍了复杂学习的经典设计模式——4C/ID 模型。基于 4C/ID 模型,完成了高校教师远程教学胜任力培训的目标分析和内容分析。完整展示高校教师远程教学胜任力培训实践案例,对培训目标层次和等级水平设定、培训内容选择、培训方案设计与实施、培训方案质量评估等关键环节逐一进行说明,尝试为高校开展远程教学胜任力培训提供实践参考。

同时,借助胜任力模型,本书对高校教师远程教学胜任力评估体系进行构建和应用(第 6 章)。基于灰色聚类分析和层级分析法,提取胜任力评估指标及其层级,确定评估指标权重,建立了高校教师远程教学胜任力评估指标体系。同时,建立胜任力评价中心,对模拟行为测试、公文筐测试、案例分析等情境性测评工具进行内容设计。采用灰色关联分析和灰色综合评估,对胜任力评估结果进行统计分析。通过应用实例,对胜任力评估的过程,特别是情境化评估工具设计和胜任力测评报告分析等环节进行阐释,为胜任力评估的实践提供借鉴。

最后,本书对高校教师远程教学胜任力的未来发展进行展望(第 7 章)。讨论胜任力模型构建在理论拓展、方法优化以及胜任力评估体系完善等理论研究层面的发展方向。同时,提出建立胜任力研究专门机构、开发优质胜任力培训项目、创设胜任力发展的生态环境等胜任力应用实践的推进策略。

本书选择"胜任力"作为研究切入点,充分利用胜任力与绩效的可验证关系,将"切实提高高校远程教学绩效,全面推进教师胜任力发展"作为总体目标开展研究,其学术价值体现为三个方面:第一,采用学科融合的创新研究方法。引入管理学领域中胜任力研究的规范化技术构建远程教学胜任力模型,引入学习科学领域的复杂学习模式完成胜任力培训方案设计,引入运筹学领域的灰色系统分析方法构建胜任力评估体系,以多学科融合的方式丰富教师能力研究和远程教学研究的方法与视角。第二,采用现实可操作的实践方法。本书所构建的远程教学胜任力模型、胜任力培训体系和评估系统具有较高的通用性、灵活性以及面向绩效、可观察和可测量的优势,能够支持高校根据自身的教师职业发展目标进行选择和调整,迅速形成一体化的胜任力发展体系。同时,胜任力培训和评估的案例也能够为高校教师远程教学胜任力发展的实践提供直接参考。第三,形成系统化的研究结论。本书以胜任力模型为基石,将其贯穿于胜任力界定、培训和评估等关键环节,使得胜任力发展的全过程成为具有统一方法框架的完整体系,相互呼应,彼此衔接,为高校提升教师远程教学胜任力提供"一揽子"方案、工具和建议,有助于改变以往研究成果的"少"与"弱"的问题。

由于研究周期和作者研究水平所限,书中偏颇失当之处在所难免,恳请广大同行、专家和读者不吝指教,以便今后不断完善提升。

周　榕

2024 年 2 月

目　录

第1章

高校教师远程教学胜任力研究的时代背景

高校教师远程教学胜任力研究立足于现代远程教育发展的时代背景。现代远程教育是指学生和教师、学生和教育机构之间采用多种媒体手段进行远程教育教学和通信联系的教育形式,具有时空自由、资源共享、系统开放、便于协作等优点。由于现代远程教育通常采用的计算机技术和卫星数字通信技术都是以网络形式存在的,因此学界普遍认为现代远程教育即指网络教育①,是相对于函授教育、广播电视教育等传统远程教育形态而言的新型教育形式。现代远程教学(以下简称远程教学)是相对于远程决策、远程规划、远程管理等的教学活动。广义的远程教学指在非连续面授的情境中,教师和学习者之间通过各类教育资源和双向通信实现教与学的双边交互活动,狭义的远程教学则指在学校远程教育情境中发生的教学活动。② 本书中的远程教学主要指全日制普通高校中由专业教师依托远程直播课堂、远程学习平台或者线上课程开展的个性化、交互式、开放性、同异步方式相结合的远程教学活动。

历史表明,我国现代高等远程教育经历了近30年的持续发展,已经在政策体系建设、学习环境建设、课程资源建设和师资队伍建设等方面取得丰富的成果。普通高校开展的远程教学作为现代高等远程教育的主要形态,持续得到了大规模的推广和实践,实现了高速发展。然而,教师能力不足的问题日益暴露出来,成为远程教学质量提升的最大掣肘。实现高校教师远程教学能力发展,成为现阶段及未来亟待完成的重要课题。

---

① 程智. 对网络教育概念的探讨[J]. 电化教育研究,2003(7):25-28.

② 丁兴富. 远程教育学基本概念与研究对象之我见[J]. 开放教育研究,2005(1):32-41.

1.1 现代高等远程教育实现持续发展

远程教育的形成与发展均与信息技术发展有着密切联系。文字的产生,使得教学内容能够通过书写或印刷的方式进行远距离传播,因而我国在春秋战国时期就产生了原始形态的远程教育。事实上,比较完备的远程教育出现在工业化时代的印刷术及其公共服务体系(如印刷厂、出版社、图书馆等组成的出版发行系统以及公共交通邮政系统等)建立之后。函授教育是我国高等远程教育初期阶段的典型代表。20 世纪 50 年代初,为了提高新中国成立初期工农干部的理论文化水平,中国人民大学和东北师范大学分别组建函授部和函授学院,成为高等院校开展高等远程教育的先驱。① 19 世纪末以及第二次世界大战之后,视听技术和大众传媒被广泛应用于教育领域,使远程教育的技术基础发生了质的革命。20 世纪 60 年代,天津、北京、上海、沈阳、广州、哈尔滨等城市纷纷创办了城市电视大学,独立的远程教育机构不断涌现。借助录音、录像、广播、电视等大众传媒的进步,多种媒体呈现、传播方式多样的高等远程教育得以蓬勃发展。但由于仍采用单向传播方式,通信效率和交互效能都存在明显不足。

20 世纪末至 21 世纪初,信息技术经历了又一次革命性的进步,以计算机多媒体、移动通信和网络为主要代表的电子信息通信技术渐成主流,我国的现代远程教育随之在 20 世纪 90 年代进入快速发展期。1999 年 1 月国务院批转的《面向 21 世纪教育振兴行动计划》中提出"实施现代远程教育工程,形成开放式教育网络,构建终身学习体系"的任务,以双向交互计算机网络为基础的现代远程教育拉开序幕。2007 年 11 月,教育部在对"中央广播电视大学人才培养模式改革和开放教育试点"项目进行总结时,将现代远程教育工程、开放教育试点和人才培养模式改革作为当前教育发展的重点任务。2010 年 7 月,教育部颁布的《国家中长期教育改革和发展规划纲要(2010—2020 年)》中对远程教育做出如下论述:"大力发展现代远程教育,建设以卫星电视和互联网等为载体的远程开放继续教育及公共服务平台,为学习者提供方便、灵活、个性化的学习条件。促进各级各类教育纵向衔接、横向沟通,提供多次选择机会,满足个人多样化的学习和发展需要。健全宽进严出的学习制度,办好开放大学,改革和完善高等教

---

① 丁兴富.远程教育学[M].北京:北京师范大学出版社,2009.

育自学考试制度。"相较于前两个阶段,现代远程教育的最大优势是双向交互。通过电子信息通信技术,既可以补充缺失的师生交互环节,也在一定程度上激励学生进行自主学习以及交流协作。同步实时以及异步非实时通信,为学生提供更有利于自我建构学习的资源和环境,符合"以学习者为中心"的教学理念,因而成为我国高等教育改革的重要形态。

当前,现代远程教育已经成为构建终身学习的首要选择和革新传统教学方式的重要途径。经过 20 余年的努力,我国现代高等远程教育在规模、制度、环境、资源和师资等方面都取得了飞跃式的发展。1999—2008 年,教育部共批准 69 所高校参与现代远程教育试点工作,其中 2000 年、2001 年、2002 年集中批准了 66 所试点高校,确定了我国高等远程教育机构的主要格局。2003 年起,教育行政部门密集发布了一系列文件来规范试点高校的远程学历教育,严格控制办学规模,监管高校远程教育办学质量。这对远程教育试点高校造成较大的压力。为了规避风险,清华大学、复旦大学、北京大学(除医学部外)、湖南大学、浙江大学、中山大学、东南大学等 15 所高校全面停止或暂停网络教育招生,高等远程教育进入寒冬。然而,伴随办学规范化程度提高和社会认可度增强,我国高等远程教育在 2008 年前后重新进入繁荣期。2009—2019 年十年间,网络招生规模和办学规模迅速扩大,高等远程教育规模始终保持较大的增幅。2019 年,我国高校现代远程教育招生近 300 万人,在校生近 860 万人。

1.1.1 现代高等远程教育的制度体系建设

1998 年教育部在《面向 21 世纪教育振兴行动计划》中明确提出实施"现代远程教育工程",将其视为进行终身学习的重要手段和作为办好远程教育的重要战略措施。2006 年教育部办公厅《关于进一步加强高校网络教育规范管理的通知》中确定了网络教育试点相关工作的规范性要求,指出要重视网络教育规范办学,规范招生、教学、考试等各个教学环节管理并对校外学习进行监管。2007 年教育部办公厅发布《关于进一步加强现代远程教育试点高校网络高等学历教育学历证书和学位证书规范管理的通知》,要求各级政府行政部门、各试点高校规范网络高等学历教育本科生毕业资格审查,加强对网络高等学历教育毕业学位申请以及毕业证、学位证发放的规范管理。2019 年教育部办公厅发布《关于服务全民终身学习促进现代远程教育试点高校网络教育高质量发展有关工作的通知》,再次将现代远程教育试点的质量保障聚焦在五个方面:(1)严把入口关,加强招生管理:合理安排招生规模、规范招生秩序以及招生宣传;(2)严把过程关,规范学生入学培养工作:加强学生思政教育、完善教学管理及学生中心监管;(3)严把出口关,做好毕业生管理工作:规范毕业论文设计管理、严格监控毕业资格审查;(4)将办学责任落到实处:明确办学定位、加大办学资源与经费投入、优化师资配置以强化师资建设、落实责任制并加强质量保障措施;(5)加强监管指导:省级教育行政部门采用常规与专项结合、定期与不定期结合,切实履行好监管职责,建立协同联动机制,形成区域合力,推进信息共享。

与此同时,教育部还对远程教育资源建设做出了相应要求。《教育部关于国家精品开放课程建设的实施意见》《精品资源共享课建设工作实施办法》等文件对国家精品开放课程内容、运行机制、组织管理以及精品资源共享课建设的目标任务、组织实施、建设要求和实施保障等环节进行了详尽规定。教育部2015年发布的《关于加强高等学校在线开放课程建设应用与管理的意见》提出自主进行资源建设、注重资源共享和加强规范管理等基本原则,要求加速在线课程资源开发、课程公共服务平台建设与应用,努力推进师资、技术人员培训以及管理创新。同年,教育部发布《关于开展精品开放课程建设总结工作的通知》,启动各高校及各级组织单位共同参与的国家精品课程建设以及共享项目。

1.1.2 现代高等远程教育的学习环境建设

由清华大学等41所高校共同承担建设的全国学术性计算机网络——中国教育和科研计算机网(China Education and Research Network,CERNET)推动了我国互联网的发展,为现代远程教育、数字图书馆等多项国家教育信息化工程提供支持。此外,CERNET和中国教育卫星宽带多媒体传输网(China Education Broadband Satellite Net,CEBSat)的高速联结,形成了我国开展现代远程教育的重要网络支撑平台。

1999年起,69所远程教育试点高校开始通过现代通信网络进行学历教育和非学历教育,并依托校外学习中心开展学习支持服务。远程教育试点高校与国家开放大学共同组成了高校现代远程教育办学体系。为了保障高等远程教育环境建设质量,教育部办公厅在2003年发布《关于现代远程教育校外学习中心(点)建设和管理的原则意见》,规定了远程教育试点高校校外学习中心的基本构成以及建设条件等。2010年7月,《国家中长期教育改革和发展规划纲要(2010—2020年)》指出,要大力发展远程教育,建立以电视、卫星和互联网等为载体的高等远程教育公共服务平台,为学习者提供开放、灵活、个性化的学习空间。至 2015 年,国家开放大学已经创建了"一站式"远程开放教育云平台,为 86 万学生提供网络学习空间,教师应用网络空间开展教学,进行网络教研活动,推动了教学理念革新与模式创新。

1.1.3　现代高等远程教育的课程资源建设

为了提升高校教学科研能力以及全民科学素养,教育部精选了 18 所部属高等院校,共同开展中国大学数字博物馆工程建设,其内容涵盖生命科学、科学技术、地球科学以及人文科学 4 大学科门类。截至 2006 年 8 月,已建成 18 个大学数字博物馆和 18 个重点学科信息资源镜像系统,成为优质信息资源共建、共享的重要阵地。2011 年 10 月,教育部启动国家精品课程(包括精品视频公开课以及精品资源共享课)建设,并将其作为"十二五"期间"高等学校本科教学质量与教学改革工程"的重要内容。截至 2016 年,教育部已批准 992 门精品视频公开课和 2886 门精品资源共享课,并通过"爱课程"网、网易以及中国网络电视台等平台免费向社会开放。2015 年,教育部印发《关于加强高等学校在线开放课程建设应用与管理的意见》,提出要建设具有中国特色的在线开放课程体系、课程平台,并确立以高校为建设主体、由政府提供政策和经济支持的指导方针,加强高校远程教育资源建设的规范管理。

2018 年 1 月至 2019 年 4 月,教育部先后推出了 490 门国家精品在线开放课程和 801 门国家精品慕课,作为落实《教育部关于加快建设高水平本科教育,全面提高人才培养能力的意见》的具体行动。与此同时,教育部高教司总结以往高等院校远程在线教学发展经验,启动"教育数字化战略行动"。2022 年 3 月,首批上线课程汇聚了 1800 多所高校建设的近 2 万门优质精选课程,课程覆盖 13 个学科 92 个专业。

1.1.4　现代高等远程教育的师资队伍建设

近年来,政府、高校和相关企业均不断加强远程教育教师的培育,强化高等远程教育的人力资源保障。例如,南开大学组织 1200 余名教师参与线上教学能力培训系列课程,针对线上教学中的课堂讲授、堂上讨论、习题发布、作业批改等环节进行讲解,帮助教师应对线上教学的各种常见问题。2018 年,教育部印发《教育部思想政治工作司关于启动实施"高校网络教育名师培育支持计划"

的通知》，该计划自 2019 年开展以来已实施到第六批，每批从全国各高校选出 10 名教师，构建高校网络教学骨干教师队伍。这些教师在教育理论发展、网络机制研究、网络人才培养、网络阵地建设等工作中发挥着显著的示范引领作用。同时，高校与地方政府共谋发展、双向赋能，大力加强高校师资建设。江西师范大学协同区县教育局，构建线上名师工作坊，基于数据分析开展教师线上教学跨区域、网络化、精准化培训，提升远程教学质量。

通过校地合作及校企合作，我国已逐步建成了一支知识和能力结构合理、熟悉线上教学、教学业务水平高的远程教学师资队伍。全国高等学校质量保障机构联盟（Chinese Network of Internal Quality Assurance Agencies in Higher Education，CIQA）秘书处委托厦门大学教师发展中心开展线上教学情况调研，联合推出《全国高校线上教学状况及质量分析报告——来自 86 所各类高校的调研综合报告》（以下简称"CIQA 调查报告"）。[①②] CIQA 调查报告指出，新冠疫情期间，全国高校共有 108 万教师参与线上教学，男女教师占比分别为 40.57% 和 59.43%。其中接受过线上教学培训的教师占 80.88%，且中青年教师占 47.89%，是线上教学的主体力量。在实际教学中，有 77.29% 的教师能够适应新的教学环境和教学方式，90.55% 的高校教师在线上教学中倾注了较传统教学更多的精力和热情。[③]

1.2　普通高等学校远程教学获得蓬勃发展

普通高等学校是实施高等教育的主体，远程教学（亦称线上教学、在线教学）则是远程教育的核心环节。因此，普通高等学校远程教学是现阶段高等远程教育的主要实践形态。目前普通高校的远程教学主要采用基于网络资源（网

---

① CIQA 联盟. 全国高校线上教学状况及质量分析报告：来自 86 所各类高校的调研综合报告（一）［EB/OL］.（2020 - 03 - 26）［2023 - 03 - 28］. https://mp. weixin. qq. com/s/BgWRV9BXeSgOTDgR7kvSgA.

② CIQA 联盟. 全国高校线上教学状况及质量分析报告：来自 86 所各类高校的调研综合报告（续）［EB/OL］.（2020 - 03 - 30）［2023 - 03 - 28］. https://mp. weixin. qq. com/s/o0NDWn39LgatS1dnEVTbQQ.

③ CIQA 联盟. 全国高校线上教学状况及质量分析报告：来自 86 所各类高校的调研综合报告（一）［EB/OL］.（2020 - 03 - 26）［2023 - 03 - 28］. https://mp. weixin. qq. com/s/BgWRV9BXeSgOTDgR7kvSgA.

络学习平台、网络课程、网络直播课堂)的线上教学方式,具体包括直播教学、讨论协作、值机答疑等同步教学活动和学习资源提供、过程性考核测评、个性化支持服务等异步教学活动。2019 年,为了应对突如其来的新冠疫情,教育部制定"停课不停学"政策,并且在《教育部应对新型冠状病毒感染肺炎疫情工作领导小组办公室关于疫情防控期间以信息化支持教育教学工作的通知》中明确提出要汇集各方资源,扩大优质资源覆盖面,优先向需求迫切的地区提供"互联网 + 教育"的技术支持与应用服务。线上教学以空前庞大的规模在普通高校开展起来,标志着高校远程教学进入了新一轮的蓬勃发展期。因此,我们以管窥豹,通过疫情期间普通高校线上教学的表现,呈现当前高等远程教学发展的现实图景。

1.2.1　线上教学规模

2020 年 4 月,教育部高教司在京召开高校线上教学国际平台课程建设工作视频会议。会上指出,新冠肺炎疫情期间所有高校全部实施线上教学,开出课程合计 1719 万门次,在线学习学生共计 35 亿人次。CIQA 调查报告显示,疫情期间学生线上学习平均出勤率达到 92.85%,超过 85% 的学生基本适应了线上教学环境,超过 60% 的学生对线上学习的满意度良好。[①] 这说明面对教学新技术、新场景带来的压力,学生能够表现出较强的适应性和较高的投入度。

1.2.2　教学资源应用

CIQA 调查报告显示,疫情期间大部分高校根据课程性质和目标,依托超星、腾讯会议、钉钉、雨课堂、中国大学 MOOC 等学习平台,灵活采用直播、提供学习材料、线上答疑讨论、录播等多种形式进行线上教学,如"直播授课 + 互动讨论""提供线上学习材料 + 在线辅导"等。[②] 此外,教育部组织了 22 个在线课程平台、2.4 万余门在线课程面向国内所有高校免费开放,共覆盖 12 个本科学

---

① CIQA 联盟. 全国高校线上教学状况及质量分析报告:来自 86 所各类高校的调研综合报告(一) [EB/OL]. (2020 – 03 – 26) [2023 – 03 – 28]. https://mp. weixin. qq. com/s/BgWRV9BXeSgOTDgR7kvSgA.

② CIQA 联盟. 全国高校线上教学状况及质量分析报告:来自 86 所各类高校的调研综合报告(一) [EB/OL]. (2020 – 03 – 26) [2023 – 03 – 28]. https://mp. weixin. qq. com/s/BgWRV9BXeSgOTDgR7kvSgA.

科门类,课程类型包括公共课、专业课、理论课、实践/实验课等多种类别。其中部分实践课程教学内容采用虚拟仿真技术和"云"技术,创新了线上教学的形式及内容。同时,大量的校本在线课程涌现出来,至2020年第一季度,我国上线慕课新增5000门,其他在线课程新增1.8万门。

1.2.3　学习支持服务

CIQA调查报告显示,疫情期间教师能够从教学内容、方法、手段、形式等方面对线上教学进行精心设计,并强化课堂互动与讨论。其中,76.66%的教师在线与学生进行互动讨论与总结,80.90%的教师事先安排讨论主题供学生课外自主学习与讨论,78.78%的教师认为在线讨论互动情况相比传统课堂更好。[①]教师还利用作业完成情况、回答问题、互动发言、测试等方式对学生进行及时分析,掌握学生学习状况并评价学生学习行为,从而更有针对性地引导、监督学生学习。CIQA调查报告显示,学校对线上学习的政策支持(学业评价标准、学分认定等)、教学平台对线上教学的技术支持以及教师对线上学习技能的引导训练均取得良好的效果,学生的自主性得到明显提升。[②]

1.2.4　教学质量监控

疫情期间,多数高校建立了以学生为中心的线上教学评价体系,从多个维度对教学质量进行过程性监控。监控方式包括开课检查、问卷调查、QQ群调研、教学评价、视频座谈会等。监控内容主要包括三方面。一是对线上教学设计质量的评价。借助教学平台数据,从课程教学目标、学习资源与课程内容的关联性、教学进度合理性、教学互动环节有效性、课后作业反馈及时性、教学辅导及时性、考核方式科学性等方面进行评价。二是对教学活动实施过程的评价。借助平台课堂监控功能,在不影响课堂实施的情况下,对教师提供学习资源、发布小组活动、发起师生讨论、发布和批改作业、提供个别辅导、组织线上考

---

① CIQA联盟. 全国高校线上教学状况及质量分析报告:来自86所各类高校的调研综合报告(一)[EB/OL]. (2020 - 03 - 26)[2023 - 03 - 28]. https://mp. weixin. qq. com/s/BgWRV9BXeSgOTDgR7kvSgA.

② CIQA联盟. 全国高校线上教学状况及质量分析报告:来自86所各类高校的调研综合报告(续)[EB/OL]. (2020 - 03 - 30)[2023 - 03 - 28]. https://mp. weixin. qq. com/s/oONDWn39LgatS1dnEVTbQQ.

试/考察等环节进行实时跟踪,实现对课堂的检测评价。三是对学习效果的评价。依据平台数据,对学生使用学习资源、参与小组活动、参与协作讨论、完成课程作业的效果进行综合评价,并使用线上交互工具开展学情调查。

1.3　高校教师远程教学能力提升的需求日益迫切

新冠疫情的到来,不仅将远程教学方式推向时代的前台,也将全体高校教师远程教学能力的培育置于研究和实践的焦点。良好的教师能力是普通高校有效开展远程教学的根本保障,而教师能力不足已经成为高校远程教学面临的最大困境。提升高校教师远程教学能力,从而为普通高校远程教学实践乃至我国高等远程教育事业发展提供持续动力,无疑是必要、迫切和有价值的工作。

1.3.1　教师能力对于高校远程教学发展的关键作用

1. 教师道德与价值观对远程教学发展的影响

远程教育教师的职业道德与价值观强调对远程教育事业的认同感以及为学习者服务的意识。[①] 现代远程教育作为一种基于网络的新型教学方式,要求教师必须遵守线上交流的基本道德规范,构建出文明、和谐、积极向上的线上学习环境。远程教育教师既是远程教学的从业者,也是远程学习的引导者和示范者。因此,必须树立"以学生为中心"的教学理念,满足个性化、多元化的学习需求,引导学生自主学习、自立自强,养成良好的学习习惯。同时,鼓励学生积极参与课外实践活动,培养学生道德素养以及社会责任感。教师道德与价值观的缺失,不仅会限制教师自身职业发展的广度与深度,也不利于学生道德素养的培养,失去远程教学"育人"的根本功能。

2. 教师远程教学设计能力对远程教学发展的影响

远程教育的教学环境区别传统课堂的教学环境,需要教师开展创新性的教学设计。首先,远程教育教师必须根据教学目标、学生特点及学习需求,有效融合媒体和技术工具,设计出切合生活实际、合理科学的线上教学活动,通过师生交互帮助学生完成知识探究和小组协作。其次,教师还应当设计具有专业特色

---

① 冯立国,刘颖.开放大学教师教学能力标准研究[J].中国远程教育,2017(6):64-72.

的线下实践活动,创设合理的学习情境,培养学生问题解决的能力。再者,教师需要进行有效的评价设计,利用过程性监测和评估掌握学习状态,并且通过学习支持服务及时纠正问题,开展个性化引导。教师远程教学设计能力的缺失,会在各个教学环节中引发负面效应。现实中存在的"传统课堂搬家""教学交互不足""学习资源失效"等现象都源于不符合远程教学规律的教学设计,学习滞后、认知迷航等学习问题以及孤独感与学习焦虑等不良心理也由此产生。

3. 教师教学评估能力对远程教学发展的影响

教学评估是实现有效远程教学的基础。教师首先需要具备教学评估能力,能够依据远程学习目标完成布置作业、开展测试、实施交互和过程性监控等工作,规范远程学习过程和行为。其次,教师要能够正确评价远程教育课程及资源,及时调整资源数量或内容,并为学习资源开发提出有效建议。基于评估获得的数据,教师应当及时反思并调整教学目标、内容与策略,形成特色远程教学经验与风格,并从中寻找个人职业发展的方向与路径。教师缺少教学评估和反馈的科学方法,教学将成为盲目的"试误"和艰难的摸索,势必降低远程教学的效率与效度。

4. 教师信息技术应用能力对远程教学发展的影响

远程教学需借助在线教学平台来开展,因此信息技术应用能力是教师远程教学的基本能力。首先,教师应该熟悉常见的远程教学工具,并根据教学实际恰当进行选择和应用。其次,教师需要善用远程交流工具开展师生交互,并完成过程性监控和个性化指导。再次,教师需要设计和开发学习资源,向学生及时提供课程补充资料和学习工具。最后,教师需要具有一定的数据敏感性、数据意识以及数据采集、整理、分析能力,运用大数据分析发现教学实施过程中的问题,改进教学方法和策略。因此,无论教学实施、活动组织、学习评价还是资源开发,其质量均取决于教师自身的信息素养。无法有效应用信息技术,将会动摇远程教学的根基,确保教学质量、促进教学理念的转变和创新教学方式也就无从谈起。

5. 教师团队合作能力对远程教学发展的影响

远程教育教师要根据人才培养目标制定团队建设目标、发展方向以及协作方案,组建结构合理的教学团队,整合师资资源开展远程教学及研究工作。这需要教师具备团队建设能力、团队领导能力以及团队协作能力。同时,教师需要具有较强的责任心和事业心,规划工作进程、制定预算以及确定任务分工,并且对资源进行有效分配和调动,带领团队有序开展工作。此外,教师还需具有合作精神,积极与团队成员分享经验,创造性地协同解决教学问题。缺少团队能力,教师则无法利用团队成员间的知识与技能互补来发展个人专业素养,失去优化教学、提升能力和实现职业发展的机会。

6. 教师创新与科研能力对远程教学发展的影响

远程教学创新与研究能力是推进远程教育改革的核心能力之一。远程教育教师应具备教学研究的知识和技能,善于面向教学问题开展实证研究,制定科学合理的教学改革方案。同时,能够持续关注远程教育的发展趋势与最新成果,借鉴并运用到教学实践中。学科教学创新与研究能够有效提升教师的专业素养和研究技能,建立改革创新的积极意识和行为习惯。而抵触革新、忽视研究的教师,因循守旧,故步自封,将无疑会丧失职业发展的动力和机遇。

1.3.2　高校教师远程教学能力缺失的典型表现

疫情期间,教师开展线上教学存在的问题明显暴露出来,高校远程教学面临严峻考验。CIQA 调查报告将当前我国线上教学的问题集中表述为学习自主性不足、交互活动缺失和资源支持不完备。[①] 事实上,高校教师远程教学能力缺失集中体现在设计、交互、评价、学习支持服务和技术应用 5 个方面,而这些问题无不归因于远程教育教师对线上教学特征与规律缺乏深刻的理解、良好的适应和创造性的应用。

1. 教学设计能力不足

CIQA 调查报告显示,超过 60% 的教师认为选择合适的教学内容、教学策略以及讲授(演示)方法对教学效果非常重要。超过 70% 的教师认为"改变教学策略和教学方法"是线上教学面临的最大挑战。[②] 然而,教师在"能够设计出符合线上教学的方案"(均值 3.83)以及"能够采用适当的教学策略提升学生注意

---

① CIQA 联盟. 全国高校线上教学状况及质量分析报告:来自 86 所各类高校的调研综合报告(续)[EB/OL]. (2020 - 03 - 30)[2023 - 03 - 28]. https://mp. weixin. qq. com/s/o0NDWn39LgatS1dnEVTbQQ.

② CIQA 联盟. 全国高校线上教学状况及质量分析报告:来自 86 所各类高校的调研综合报告(续)[EB/OL]. (2020 - 03 - 30)[2023 - 03 - 28]. https://mp. weixin. qq. com/s/o0NDWn39LgatS1dnEVTbQQ.

力"(均值3.85)两项得分均低于均值(均值3.88)。① 李爽、陈丽②针对国内远程教育教师的能力现状调查亦说明,当前远程教学工作仍然停留在制定教学计划上,缺乏对教学媒体、教学活动等方面的整体性设计。远程教育教师在专业课程设置需求分析、网络课程资源的设计与开发、课程教学模式与策略设计、学习环境创设、教学反思与学习评价等方面存在较大的培训需求。岳云娜、聂怀勇③指出,高校教师远程教学能力亟待提升,在融合信息技术、教学理念、教学模式进行远程教学设计方面还存在着较大的提升空间。同时,高校教师在探索远程教学创新时往往面临来自教学模式选择、交互活动设计以及学习资源开发等方面的困难,缺少针对"以学生为中心"教育理念和"师生时空分离"情境的方法论指导。

2. 教学交互能力不足

CIQA调查报告显示,有超过90%的教师认为需要加强师生课堂互动环节和提升学生的课堂参与度。然而,超过60%的学生认为课堂教师讲授(均值3.78)较为频繁,而课堂讨论(均值3.50)、课后答疑辅导(均值3.50)频率不高。学生对教师布置作业(均值3.92)和课堂讲授(均值3.78)的满意度相对较高,而对课后答疑辅导及课堂研讨(均值3.50)的满意度较低。甚至有超过60%的学生认为网上交流不如线下交流直接,是在浪费时间。④ 部分教师忽视交互环节的设计或缺乏对交互行为的指导,线上教学仍以发帖、留言等异步交互方式为主,缺少更具有现场感的同步交互活动。同时,教师未能在交互过程中及时提供反馈信息,不能灵活调整教学内容和更新教学资源,导致学生学习参与度不足。部分教师采用将课堂教学过程"简单移植"的方式开发网络课程。这些课程教学交互环节薄弱,形式单一,内容缺少针对性,无法提供必要的个性化引

① CIQA联盟.全国高校线上教学状况及质量分析报告:来自86所各类高校的调研综合报告(一)[EB/OL].(2020 – 03 – 26)[2023 – 03 – 28].https://mp.weixin.qq.com/s/BgWRV9BXeSgOTDgR7kvSgA.

② 李爽,陈丽.中国远程教育关键专业角色能力需求和现状调查研究[J].中国电化教育,2009(2):35 – 40.

③ 岳丽娜,聂怀勇.教育信息化2.0视域下高校教师信息化教学能力现状调查与分析[J].华北理工大学学报(社会科学版),2021,21(4):108 – 114.

④ CIQA联盟.全国高校线上教学状况及质量分析报告:来自86所各类高校的调研综合报告(一)[EB/OL].(2020 – 03 – 26)[2023 – 03 – 28].https://mp.weixin.qq.com/s/BgWRV9BXeSgOTDgR7kvSgA.

导、过程性监控和动态反馈,影响了学生对线上教学方式的适应、理解和认同。因此,加强交互活动的设计、交互过程的管理和交互效果的评价成为高校教师远程交互能力提升的重要取向。①

3. 教学评价能力不足

过程性评价是人才培养质量评价的重要方法,也是现代远程教育质量评估的内在要求。然而,CIQA 调查报告显示,教师对"课堂测试与评价"(均值 3.81)以及"采用数据追踪检测学习行为"(均值 3.69)环节的自我评价得分均值低于总体均值(均值 3.88)。超过 50% 的教师认为"完成测试、布置、批改作业及反馈"是线上教学面临的最大困难之一。从教师对在线教学的改进意向来看,有 80% 的教师认为需要改革评价方式方法、改善课堂管理监控。② 杨素娟、刘选③亦指出,教师的评价能力在我国远程教育教学的现实中体现得不够明显,也没有受到应有的重视。部分教师对于过程性评价、监控不够重视,只是沿用课堂教学的基本评价方式,将测试作为主要评价依据。另一方面,学校及教育管理部门并未制定相应制度对远程教学评价考核过程和方式提出要求。教师只能依靠个人经验开展教学评价,评价内容、方法缺少整体设计,评价结果也没有经过科学的数据分析。此外,部分线上课程缺少评价和监测工具,教师无法开展多元的评测活动,也无法获得动态学习数据,教学反思与教学方案调整缺少足够的证据支持。

4. 学习支持服务能力不足

CIQA 调查报告显示,学生在远程环境中的自主学习能力不足。超过 60% 的学生认为线上教学对自主学习能力、自律性和学习行为习惯要求更高,70% 以上的教师认为学生尚未养成自主学习习惯。④ 这在内部心理层面表现为学

---

① 杨素娟,刘选.扎根理论指导下的远程教育教师能力要素研究[J].中国电化教育,2009(10):34 – 38.

② CIQA 联盟.全国高校线上教学状况及质量分析报告:来自86 所各类高校的调研综合报告(一)[EB/OL].(2020 – 03 – 26)[2023 – 03 – 28].https://mp. weixin. qq. com/s/BgWRV9BXeSgOTDgR7kvSgA.

③ 杨素娟,刘选.扎根理论指导下的远程教育教师能力要素研究[J].中国电化教育,2009(10):34 – 38.

④ CIQA 联盟.全国高校线上教学状况及质量分析报告:来自86 所各类高校的调研综合报告(一)[EB/OL].(2020 – 03 – 26)[2023 – 03 – 28].https://mp. weixin. qq. com/s/BgWRV9BXeSgOTDgR7kvSgA.

习动机水平低、学习意志薄弱、学习信心不足等,外部行为层面表现为学习自主性和自律性不强。学习支持服务正是发挥教师引导作用,提升自主学习能力的重要手段。然而,部分教师忽视对线上学习过程的支持服务,仍旧采用课堂中"灌输式""填鸭式"的授课模式,导致学习效能低、体验差、动力不足。事实上,尽管85%的教师认为学习支持服务对于在线学习十分重要,学生对教师开展"线上学习方法及工具使用指导"的满意度(均值3.59)仍低于总体均值(均值3.66)。一些在线课程虽然设立了学习小组,但学生之间关系仍较为松散,缺乏有针对性的学习任务策划与组织,并不能有效促进自主学习能力的提升。

5. 信息技术应用能力不足

CIQA 调查报告显示,70%的教师认为"应用信息技术、平台和工具"是在线教学面临的重大挑战。[①] 教师对利用技术工具进行课程测试或评价、利用在线工具进行录播以及利用数据分析学生学习行为等方面的满意度均值分别为3.81、3.59、3.69,均低于总体均值3.88,证明教师的软件应用以及数据分析能力仍存在较大短板。[②] 翁朱华[③]提到,教师在信息技术应用方面,尤其在网络课程资源开发和网络教学实施中的自我满意度最低,教师信息技术应用能力亟待提升。李志河、刘芷秀和聂建文[④]通过对 1471 位高校教师在线教学能力的调查发现,教师信息筛查与应用以及利用数字沟通能力的平均得分介于较差与一般之间,说明教师的信息素养和媒体技术水平都急需加强。教师信息素养、数据素养的欠缺使得技术无法真正融入线上教学,较大程度地影响了学习体验与教学效果,也阻碍了教师能力提升和自我发展的进程。

---

① CIQA 联盟. 全国高校线上教学状况及质量分析报告:来自86所各类高校的调研综合报告(续)[EB/OL].(2020 – 03 – 30)[2023 – 03 – 28]. https://mp. weixin. qq. com/s/o0NDWn39LgatS1dnEVTbQQ.

② CIQA 联盟. 全国高校线上教学状况及质量分析报告:来自86所各类高校的调研综合报告(一)[EB/OL].(2020 – 03 – 26)[2023 – 03 – 28]. https://mp. weixin. qq. com/s/BgWRV9BXeSgOTDgr7kvSgA.

③ 翁朱华. 现代远程教育教师专业素养研究[J].中国电化教育,2012(2):71 – 77.

④ 李志河,刘芷秀,聂建文.高校在线教师教学学术能力的评价指标体系构建[J].远程教育杂志,2020,38(5):81 – 89.

1.3.3　高校教师远程教学能力提升的历史使命

伴随远程教学在学校教育中的常态化实施,远程教学能力已经成为教师能力提升工程的重要内容。2020 年 5 月联合教科文组织举办了以"教师:危机中的领导者,未来的重塑者"为主题的国际会议。会议聚焦于疫情期间远程教师职业发展及技能培养,强调对教师开展远程教学、线上教学或混合学习所需的数字技能和教学技能的培育。针对教师能力不足的现状,我国亦出台了系列政策,规划教师远程教学能力发展方向与进程。

1. 高校教师远程教学能力发展的总体目标

2020 年起,教育部先后发布《关于在疫情防控期间有针对性地做好教师工作若干事项的通知》《关于在疫情防控期间做好普通高等学校在线教学组织与管理工作的指导意见》等文件,提出各高校应制定线上教学组织与管理实施方案,充分利用慕课以及在线优质课程资源,在慕课平台及线上服务平台的支持下,组织教师积极开展线上教学与学习活动。同时要求针对学情诊断分析、教学设计、在线课堂组织、教学管理、学业评估、答疑辅导等环节对开展培训,提升高校教师的线上教学组织与实施能力,激励教师积极投身教学改革与创新,积累实战教育教学经验。①

2020 年中国国际远程与继续教育大会在北京召开,会上提出在疫情防控常态化背景下,高等教育要利用好互联网工具,在教学资源、教学模式、教学监控管理等方面做好互联网化的准备与改革,进一步建设、完善网络课程资源,创新网络教学模式以及优化网络教学管理监控,大力推动高校远程与继续教育的转型和发展,加强高校教师信息化教学能力和远程教学能力,积极践行远程教育教学改革创新。② 上述政策勾勒了教师远程教学能力发展的蓝图,描述了未来远程教学能力培育的核心内容与目标要求。

2. 高校教师远程教学能力发展目标的实现路径

利用网络化、数字化技术开展教师远程教学专项培训,是当前推动高校教

---

① 教育部.关于政协十三届全国委员会第三次会议第 2807 号(教育类 260 号)提案答复的函[EB/OL].(2020 - 11 - 23)[2023 - 04 - 18].http://www.moe.gov.cn/jyb_xxgk/xxgk_jyta/jyta_gaojiaosi/202011/t20201123_501341.html.

② 中国网.2020 中国国际远程与继续教育大会召开[EB/OL].(2020 - 10 - 22)[2023 - 04 - 26].http://edu.china.com.cn/2020 - 10/22/content_76833028.htm.

师远程教学能力发展的重要途径。教育部《关于在疫情防控期间有针对性地做好教师工作若干事项的通知》明确要求各地师训、信息化、教研等部门以及地方高校(特别是师范院校)加大高校教师线上教学能力的培训力度，一校一策，为教师开展线上教学提供保障与支持。教育部印发的《关于在疫情防控期间做好普通高等学校在线教学组织与管理工作的指导意见》要求教育部各高等院校快速组织一批有工作经验的教师队伍，通过专家工作组指导，开展多种形式跨校协同教学，并鼓励开展线上教学培训，帮助教师适应新型教学环境，掌握线上教学技能，提升在线教学质量。亦有相关政策要求对教学管理人员进行网络技术相关培训，将线上教学管理与网络技术结合，搭建联通线上教学各方主体的中间桥梁。

在此背景下，各高校积极开展多种形式的远程教育教师培训活动。例如，延边大学联合北京理工大学、大连大学、湖南大学、河北科技大学等 18 所院校，共同举办"疫情期间高校在线课堂教学品质提升"专题培训，围绕在线课堂教学设计、互动讨论式课程设计、线上课堂教学技巧、学生心理调适、微视频自助录课与直播等主题展开专题培养和研讨，参与培训总人数达到 3.6 万，是高校跨区域协同培训的一次重要尝试。中兴协力教育集团与部分高校密切合作，构建"双师制"师资队伍，搭建智能化线上教学体系，实现全方位线上课程。① 与此同时，各级教师培训机构也加大了线上教学技能训练的比重。例如，全国高校教师网络培训中心在培训方案中专门设置了"线上＋线下"混合教学模式构建与应用、以 MOOC 促进教学改革实践、在线开放课程建设与应用等内容，并且加强对教师思想的引导，帮助其改变教学观念及教学模式，学会在网络环境中进行教学环节的设计与监控。②

人工智能、大数据等技术的快速发展，为构建教师远程教学能力培训的新形态提供了可能。根据《推动教师主动适应信息化、人工智能等新技术变革，积极有效开展教育教学》的指导精神，教育部启动人工智能助推教师队伍建设行动试点工作，优化教师培训改革。2021 年中国国际远程与继续教育大会、中国

---

① 搜狐网.中兴协力"双师型"师资团队协助高校共建线上教学云阵地［EB/OL］.(2022 – 04 – 26)［2023 – 04 – 28］.https://learning.sohu.com/a/541315320_121346752.

② 全国高校教师培训中心.关于实施 2022 年上半年全国高校教师网络培训计划在线点播培训的通知［EB/OL］.(2022 – 03 – 11)［2023 – 04 – 28］.https://www.enetedu.com/Notice/NoticeDetails? id =5390.

远程教育大会等会议也多次提出了教师培训智能化变革的要求,强调在人工智能技术的助推下提升教师素养。① 可以预见,人工智能技术将成为未来推动高校教师远程教学能力发展的创新路径。

① 中华网.2021 中国远程与继续教育大会:弘成智慧继教打造教育信息化新生态[EB/OL].(2021 - 10 - 22)[2023 - 04 - 28]. https://hea. china. com/article/2011022/102021_903817. htm.

第2章

高校教师远程教学胜任力研究综述

目前,国内外针对高校教师胜任力和远程教学能力的研究已较为丰富。2000 年我国启动远程教育试点工程,引发了学界对远程教育研究的热潮,并在之后的 20 多年内获得了持续关注。因此,选取 2002—2021 年国内外相关文献为样本,使用文献计量分析软件 CiteSpace 5.8. R1,对文献进行聚类分析和时间线分析,分别对国内外高校教师胜任力研究和高校教师远程教学能力研究的热点及其演化脉络进行挖掘,对高校教师远程教学胜任力的研究内容进行分析,从而建立对胜任力研究的宏观认识,确立本书中胜任力研究的目标与内容框架。

2.1 高校教师胜任力研究文献分析

胜任力是指能将某一工作表现优异者与平平者区分开来的个人潜在的、深层次特征,它可以是动机、特质、态度、知识、认知或技能等任何可以被可靠测量或计数的个体特征。[①] 高校教师胜任力是对成功实施高等教育教学与科研服务等职业活动需要具备的专业知识、专业能力、专业价值观与个人特质等的行为描述,并且这些行为是可指导的、可观察的和可衡量的。[②]

---

① SPENCER L M, SPENCER S M. Competence at work: models for superior performance [M]. New York: John Wiley & Sons, 1993.

② 黄艳. 中国"80 后"大学教师胜任力评价研究[M]. 北京:中国社会科学出版社,2013.

2.1.1　国内高校教师胜任力研究热点与发展趋势分析

在中国知网中分别以"高校教师"+"胜任力""高校教师"+"胜任特征""高校教师"+"胜任素质"等为主题词,对2002—2021年的文献进行检索。剔除无关文献,共检索到CSSCI和北大核心期刊文献241篇,年发表文献数量如图2－1所示。可以看出,近20年来国内学者对高校教师胜任力研究保持关注,并在2010—2017年获得较高的成果产出。

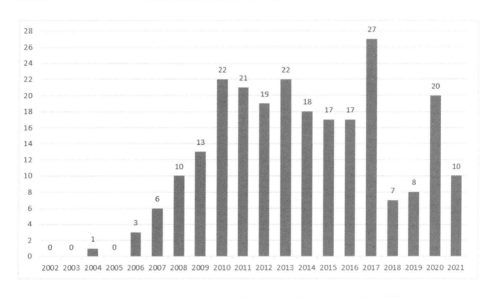

图2－1　2002—2021年国内高校教师胜任力研究年发表文献分布

使用文献计量分析软件CiteSpace 5.8.R1,对上述样本文献进行聚类分析和时间线分析,可获知国内高校教师胜任力研究的热点及其演化脉络。

1. 国内高校教师胜任力研究热点分析

关键词聚类视图(cluster view)侧重于呈现不同研究领域的知识结构,能够更好地反映研究主题。① 将时区分割(time slicing)设置为2002—2021,单个时间分区的长度(years per slice)设置为1年,主题词来源为标题(title)、摘要(abstract)和关键词(descriptors、identifiers)。节点阈值(selection criteria)保持默认

---

① 陈悦,陈超美,刘则渊,等. CiteSpace知识图谱的方法论功能[J].科学学研究,2015, 33(2):242－253.

状态,节点类型(node type)选择关键词(keyword)。使用 LLR 方法对关键词聚类,可得到关键词聚类图谱(如图 2－2 所示)。所得聚类图谱模块值(Q 值)为 0.8164,大于 0.30,表明研究中划分出来的网络结构是显著的。同时,图谱平均轮廓值(S 值)为 0.9786,大于 0.70,代表聚类具有较高的可信度。聚类图谱包含 311 个节点和 9 个热点聚类主题,将本质相同的主题聚类进行归纳,可划分出 3 个类群:研究对象、研究方法、研究内容。

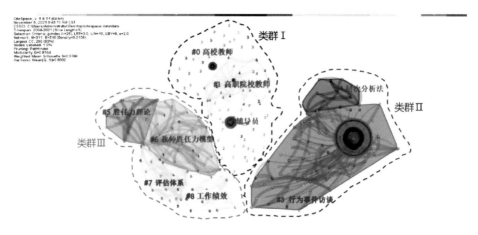

图 2－2 2002—2021 年国内高校教师胜任力研究关键词聚类图谱

类群Ⅰ:研究对象

聚类 0"高校教师"、聚类 1"高职院校教师"和聚类 2"辅导员"属于研究对象类群。聚类 0"高校教师"主要涉及教学型、科研型、教学科研型以及思想政治理论、体育、英语等学科教师。研究主题涉及三类。其一是高校教师通用胜任力模型构建。许安国、叶龙和郭名[①]以研究型大学教师为对象,构建包括基础素质、教学能力、专业知识、科研能力等维度的胜任力模型。贾建锋、王文娟和段锦云[②]以研究型大学高绩效教师为对象,探究创新战略对研究型大学教师胜任特征与创新绩效的作用机制。王益宇[③]运用行为事件访谈、特尔斐等方法构

① 许安国,叶龙,郭名.研究型大学教师胜任素质模型构建研究[J].中国高教研究,2012(12):65－68.
② 贾建锋,王文娟,段锦云.研究型大学教师胜任特征与创新绩效:感知创新战略的调节效应[J].东北大学学报(社会科学版),2015,17(6):579－586.
③ 王益宇.应用型高校教师胜任力指标体系构建的研究[J].教育评论,2014(6):50－52.

建包含自我发展、开放与创新、动机与价值、沟通协作和社会取向等 5 个维度 29 个指标的应用型高校教师胜任力指标体系。另外,部分学者对民办高校和民族类高校教师的胜任力进行了探讨。谢晔、周军[①]采用问卷调查法和关键行为事件访谈法构建民办高校教师胜任力模型,其中包括知识素质、能力素质、服务素质、人格特质和情感特征等 5 个维度。赵伯格[②]运用扎根理论,构建了民族高校管理类教师胜任力金字塔模型,界定了民族地区社会服务意识与能力、民族人才培养动机、尊重多民族学生等特有胜任特征。

其二是高校学科教师胜任力模型构建。体育、英语和思想政治理论三类教师的胜任力是目前国内学者关注的焦点。刘映海[③]采用行为事件访谈,构建包含教学策略、批判思维、创新、逻辑分析等因子的高校体育教师胜任力模型。黄翔[④]以温州高校为例,探索提升大学英语教师胜任力的路径。陈鸿雁[⑤]采用问卷调查法和特尔菲法,构建包括专业知识、专业技能、师德特征、个人特质等结构维度的高校思想政治理论课教师胜任力模型。

其三是特定教学模式和情境下的教师胜任力研究。郝兆杰、潘林[⑥]采用文献研究、德尔菲等方法,提出了高校教师翻转课堂教学胜任力模型。廖宏建、张倩苇[⑦]在界定 SPOC 优质教学绩效的基础之上,通过专家咨询及关键行为事件访谈,构建了 SPOC 混合教学胜任力模型。颜正恕[⑧]通过问卷调查和行为事件访谈等方法,构建了包括教学人格、信息素养、晶体能力、教学影响、教学互动和

① 谢晔,周军.民办高校教师胜任力模型及胜任力综合评价[J].高教发展与评估,2010,26(4):80－86,123.

② 赵伯格.民族高校管理类教师胜任力结构研究:基于扎根理论的分析[J].民族教育研究,2020,31(6):150－156.

③ 刘映海.高校体育教师胜任特征跨校类别恒等性研究[J].北京体育大学学报,2017,40(1):65－70,77.

④ 黄翔.大学英语教师胜任力现状及其提升路径:以温州市高校为例[J].教育理论与实践,2015,35(15):44－46.

⑤ 陈鸿雁.高校思想政治理论课教师胜任力研究[J].教育与职业,2011(2):57－59.

⑥ 郝兆杰,潘林.高校教师翻转课堂教学胜任力模型构建研究:兼及"人工智能＋"背景下的教学新思考[J]远程教育杂志,2017,35(6):66－75.

⑦ 廖宏建,张倩苇.高校教师 SPOC 混合教学胜任力模型:基于行为事件访谈研究[J].开放教育研究,2017,23(5):84－93.

⑧ 颜正恕.高校教师慕课教学胜任力模型构建研究[J].开放教育研究,2015,21(6):104－111.

教学管理等维度的高校教师慕课教学胜任力模型。赵忠君、郑晴[①]面向智慧学习环境,采用关键行为事件访谈法,构建了包括个性动机、态度/价值、知识和能力等4个维度24项胜任要素的教师胜任力模型。

高等职业教育以培养应用型高等专门人才为主要任务,是一种特殊类型的高等教育。聚类1"高职院校教师"包括高职专业课教师、兼职教师、青年教师等群体。方向阳[②]以政策文本为依据,解读高职专业教育中"双师型"教学的涵义,继而明确高职专业教师的岗位胜任力。同年,他通过行为事件访谈法和问卷调查,构建包括自我管理、科技素养、教学能力、工作态度等6个维度的高职专业教师胜任力模型。[③]

聚类2"辅导员"在普通高等院校和高等职业院校胜任力研究中均有涉及,主要聚焦高校辅导员胜任特征模型[④]、基于胜任力模型的辅导员培训体系构建[⑤]、基于胜任力的职业能力提升路径[⑥]、基于胜任力的职业发展策略[⑦]等主题进行研究。近年来,以辅导员为研究对象的研究约占主题样本文献的24%,相较其他类型教师而言比例较高。辅导员胜任力研究备受关注的原因如下:一方面,辅导员群体是思想政治工作队伍的专门力量,具备教师和管理人员的双重身份,在教育引导大学生成长成才、维护校园稳定方面发挥着重要作用。另一方面,新时代背景下的高等教育迅速发展,辅导员队伍不断壮大,但辅导员自身素质受到较大考验。因此,需要加大对辅导员胜任力的研究,为建设适应高等教育内涵式发展的辅导员队伍奠定基础。

类群Ⅱ:研究方法

聚类3"行为事件访谈"和聚类4"层次分析法"属于类群Ⅱ,表明行为事件

---

① 赵忠君,郑晴.智慧学习环境下高校教师胜任力关键要素识别研究[J].湘潭大学学报(哲学社会科学版),2020,44(4):118-122.

② 方向阳.高职专业教师岗位胜任力的政策文本分析[J].教育与职业,2011(27):74-75.

③ 方向阳.高职院校专业教师胜任力模型研究[J].职业技术教育,2011,32(25):73-77.

④ 邵建平,隋汝梅.高校辅导员胜任特征模型研究[J].江苏高教,2009(6):123-125.

⑤ 范晓云,许佳跃.高校辅导员胜任力培训体系研究[J].思想教育研究,2015(1):86-89.

⑥ 李圆圆,徐兴林,张宗元.基于胜任力模型的民办高校辅导员职业能力提升[J].教育与职业,2018(12):82-87.

⑦ 潘锦全,程荣晖.基于胜任力的高校辅导员职业发展策略研究[J].中国人力资源开发,2011(10):98-100.

访谈和层次分析法是国内教师胜任力研究的主要方法。

早期,国内高校教师胜任力研究主要采用理论探索的方法,注重从事实材料总结规律和策略。例如,杨继平、顾倩[①]以及黄雪琼[②]、刘先锋[③]采用理论研究的方法分别对高校辅导员、高职教师、高校教师胜任特征进行了研究。之后,学者开始使用质性研究方法、量化研究方法或混合研究方法对主题进行分析。

聚类 3"行为事件访谈"是一种开放式行为回顾探索技术,是揭示胜任特征的主要工具。在文献样本中,超过 40% 的实证研究采用行为事件访谈方法,所涉领域包括高校教学型、管理型、科研型教师。运用该方法的形式主要有两种。其一,根据已有文献总结"特定角色教师的胜任特征"并编制访谈提纲,之后实施行为事件访谈,并结合访谈和文献内容,归纳、提炼胜任力特征。如杨琰[④]关于高校教师科研胜任力模型构建的研究。其二,采用行为事件访谈的通用框架对高校特定领域教师进行访谈,根据访谈内容结果总结胜任特征条目,并对其在不同绩效群体中的表现进行差异比较,或由专家对其进行重要程度评定,最终确定胜任特征集合。如汤舒俊、刘亚和郭永玉[⑤]所做的高校教师胜任力模型的研究。

聚类 4"层次分析法"将定性分析和定量分析方法相互整合,在揭示事物性质的同时说明事物的发展变化程度,主要用于胜任力评价研究。例如,景晶、程晓勇[⑥]依据胜任力理论和模型,构建高校图书馆馆长胜任力评价指标,而后采用文献综述法和层次分析法确定各指标权重,建立了胜任力评价体系。再如,刘敏、万晓雪[⑦]对重庆市 9 所高职院校教师进行调查,构建了新时期高职院校辅导员胜任力模型,并采用层次分析法对胜任力模型两个层级中的主特征和子特征按重要性高低进行排序,以便更好地进行教师评价。

除上述两种研究方法外,整合了问卷调查、专家访谈等方法的 O*NET 工作

---

① 杨继平,顾倩.大学辅导员胜任力的初步研究[J].山西大学学报(哲学社会科学版),2004(6):56-58.

② 黄雪琼.高等职业院校教师胜任力发展研究[J].继续教育研究,2009(12):98-99.

③ 刘先锋.高校教师胜任力及发展策略初探[J].中国成人教育,2008(2):93-94.

④ 杨琰.高校教师科研胜任力模型的构建研究[J].科技管理研究,2021,41(3):69-75.

⑤ 汤舒俊,刘亚,郭永玉.高校教师胜任力模型研究[J].教育研究与实验,2010(6):78-81.

⑥ 景晶,程晓勇.高校图书馆馆长胜任力评价体系研究[J].图书情报工作,2010,54(23):51-55.

⑦ 刘敏,万晓雪.新时期高职院校辅导员胜任力问题研究:以重庆市高职院校为例[J].职业技术教育,2020,41(14):76-80.

分析法得到部分学者的关注。牛端、张敏强[①]采用 O*NET 工作分析调查问卷，探讨高校教师具备的技能、风格及价值观，得出认知技能、创新导向、人员导向和成就导向等 4 项胜任特征。随后，结合 O*NET 工作分析法和行为事件访谈，构建了高校教师胜任特征模型。[②]

类群Ⅲ：研究内容

聚类 5"胜任力理论"、聚类 6"教师胜任力模型"、聚类 7"评估体系"和聚类 8"工作绩效"属于该类群。

聚类 5"胜任力理论"是高校教师胜任力研究的基础。早期国内学者聚焦于胜任力的概念界定、内涵分析和国外胜任力发展经验介绍等。蔡晓军[③]、徐木兴[④]、盛艳燕[⑤]都对教师胜任力提出了自己的定义。王成[⑥]从多元学术观理论入手，提出基于"教学的学术""探究的学术""应用的学术"和"整合的学术"4 种发展观念，丰富了高校教师胜任力的内涵。张沿沿、赵丽和张舒予[⑦]针对美国首个基础教育教师"全球胜任力"项目的在线课程体系进行解析，凝练课程体系的特点与优势，为我国教师"全球胜任力"教育提供借鉴。

聚类 6"教师胜任力模型"的研究首先聚焦普通高校教师胜任力模型的构建。例如，王昱、戴良铁和熊科[⑧]采用行为事件访谈，构建包括创新能力、获取信息能力、人际理解力等 7 个胜任因子的高校教师胜任特征模型。汤舒俊、刘亚和郭永玉[⑨]采用行为事件访谈，将高校教师胜任力特征归纳为人格魅力、学生导向、教学水平和科研能力等 4 个因子。何齐宗、熊思鹏[⑩]以教师教学为视角，采

---

① 牛端，张敏强.高校教师职位 O*NET 工作分析研究[J].心理科学,2008(5):1205-1208.

② 牛端，张敏强.高校教师胜任特征模型的构建与验证[J].心理科学,2012,35(5):1240-1246.

③ 蔡晓军.高校教师胜任力模型分析综述[J].教育与职业,2009(15):165-166.

④ 徐木兴.基于教师胜任力的高校绩效管理策略[J].继续教育研究,2010(7):123-125.

⑤ 盛艳燕.教师胜任力研究的取向与态势：基于核心期刊的文献计量分析[J].高教探索,2017(1):105-112.

⑥ 王成.多元学术观下应用型本科高校教师胜任力研究[J].教育评论,2017(1):48-51.

⑦ 张沿沿，赵丽，张舒予.美国"全球胜任力"教师教育课程体系及其启示[J].比较教育研究,2017,39(10):90-96.

⑧ 王昱，戴良铁，熊科.高校教师胜任特征的结构维度[J].高教探索,2006(4):84-86.

⑨ 汤舒俊，刘亚，郭永玉.高校教师胜任力模型研究[J].教育研究与实验,2010(6):78-81.

⑩ 何齐宗，熊思鹏.高校教师教学胜任力模型构建研究[J].高等教育研究,2015,36(7):60-67.

用文献法和德尔菲法,构建了包括教学知识、教学能力、教学动机和教师特质等4 个维度的高校教师教学胜任力模型。伴随胜任力研究范式的成熟,特定岗位教师胜任力模型的研究也逐渐增多。谢幼如、黄瑜玲和黎佳等①结合 21 世纪教师核心素养,构建高校教师"金课"胜任力框架,包括道德情操、专业水平、教学能力、信息素养与教学创新等 5 个胜任特征。另外,杨琰②立足高校教师科研实践,采用行为事件访谈构建出包括鉴别性胜任特征和基准性胜任特征的高校教师科研胜任力模型。蔡爱丽③基于扎根理论,构建高职院校教师课程思政的胜任力双螺旋模型。

聚类 7"评估体系"主要是对高校教师胜任力评估体系的探索。目前评价目的异化、评价导向偏差、评价体系不完善是我国教师胜任力评价质量不足的典型表现。④ 为此,刘叶云、李雪⑤借鉴国外高校教师胜任力评价体系,构建了基于社会责任的我国高校教师胜任力评价指标体系。谢晔、周军⑥采用问卷调查法和关键行为事件访谈法构建民办高校任课教师的胜任力模型,并应用层次分析法和优劣解距离法相结合的方式对教师进行综合评价。再如,姚桐⑦将层次分析法和优劣解距离法相结合,构建综合评判指标体系模型,用于评估和遴选高校体育教师。

聚类 8"工作绩效"属于高校教师胜任力应用领域的研究,涉及高校教师岗位分析、招聘、培训、绩效管理以及教师发展等主题。其中,高校岗位分析为高校教师胜任力研究提供基本框架。曾卫明、肖瑶和安沛旺⑧认为岗位分析应该

---

① 谢幼如,黄瑜玲,黎佳,等.融合创新,有效提升"金课"建设质量[J].中国电化教育,2019(11):9 – 16.

② 杨琰.高校教师科研胜任力模型的构建研究[J].科技管理研究,2021,41(3):69 – 75.

③ 蔡爱丽.高职院校专业课教师课程思政胜任力双螺旋模型构建[J].中国职业技术教育,2021(8):79 – 84.

④ 胡丽园.教师胜任力评价的影响因素与指标体系构建[J].中国成人教育,2017(9):36 – 39.

⑤ 刘叶云,李雪.我国高校教师胜任力评价指标体系的构建[J].湖南师范大学教育科学学报,2010,9(2):89 – 94.

⑥ 谢晔,周军.民办高校教师胜任力模型及胜任力综合评价[J].高教发展与评估,2010,26(4):80 – 86,123.

⑦ 姚桐.基于 TOPSIS 方法的高校体育教师胜任力研究[J].数学的实践与认识,2016,46(20):289 – 296.

⑧ 曾卫明,肖瑶,安沛旺.基于胜任力的高校人力资源管理研究[J].黑龙江高教研究,2010(8):42 – 44.

结合优秀教师的关键行为特征、工作岗位性质、职责和资格条件来完成,从而为高校教师招聘、培训等工作提供准确而有效的参考标准。陈专[1]进行了战略导向的高职教师岗位分析,以便为高职数学教师胜任力评价提供理论依据。

高校教师招聘是教师队伍建设的核心手段,然而教师招聘往往存在"重知识水平和教学科研技能、轻教学态度和价值观"的问题。为此,涂云海[2]分析了高职院校招聘选拔工作中存在的问题,构建了基于胜任力的高职院校教师招聘选拔体系,尝试提高教师招聘的科学性。乔花云[3]通过评价中心建构高校教师招聘评价体系,采用无领导小组讨论(leaderless group discussion,LGD)方式,考察教师的组织合作、语言表达、逻辑思维以及创新能力等个体素质特征。吴树勤[4]采用层次分析法构建基于胜任力模型的高校教师招聘评价体系,对应聘的高校教师各胜任特征,尤其是职业个性和求职动机等深层次特征进行总体考察。

教师胜任力模型为教师培训需求分析、内容设计、方法选择的全面革新提供了可能。陈德明、王创[5]将胜任力理论引入高校职业指导课程教师培训体系,对培训内容设计、培训效果评价等问题进行了探讨。徐云海[6]基于对当前高职院校教师培训的问题分析,以胜任力模型为基础,构建完整的高职院校教师培训体系。黎凤环[7]基于胜任力特征,通过优化胜任力培训方式、制定个性化培训方案以及加强培训组织实施等方式,有效提高心理健康教育教师的胜任力水平。

我国高校绩效管理存在"将绩效管理等同于绩效考核""绩效管理主客体之间互动不够""重奖惩轻改进"等问题。[8] 因此,学界围绕如何基于胜任力完善

---

① 陈专.高等职业院校数学教师胜任评价分析[J].教育与职业,2009(27):66-67.

② 涂云海.基于胜任力的高职院校教师招聘选拔研究[J].教育与职业,2010(27):39-40.

③ 乔花云.评价中心技术在高校教师招聘中的应用[J].科技管理研究,2011,31(22):99-103.

④ 吴树勤.层次分析法在高校教师招聘胜任力模型建构中的应用[J].科技管理研究,2011,31(3):159-161.

⑤ 陈德明,王创.基于胜任力:高校职业指导课教师培训的新视角[J].高教探索,2009(4):93-96.

⑥ 涂云海.基于胜任力的高职院校教师培训体系构建[J].职业技术教育,2010,31(22):56-59.

⑦ 黎凤环.基于胜任特征的高职心理健康教育教师的培训[J].职教论坛,2012(29):74-76.

⑧ 曾练武.高校教师人力资源绩效管理存在的问题与优化对策分析[J].现代大学教育,2010(3):107-109.

绩效管理开展了系列研究。陈植乔[①]证明民办高校教师的专业知识技能、自我意象等 6 项胜任特征对工作绩效均具有重要影响,并建议通过双师特有素质对工作绩效的预测作用,优化教师的绩效管理。贾建锋、王露和闫佳祺等[②]探索研究型大学教师胜任特征对工作绩效的作用机理,提出通过提升基本特质维和科研内驱维的胜任力来促进工作绩效。

高校教师发展是教师队伍建设的根本目标和应然之路。王齐女奉[③]分析总结高职院校辅导员胜任力测评指标,提出应从思想、制度和措施等 3 个途径提升辅导员胜任力。作为教师队伍中的生力军,青年教师胜任力发展对我国高等教育质量影响巨大。因此,郑洁、陈莹[④]通过分析高校青年教师胜任力发展困境,总结出提升我国青年教师胜任力水平的 5 个核心任务。蒋馨岚[⑤]对西部地方高校青年教师胜任力水平进行调查,提出尽快构建西部地区青年教师胜任力发展机制的建议。李保勤[⑥]聚焦高职院校青年教师胜任力发展,从理论胜任力、技术胜任力、整合胜任力和专业价值观等 4 个维度对胜任力校本培训的方式与途径进行了分析。

2. 国内高校教师胜任力研究演化脉络分析

时间线视图(timeline view)主要侧重于勾画聚类之间的关系和某个聚类中文献的历史跨度,便于发现某个主题研究范围的变化、研究的关联性、延展性和焦点的历史轨迹。[⑦] 在 CiteSpace 5.8. R1 软件中,将"可视化"(visualizations)设置为"时间线视图",得出如图 2 - 3 所示的国内高校教师胜任力研究关键词时间线图谱。由时间线视图中各个时间段之间的连接关系可以看出国内高校教师胜任力研究的关联性、延伸性以及传承时序,从而梳理出三条演化脉络。

---

① 陈植乔.民办高校教师胜任力与工作绩效关系研究[J].中国成人教育,2012(9):75 - 78.

② 贾建锋,王露,闫佳祺,等.研究型大学教师胜任特征与工作绩效:人力资源管理强度的调节效应[J].软科学,2016,30(11):105 - 108.

③ 王齐女奉.高职院校辅导员胜任力的提升途径和方法[J].求实,2010(S2):265 - 266.

④ 郑洁,陈莹.我国高校青年教师胜任力的困境与提升路径[J].现代教育管理,2013(6):82 - 86.

⑤ 蒋馨岚.西部地区本科高校青年教师胜任力的调查与思考[J].重庆高教研究,2019,7(1):47 - 58.

⑥ 李保勤.高职院校青年教师胜任力校本培训研究[J].中国成人教育,2011(4):109 - 111.

⑦ 陈悦,陈超美,胡志刚.引文空间分析原理与应用:CiteSpace 实用指南[M].北京:科学出版社,2014.

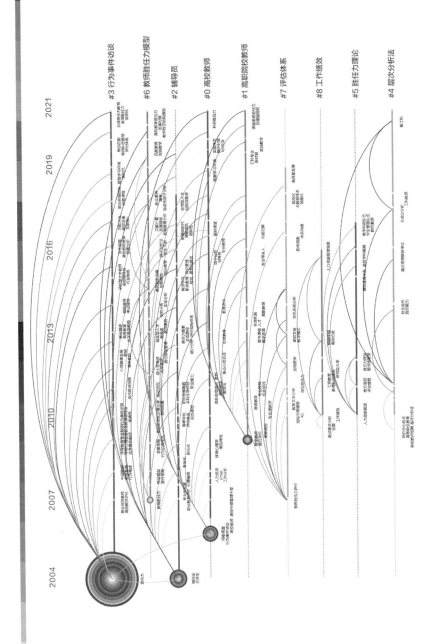

图 2 - 3　2002—2021年国内高校教师胜任力研究关键词时间线图谱

演化脉络一:研究对象从单一走向多元。 在胜任力进入教育领域的初期,高校辅导员是相关研究的主要群体。聚类 3 中节点"胜任力"最早出现于 2004 年,同年关联至聚类 2 节点"辅导员"及 2006 年聚类 0 节点"高校教师"。随后,"胜任力"研究对象延伸至 2009 年同类节点"体育教育专业教师""学校心理健康教育教师"和"优秀青年教师",2013 年延展至"大学英语教师",2015 年"研究型大学教师"进入研究对象的行列。聚类 6 节点"教师胜任力"研究延伸至 2010 年同类节点"高校思想政治理论课",即开始对高校思想政治理论课教师胜任力进行研究。聚类 0 节点"高校教师"在 2011 年逐渐细化为各学科教师,随后延伸至 2019 年聚类 3 节点"智慧学习环境"中的高校教师。2009 年,聚类 1 节点"高职院校"关联同年同类节点"数学教师"。可见,高校教师胜任力研究正不断扩散到学科教学、就业指导、创新教育等特定岗位的教师,从而增强胜任力模型应用情境的特异性。

演化脉络二:研究方法从定性到定量再到混合的变革。 2006 年聚类 0 节点"高校教师"延伸至同年同类节点"行为事件访谈",之后聚类 4 节点"层次分析法"开始被学者关注。聚类 6 节点"教师胜任力"由原先理论研究转变至 2011 年同类节点"实证研究",说明国内学者的研究由原来的阐述事实、引出结论、调查验证的理论研究范式,转变为搜集资料、提出假设、验证假设的实证研究范式。以高校辅导员的胜任力研究为例。早期,学者多采用理论辨析的方法开展研究。例如,余新丽、沈延兵[1]运用胜任力理论,分析和探讨高校就业指导教师的胜任力结构。随后,越来越多的学者开始采用实证研究方法。陈建文、汪祝华[2]基于职责 – 素质匹配的研究思路和高校辅导员的内隐观调查分析,得出高校辅导员的 6 项胜任特征。与此同时,部分学者尝试利用定性研究作为获取胜任特征的途径,并通过定量分析确定胜任特征的类群。例如,姚凯、韩英[3]采用行为事件访谈法、问卷调查法和扎根理论等定性定量相结合的方法,对高校辅导员胜任力模型进行了实证研究。由此,胜任力的研究方法逐渐由单一式转变

---

① 余新丽,沈延兵.胜任力:高校就业指导教师研究的新视角[J].高等工程教育研究, 2007(1):70 – 72.

② 陈建文,汪祝华.高校辅导员胜任特征结构模型的实证研究[J].高等教育研究,2009, 30(1):84 – 89.

③ 姚凯,韩英.高校辅导员胜任力模型分析及其应用[J].复旦教育论坛,2013,11(3): 70 – 75.

为混合,从对立走向统一与多元。

演化脉络三:研究取向由面向理论构建转变为面向应用实践。早期胜任力在教育领域中的应用多见于教师的胜任力模型构建。聚类 3 节点"胜任力"于2007 年开始应用于同类节点"高校教师评价",2011 年应用于同类节点"高校教师招聘",2017 年应用于同类节点"教师发展",2020 年应用于聚类 3 节点"导师队伍管理",说明胜任力研究开始追求对高校师资建设的实际贡献。与此同时,聚类 6 节点"教师胜任力"2008 年应用于同类节点"提升策略",2015 年延伸至同类节点"创新绩效",随后延伸至 2017 年聚类 0 节点"翻转课堂"、2020 年聚类 6 节点"双线教学"。这充分说明胜任力研究始终保持与教育信息化改革热点的同步。伴随"互联网 +"教育、大数据时代的到来,国内对教师新型胜任力的研究正在崭露头角。孙成梦雪①立足"面向未来全球胜任力"的研究,从个人、高校、社会和国家等 4 个层面阐述倡导全球胜任力的原因,并提出应重视和加强面向教师群体的全球胜任力教育。

综合来看,国内胜任力研究不再停留在胜任力理论层面,而是将研究聚焦在特定领域胜任力特征分析与模型构建上,并逐渐将模型应用于教师招聘、绩效管理、发展与提升方面。另外,新型教学模式的兴起对教师胜任力带来了挑战与机遇,新冠疫情更是加速了传统教学模式向在线教学模式的转变。因此,教师在线教学胜任力的研究变得十分迫切和必要。

2.1.2　国外高校教师胜任力研究热点与发展趋势分析

以"teach * competen * ""research competen * "等为主题词在 *Web of Science* 核心合集对 2002—2021 年文献进行检索,去重后共得 193 篇。样本文献年发表量如图 2 - 4 所示。从总体趋势上来看,文献发表量呈增长趋势。

1. 国外高校教师胜任力研究热点分析

在软件 CiteSpace 5.8. R1 中进行 LLR 聚类,得到如图 2 - 5 所示的聚类图谱。所得到的关键词聚类图谱的模块值(Q 值)为 0.8042(大于 0.30),表明研究中划分出来的网络结构是显著的。同时,图谱的平均轮廓值(S 值)为 0.9307(大于 0.70),代表聚类结果具有较高的可信度。图中显示,聚类图谱包含 327

---

① 孙成梦雪. 面向未来的全球胜任力教育:回顾与反思[J]. 重庆高教研究,2021,9(4):118 - 127.

个节点和 6 个热点聚类主题,可归纳为 2 个聚类群:研究对象和研究内容。

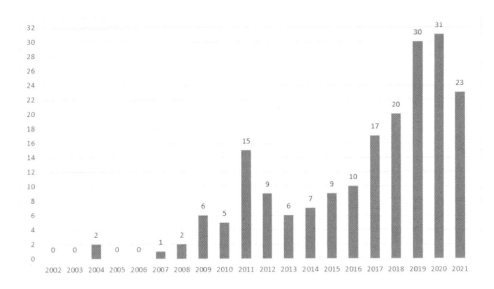

图 2 - 4　2002—2021 年国外高校教师胜任力研究年发表文献分布

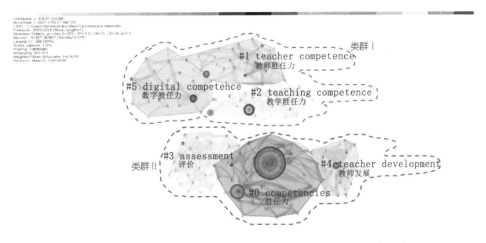

图 2 - 5　2002—2021 年国外高校教师胜任力研究关键词聚类图谱

类群Ⅰ:研究对象

聚类 1"教师胜任力"(teacher competency)以及聚类 2"教学胜任力"(teach-ing competency)、聚类 5"数字胜任力"(digital competency)属于该类群。聚类 1 "教师胜任力"指特定岗位教师胜任力,主要涉及高校辅导员和医学、体育、英语、音乐等特定学科教师。例如，斯旺克（Swank）、豪斯克内西（Houseknecht）①采用德尔菲法研究高校辅导员胜任力，并得出以知识、技能、职业行为和性格等4个维度的150项胜任特征。斯里尼瓦桑（Srinivasan）、李（Li）和迈耶斯（Meyers）等②研究医学教师教学胜任力，在 ACGME（Accreditation Council for Graduate Medical Education）能力框架基础上确定了医学知识、以学习者为中心、人际关系/沟通技巧、职业化/角色塑造、基于实践反思和系统实践等6种核心能力。

聚类2"教学胜任力"和聚类5"数字胜任力"是高校教师特定胜任力研究的热点问题。古斯曼（Guzman）、努斯鲍姆（Nussbaum）③聚焦技术支持的教师培训，通过文献分析提出了包括工具/技术、教学/课程、教学/方法、评估/调查、交流/关系和个人/态度等6个领域的能力要求，构建了技术集成的教学胜任力培训模型。富恩特斯（Fuentes）、洛佩斯（López）和波佐（Pozo）④通过定量方法研究了增强现实环境下高校教师数字化教学胜任力。瓜施（Guasch）、阿尔瓦雷斯（Alvarez）和埃斯帕萨（Espasa）⑤分析了教师在虚拟学习环境下的教学困境，提出虚拟教学胜任力的评估方案和提升策略。胡达（Huda）、马塞莱诺（Maseleno）和沙瑞尔（Shahrill）等⑥提出了大数据时代教学胜任力框架模型，并强调应强化教师的计划承诺能力、时间管理能力以及教学技能技巧。除此之外，国外许多学者还对高校教师科研胜任力、专业胜任力、跨文化胜任力进行了深入而具体

① SWANK J M, HOUSEKNECHT A. Teaching competencies in counselor education: a Delphi study[J]. Counselor education and supervision, 2019, 58(3): 162 – 176.

② SRINIVASAN M, LI S T T, MEYERS F J, et al. "Teaching as a competency": competencies for medical educators[J]. Academic medicine, 2011, 86(10): 1211 – 1220.

③ GUZMAN A, NUSSBAUM M. Teaching competencies for technology integration in the classroom[J]. Journal of computer assisted learning, 2010, 25(5): 453 – 469.

④ FUENTES A, LÓPEZ J, POZO S. Analysis of the digital teaching competence: key factor in the performance of active pedagogies with augmented reality[J]. REICE. Revista Iberoamericana sobre calidad, eficacia y cambio en educación, 2019, 17(2): 27 – 42.

⑤ GUASCH T, ALVAREZ I, ESPASA A. University teacher competencies in a virtual teaching/learning environment: analysis of a teacher training experience[J]. Teaching and teacher education an international journal of research and studies, 2010, 26(2): 199 – 206.

⑥ HUDA M, MASELENO A, SHAHRILL M, et al. Exploring adaptive teaching competencies in big data era[J]. International journal of emerging technologies in learning, 2017, 12(3): 68 – 83.

的分析。例如,括楚(Koichu)、平托(Pinto)[①]从数学教师参与教育研究的角度,探讨如何通过教师—研究人员学习联盟(Teacher – Researcher Alliance for Investigating Learning , TRAIL)培养数学教师的科研胜任力。麦克洛斯基(McCloskey)[②]综合文献研究结果,提出了一套促进教师跨文化胜任力发展的教学设计原则与方法。

类群Ⅱ:研究内容

聚类0"胜任力"(competency)、聚类3"评价"(assessment)、聚类4"教师发展"(teacher development)属于该类群。聚类0"胜任力"主要涉及高校教师胜任力内涵界定和模型构建。汤姆(Toom)、皮海尔特(Pyhalto)和皮尔塔瑞南(Pietarinen)等[③]立足于实证研究,将教师胜任力定义为包括认知、动机和行为3个方面的综合系统。米尼克(Minic)、约万诺维奇(Jovanovic)[④]认为教师应当具备在教学、方法学、信息学、信息技术和交流方面的胜任力,从而适应终身学习和创建知识社会的目标。卡里尔(Carril)、桑马梅德(Sanmamed)和塞勒斯(Sellés)[⑤]指出,教学型教师应该具有设计和开发数字资源、实施学习活动、开展评估活动等方面的胜任素质。对于教师胜任力的本质理解,国外学者已达成基本共识,即教师胜任力是有利于教师更好地组织和开展教学工作的各种能力要素的综合体。

文献分析发现,大多数学者从专业领域、教学活动以及信息化教学环境等

---

① KOICHU B, PINTO A. Developing education research competencies in mathematics teachers through TRAIL:teacher – researcher alliance for investigating learning[J]. Canadian journal of science mathematics & technology education, 2018, 18(1):1 – 18.

② MCCLOSKEY E M. Global teachers: a model for building teachers' intercultural competence online[J]. Comunicar, 2012, 19(38):41 – 49.

③ TOOM A, PYHALTO K, PIETARINEN J, et al. Professional agency for learning as a key for developing teachers' competencies?[J]. Education sciences, 2021, 11(7):324.

④ MINIC V L,JOVANOVIC M M. Education and training of teachers in Serbia in the second half of the past century[J]. Nasledje kragujevac, 2017, 14(38):67 – 80.

⑤ CARRIL P C M, SANMAMED M G, SELLÉS N H. Pedagogical roles and competencies of university teachers practicing in the e – learning environment[J]. International review of research in open & distance learning, 2013, 14(3):461 – 487.

方面对高校教师胜任力模型进行构建。詹宁斯(Jennings)、格林伯格(Green-berg)①着眼于教师情绪表达能力、沟通能力和解决问题能力,构建以优化课堂气氛为核心的胜任力模型,并强调了幸福感对师生关系维持、课堂有效管理、社会情绪学习的重要作用。莫莱纳(Molenaar)、赞廷(Zanting)和范·贝基伦(Van Beukelen)等②构建包括教学能力、组织能力和整合能力等3个维度的医学教师教学能力模型。部分学者针对疫情期间的在线学习,对高校教师的角色定位和能力需求进行重新思考。③例如,戴玛萨(Damsa)、兰福德(Langford)和乌哈拉(Uehara)等④提出新冠疫情时期高校教师胜任力模型,界定通用数字化、学科数字化、职业数字化和变革性数字化等4个胜任力维度,并强调变革性数字化胜任力在面临危机时的核心作用。

聚类3"评价"主要涉及教师胜任力评估因子分析、指标体系构建等。金邦熙(Kim B H)、金真洙(Kim J)⑤采用行为事件访谈法,将STEAM教师教学胜任力评估指标界定为学科理解、教学方法、学习引导、学习者理解、学习环境与环境、学习者评价和个人素质资格等7个维度。贝克曼(Bekerman)、赞比拉斯(Zembylas)⑥认为教师应该是学生学习生涯的"关键设计专家(critical design experts)",因此从人本教育的角度提出了教学胜任力的评价框架。同时,亦有学

---

① JENNINGS P A, GREENBERG M T. The prosocial classroom: teacher social and emotional competence in relation to student and classroom outcomes[J]. Review of educational research, 2009, 79(1):491 – 525.

② MOLENAAR W M, ZANTING A, VAN BEUKELEN P, et al. A framework of teaching competencies across the medical education continuum[J]. Medical teacher, 2009, 31(5):390 – 396.

③ ABDOUS M. A process – oriented framework for acquiring online teaching competencies[J]. Journal of computing in higher education, 2011, 21(1):60 – 77.

④ DAMSA C, LANGFORD M, UEHARA D, et al. Teachers' agency and online education in times of crisis[J]. Computers in human behavior, 2021, 121:106793.

⑤ KIM B H, KIM J. Development and validation of evaluation indicators for teaching competency in STEAM education in Korea[J]. Eurasia journal of mathematics science and technology education, 2016, 12(7):1909 – 1924.

⑥ BEKERMAN Z, ZEMBYLAS M. Some reflections on the links between teacher education and peace education: interrogating the ontology of normative epistemological premises[J]. Teaching and teacher education, 2014, 41:52 – 59.

者从学生角度对教师胜任力评价展开研究。卡塔诺(Catano)、哈维(Harvey)①使用关键事件分析法,提炼学生认为的 9 种优秀教师能力要求,形成了高校教师教学胜任力评价量表。霍尔(Hol)、阿克塔斯(Aktas)②聚焦非英语母语教师的胜任力,明确了州立大学教师所需的专业教学能力,并构建了胜任力评价指标体系。

聚类 4"教师发展"聚焦教师胜任力发展与提升策略,关注基于学生评估的学术需求、教师培训项目/模式/课程开发、教师可持续发展等问题。扬(Ion)、卡诺(Cano)③探讨了大学教师胜任力培训项目的需求分析方法,并特别强调学生评价视角在胜任力培养方案制定中的作用。潘蒂克(Pantic)、乌贝尔斯(Wubbels)④针对塞尔维亚教师的研究表明,促进教师胜任力发展的关键在于整合教育理论和实践知识,并发展与教师相关的个人特质。安东尼奥(Antoniou)、基里亚基德斯(Kyriakides)⑤认为可持续发展理念对于提升教师胜任力影响巨大,并提出发展教师教学技能和批判性思维的策略。

许多学者针对远程教师能力培训展开持续和深入的研究,并逐渐形成三种不同取向的培训设计模式。第一种是过程导向的设计模式。例如,沃里斯(Voorhees)⑥提出的"金字塔模式"认为,胜任力培训应从确认胜任特征出发,剖析获得胜任力所需的知识、技能和能力,并提供相应的示范性材料,整个过程依靠整合性学习活动和过程性评价来推动。第二种是角色导向的设计模式。德

---

① CATANO V M, HARVEY S. Student perception of teaching effectiveness: development and validation of the Evaluation of Teaching Competencies Scale (ETCS)[J]. Assessment and evaluation in higher education, 2011, 36(6):701 – 717.

② HOL D, AKTAS S. An evaluation of competency perceptions of non – native English instructors[J]. Procedia – socialand behavioral sciences, 2013,70:1163 – 1173.

③ ION G, CANO E. University's teachers training towards assessment by competences[J]. Educación XX1, 2012, 15(2):249 – 270.

④ PANTIC N, WUBBELS T. Teacher competencies as a basis for teacher education:views of Serbian teachers and teacher educators[J].Teaching and teacher education,2010,26(3):694 – 703.

⑤ ANTONIOU P, KYRIAKIDES L. A dynamic integrated approach to teacher professional development: impact and sustainability of the effects on improving teacher behavior and student outcomes[J]. Teaching and teacher education, 2013, 29:1 – 12.

⑥ VOORHEES R A. Competency – based learning models:a necessary future [J]. New directions for institutional research, 2001(110):5 – 13.

雷杰(Drejer)①提出的"特征开发模式"将受训者分为新手、高级新手、熟手、专家和世界级大师5类。坎贝尔(Campbell)②的"五向量模式"为每类角色建立了专业、个人、领导、职业资质和绩效等5种目标维度,从而建立面向角色定位的胜任力提升路径。第三种为评估导向的设计模式。凯拉甘(Kellaghan)、斯塔弗尔比姆(Stufflebeam)③将胜任力获得的过程看作是阶段性评估/决策产生和实施的过程,因此将胜任力培训过程分为准备评估、组织评估、实施评估和效果评估等4个阶段。邦达尔(Bondar)、德来纳(Demina)④则做出了新的调整,将胜任力培训的过程概括为准备决策阶段、分析决策阶段和实施决策阶段。

2. 国外高校教师胜任力研究演化趋势分析

演化趋势主要由时间线图谱来呈现。基于聚类图谱,在 CiteSpace 5.8. R1 中将"可视化"设置为"时间线视图",可得到如图 2-6 所示的国外高校教师胜任力研究时间线图谱,并分析出三条演化脉络。

演化脉络一:从单一视角走向多元视角。2004 年聚类 0 节点"教师"(teacher)关联 2010 年聚类 4 节点"学生"(student),说明学生视角逐渐进入研究者的视野。随后节点"学生"关联同年同类节点"教学"(teaching)和"课程"(curriculum),表明相关研究主要在教学设计和课程建设层面引入学生因素,通过分析学生对教学和课程的绩效期望,丰富对教师胜任力的理解和描述。

演化脉络二:从理论构建走向现实应用。聚类 0 节点"教师胜任力"延伸至 2009 年聚类 0 节点"教师发展"和聚类 2"教师培训"(teacher training)。这表明,国外胜任力研究早已突破了单一的理论模型构建,持续探索胜任力的系统化应用,形成了理论与实践兼容并蓄的研究形态。

---

① DREJER A. Illustrating competence development [J]. Measuring business excellence, 2001,5(3):6-10.

② CAMPBELL R H. Developing a competency-based organization:applying the navy's uniformed human capital concept to the civilian workforce[J]. Defense AT & L, 2006, 6:34-36.

③ KELLAGHAN T, STUFFLEBEAM D L. International handbook of educational evaluation [M]. Dordrecht:Kluwer Academic Publishers,2003.

④ BONDAR S, DEMINA O. Competency-based training system for teachers and administration and support staff[M]. Ulyanovsk/Russia: Ulyanovsk State Technical University, 2005.

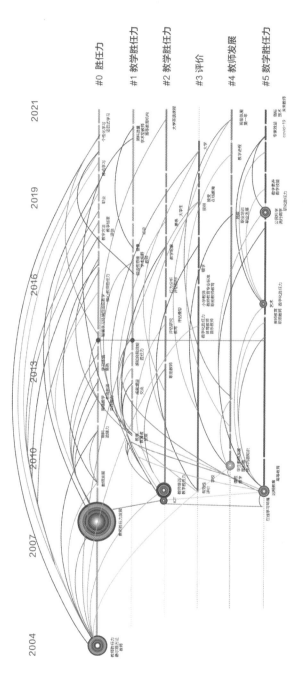

图 2 - 6　2002—2021年国外高校教师胜任力研究关键词时间线图谱

演化脉络三：从通用胜任力研究走向特定胜任力研究。聚类 0 节点"教师胜任力"延伸至 2015 年聚类 3 节点"数字胜任力"、节点"体育教师"（physical teacher）、节点"音乐教师"（music teacher），2019 年又延伸至节点"在线教育"（online education）。时序分析表明，国外学者的研究焦点已经由通用教师胜任力扩展至具体岗位教师胜任力，并强调新型教学模式和教学环境的特殊能力要求。

综合来看，国外的高校教师胜任力研究逐渐采用多元视角，关注特定教师胜任力模型的探索。同时，不再拘泥于理论方面的探索，开始侧重对资格评定、培训等教师职业发展实践的研究。此外，伴随新冠疫情的发展，混合式教学胜任力、在线教学胜任力等主题成为重要研究方向。

2.1.3　国内外高校教师胜任力研究述评

通过对文献可视化图谱分析可知，胜任力模型构建、胜任力培训和胜任力评估体系设计始终是胜任力研究的核心内容。随着社会环境与信息技术的变革，翻转课堂教师胜任力、在线教师教学胜任力、全球胜任力等特定教学情境中的胜任力研究，以及针对不同学科和不同类别教学岗位的胜任力研究渐成热点。伴随终身学习观念的普及，高校教师胜任力发展目标已经从短期内满足特定岗位需求转变为促进教师职业成长，高校教师胜任力研究将逐渐形成包含胜任力模型构建、胜任力评价指标体系构建、胜任力模型应用以及教师职业发展在内的四位一体研究框架。图 2-7 描述了上述研究主题之间的有向关系，其

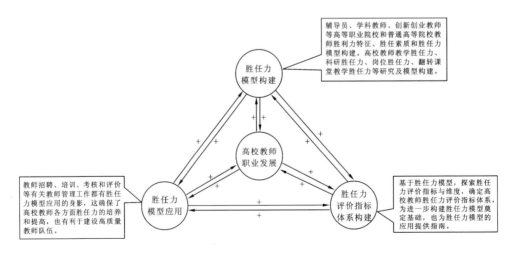

图 2-7　国内外高校教师胜任力研究主题关系有向图

中"＋"来表示促进作用。分析可知,胜任力模型构建、胜任力评价指标体系构建和胜任力模型的最终目的是实现高校教师的职业发展,而教师胜任力提升的同时又为三者提供了新的研究视角和方向,为高校教师胜任力持续发展奠定了基础。

2.2　高校教师远程教学能力研究文献分析

远程教育是对师生时空分离,教与学行为通过教育技术和媒体资源实现联系、交互和整合的学校或社会机构组织的教育的总称。[①] 在远程教学的双边活动中,决定教师地位和作用的核心因素就是教师的远程教学能力。

2.2.1　国内高校教师远程教学能力研究热点与发展趋势分析

在不同的组织机构或文化背景下,对从事远程教育教学人员的称谓也有所不同,如"远程教育教师""网络教师""电大教师""开放大学教师""线上教师"等。基于此,在中国知网以"高校教师"＋"远程"＋"教学能力""高校教师"＋"网络"＋"教学能力""高校教师"＋"在线"＋"教学能力"等词组为主题词,搜索 2002—2021 年发表的文献,剔除与主题不符的文献,共获取 CSSCI 和北大核心期刊文献 111 篇,如图 2－8 所示。可以看出,国内学者对相关主题的关注度随时间有所波动,分别在 2012 年及 2020 年达到高潮。可能的原因是 2012 年国家高调推进继续教育,教育部启动"普通高等学校继续教育数字化学习资源开放联盟",为教师远程教学能力提供了新的研究背景。2020 年新冠疫情的暴发将远程教学重新推向历史前台,教学中暴露的各种问题凸显出教师能力的重要性,相关研究随之增多。

1. 国内高校教师远程教学能力研究热点分析

对样本文献进行 LLR 聚类,得到如图 2－9 所示的聚类图谱。所得到的关键词聚类图谱模块值(Q 值)为 0.8256(大于 0.30)、图谱平均轮廓值(S 值)为 0.957(大于 0.70),表明划分出来的网络结构显著性高、可信度高。由图可知,聚类图谱包含 263 个节点、8 个热点聚类主题。将其划分成 2 个类群,聚类 0

---

① 丁兴富.远程教育、远程教学和远程学习的新定义:对远程教育和开放学习基本概念的探讨(3)[J].中国电化教育,2000(7):47－49.

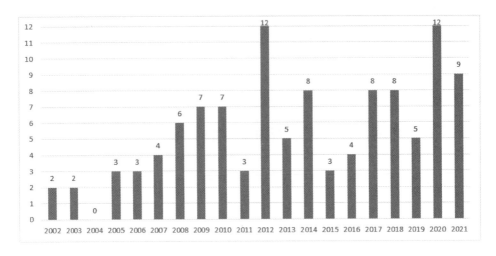

图 2 - 8   2002—2021 年国内高校教师远程教学能力研究年发表文献分布

"远程教育"、聚类 2"开放大学"、聚类 3"在线教学"、聚类 5"混合式教学"和聚类 7"辅导教师"为类群Ⅰ。聚类 1"教师角色"、聚类 4"教学能力"和聚类 6"教师发展"属于类群Ⅱ。

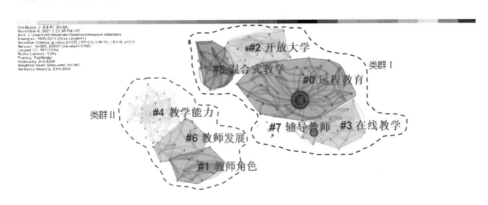

图 2 - 9   2002—2021 年国内高校教师远程教学能力研究关键聚类图谱

类群Ⅰ:研究对象

研究对象包括聚类 0"远程教育"、聚类 2"开放大学"、聚类 3"在线教学"和聚类 5"混合式教学",均为我国远程教育的主要形式。其中,聚类 0"远程教育"

涉及远程高等教育①、现代远程教育②等领域的教师教学能力研究。聚类 2"开放大学"主要研究开放大学教师教学能力标准③、开放大学教师学术职业发展困境与出路④、开放大学教师专业发展需求模型构建⑤等内容。聚类 3"在线教学"主要包括高校教师在线教学能力提升历程、困境及展望⑥、高校在线教师教学学术能力的评价指标体系构建⑦等。聚类 5"混合式教学"包括教师混合式教学改革发展框架及准备度研究⑧、基于在线课程的高校外语翻转课堂中教师教学能力研究⑨等内容。

除此之外，聚类 7"辅导教师"作为远程教育主要从业者之一，也得到了学界的关注。黄丹、张梅琳⑩整合师生发展的共同需求，构建出残疾人远程教育辅导教师的能力素质结构。刘选、杨素娟⑪从学生视角出发，比较分析远程教育中主讲教师和辅导教师的能力框架，得出主讲教师应具备良好的教学设计能力、辅导教师应具备综合交互能力和管理组织能力的结论。

---

①　温雪梅.远程高等教育教师能力评价体系:基于改良的德尔菲指标权重法[J].大学教育科学,2012(1):71-74.

②　李金艳.现代远程教育教师移动教学能力提升策略研究[J].中国成人教育,2017(20):127-130.

③　冯立国,刘颖.开放大学教师教学能力标准研究[J].中国远程教育,2017(6):64-72.

④　孙传远,李爱铭,董丽敏.开放大学教师学术职业发展的困境与出路[J].中国远程教育,2021(1):27-36.

⑤　冯晓英,冯立国,于晶.开放大学教师专业发展需求模型:基于扎根理论的研究[J].开放教育研究,2017,23(2):83-91.

⑥　杨程.高校教师在线教学能力提升:历程、困境及展望[J].高等工程教育研究,2021(3):152-157.

⑦　李志河,刘芷秀,聂建文.高校在线教师教学学术能力的评价指标体系构建[J].远程教育杂志,2020,38(5):81-89.

⑧　冯晓英,吴怡君,庞晓阳,等.混合式教学改革:教师准备好了吗—教师混合式教学改革发展框架及准备度研究[J].中国电化教育,2021(1):110-117.

⑨　李颖.高校外语翻转课堂中的教师教学能力研究[J].中国外语,2015,12(6):19-26.

⑩　黄丹,张梅琳.残疾人远程教育辅导教师的能力素质结构[J].中国远程教育,2012(9):56-59,96.

⑪　刘选,杨素娟.网络远程教育教师能力框架实证研究:学习者视角[J].开放教育研究,2012,18(2):75-79.

类群Ⅱ:研究内容

在学习环境虚拟化、教学组织形式多样化、教学时空观更新的大背景下,远程教学能力研究的内容聚焦于聚类1"教师角色"、聚类4"教师能力"和聚类6"教师发展"。

聚类1"教师角色"主要涉及对远程教育教师角色的探究与分析。李爽、陈丽[1]从中国远程教育专业能力模型中提取出决策者、管理者、教学设计者、主讲教师、辅导教师和研究者等6个关键角色,并对其角色职能、任务、能力和发展趋势进行分析,最终构建出上述6种角色的工作分析图。马维和[2]基于教师、学生、教学内容、教学媒体之间的关系,定位现代远程教育系统中的教师角色,得出"教师的工作重点已从传统课堂教学转变为导学和助学"的结论。覃丹[3]从教师教育观念、教学能力和学习支持服务等3个方面探讨了高校教师角色的转变。翁朱华[4]从工作职能分类、课程与教学过程两种个视角对远程教育教师角色进行了分析,界定了以课程开发为核心、以教学交往为核心、以支持性与发展性为核心的教师角色。

聚类4"教学能力"主要阐述高校教师远程教学的能力要素。李力[5]在分析远程教师素质指标的基础上,提出了"N维能力结构空间"模型。周素萍[6]基于对开放大学教师的角色定位,探究所应具备的现代教育技术知识以及依据远程学习者特点进行教学设计的能力。冯立国、刘颖[7]运用文献调研、典型任务分析、集体座谈等方法,提炼了开放大学教师典型教学工作任务,基于此构建开放大学教师能力素质模型,确定了道德与价值观、专业知识、技能与能力等3个维

---

① 李爽,陈丽.中国远程教育关键专业角色的工作分析研究[J].中国电化教育,2008(12):38-43.

② 马维和.现代远程教育中的教师定位研究[J].黑龙江高教研究,2008(9):64-66.

③ 覃丹.基于高校远程教育的教师角色转变[J].中国成人教育,2008(20):76-77.

④ 翁朱华.我国远程教育教师角色与专业发展[J].开放教育研究,2012,18(1):98-105.

⑤ 李力.论远程教师的三维能力结构与职能转换[J].电化教育研究,2000(8):20-24.

⑥ 周素萍.开放大学教师角色定位与能力建设研究[J].教育学术月刊,2012(10):77-79.

⑦ 冯立国,刘颖.开放大学教师教学能力标准研究[J].中国远程教育,2017(6):64-72.

度 47 项能力。刘宁、刘永权[①]利用扎根理论、访谈、实物分析等方法,构建了包含教育教学能力、信息技术能力、团队赋能和人文关怀能力的开放大学教师在线教学能力框架。刘岚、何高大[②]基于教育信息化理论和在线考试的视角,得出包括网络信息素养、评价素养、教学资源整合、教学执行力和个性心理品质等 5 大要素的大学英语教师在线教学能力,并探讨了能力提升的创新路径。

聚类 6"教师发展"主要探讨高校远程教育教师能力或素养发展的策略与路径,包含远程教学能力培训、能力评估与能力提升三个方面。远程教学能力培训是实现教师专业发展的基本手段。董锐[③]针对远程教育机构辅导教师应具备的学科、教学、媒体技术、人际交流、评估等 7 种核心能力,提出开展短期培训、制定青年教师培训制度等培养策略。吴志华、左博雯和李白桦[④]采用"MIR - DC"模型,通过微格和信息化交互网平台,实现师生校内外互动,从而诊断和矫正职前教师教学行为。实践证明,该模型有利于提升职前教师培训意愿、自我效能感等主观意识,提高其远程教学能力。

远程教学能力评估是促进高校教师专业发展的重要途径。李志河、刘芷秀和聂建文[⑤]采用层次分析方法,构建了包含教学准备、课程资源开发、在线教学反思等一级指标的高校教师在线教学学术能力评价指标体系。衷克定、王慧敏[⑥]基于在线教师教学平台使用的有效行为数据,探究新入职在线教师对教学能力各维度的关注度及其演变规律,进而评估、分析和诠释不同阶段教师教学能力的本质取向。

---

① 刘宁,刘永权.实践性知识视域下教师在线教育能力模型建构[J].中国远程教育,2021(8):40 - 50.

② 刘岚,何高大.大学英语在线考试视域下的教师教学能力创新构建[J].外语电化教学,2019(6):59 - 66.

③ 董锐.远程教育辅导教师职责与能力探析[J].中国远程教育,2012(9):60 - 64.

④ 吴志华,左博雯,李白桦.基于映射理论的教师教学能力培养 MIR - DC 模型应用效果的实证研究[J].电化教育研究,2016,37(4):114 - 120,128.

⑤ 李志河,刘芷秀,聂建文.高校在线教师教学学术能力的评价指标体系构建[J].远程教育杂志,2020,38(5):81 - 89.

⑥ 衷克定,王慧敏.基于在线平台数据分析的教师教学能力发展阶段探究[J].现代远程教育研究,2019,31(3):49 - 56.

远程教学能力提升是实现教师专业发展的根本保障。陈念年、何波和万嵩[1]基于高校教师对远程教学的认知现状,提出了进行准确定位和角色转换、掌握新的教育技能以及组织技能培训等提升教师远程教学素养的策略。当前,网络教研已成为信息时代教师继续教育的新模式,对教师教学能力具有正向的促进作用。[2] 冯立国[3]对开放大学组织网络教研的必要性进行了阐释,并对如何管理远程教育教师网络研修项目进行了系统研究。武丽志、白月飞[4]以远程教师网络研修工作坊为对象,构建了包括需求分析与研修规划能力、资源建设与整合加工能力、研修工具与技术运用能力、研修组织与过程管理能力、氛围营造与团队建设能力在内的教师工作坊主持能力评价体系,为坊主遴选、培训和考核提供指导。

2. 国内高校教师远程教学能力研究趋势分析

在关键词聚类图谱基础之上,在 CiteSpace 5.8. R1 软件中将"可视化"设置为"时间线视图",得到如图 2-10 所示的国内高校教师远程教学能力研究关键词时间线图谱,并发现两条主要的演化脉络。

演化脉络一:由单纯能力界定走向教师专业发展。聚类 0 节点"远程教育"关联 2002 年同类节点"能力结构",随后关联至聚类 6 节点"课程设置",2008年同类节点"专业角色"以及 2009 年聚类 2 节点"教师专业发展"。与此同时,聚类 0 节点"远程教育"和聚类 1 节点"高校教师"均关联至 2009 年聚类 2 节点"教师专业发展",随后由"教师专业发展"延伸至 2010 年聚类 4 节点"教学能力"和 2017 年同类节点"能力标准",最终关联至 2021 年同类节点"教师队伍建设"。上述动态说明远程教育的研究从早期的能力结构分析迅速扩展到专业角色研究、教学能力探索和培训课程设计上,并最终聚焦在以专业发展和师资队伍建设为导向的能力培育上。

---

① 陈念年,何波,万嵩.提升远程教学教师素养的实证研究[J].现代教育技术,2009,19(11):105-107.

② 戴心来,严雪松,郭莹.网络教研的采纳行为与教师教学能力提升的关系研究[J].电化教育研究,2014,35(10):114-120.

③ 冯立国.远程教育教师网络研修项目的设计与实施[J].中国远程教育,2017(8):64-71.

④ 武丽志,白月飞.教师工作坊主持能力评价指标体系构建[J].中国电化教育,2019(12):123-128.

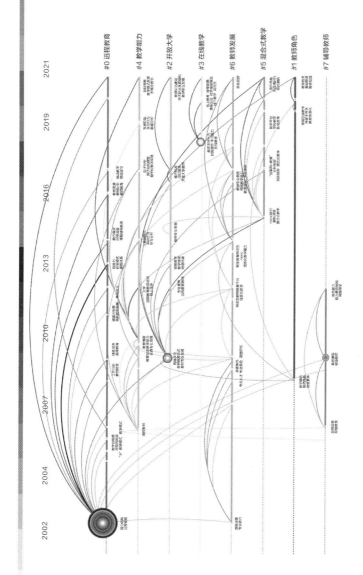

图 2-10　2002—2021 年国内高校教师远程教学能力研究关键词时间线图谱

演化脉络二：混合式教学能力渐成研究重心。聚类 5 节点"混合式教学"关联至 2015 年聚类 2 节点"教师专业发展"，随后关联至 2018 年同类节点"互联网＋教育"和 2021 年同类节点"提升策略"。这表明在"互联网＋教育"背景下，混合式学习模式已逐步成为教育常态，高校教师混合式教学能力的提升策略正处在热烈讨论中。

综上所述，国内高校教师远程教学能力研究从探究远程教育教师能力结构延伸至探究特定角色和岗位教师的专业发展路径，并扩展到"互联网＋"教育背景下教师混合式教学能力提升策略的研究。由此推测，新型教育形态下的高校教师远程教学能力研究将会成为未来研究的主要取向。

2.2.2 国外高校教师远程教学能力研究热点与发展趋势分析

选择 *Web of Science* 外文数据库为文献来源库，以"higher education"＋"distance education"＋"bilit ∗"、"higher education"＋"distance teaching"＋"abilit ∗"、"higher education"＋"online teaching"＋"abilit ∗"等为主题词进行检索。对检索结果去重后共得到 2002—2021 年样本文献 244 篇，年发表量如图 2 - 11 所示。总体来看，文献发表数量呈震荡上涨的趋势，表明国外学者对高校教师远程教学能力研究保持着关注，并伴随新冠疫情的暴发而达到热潮。

1. 国外高校教师远程教学能力研究热点分析

采用 LLR 聚类方式对样本文献进行关键词聚类，结果如图 2 - 12 所示。模块值（Q 值）为 0.7772（大于 0.3）、图谱平均轮廓值（S 值）为 0.932（大于 0.7），表明聚类的网络结构显著性高、可信度高。由图可知，聚类图谱共包含 316 个节点和 5 个主要热点话题，可划分为两个类群。

类群Ⅰ：研究对象

将聚类 0"远程教育"（distance education）归为该类群，其中通用教师、学科教师以及在线教学经验型教师等是主要研究对象。科斯塔 - 罗查（Costa - Rocha）、维渡（Veado）和维苏提（Versuti）等①采用质性研究方法，探究了远程教育环境下教师专业化发展的矛盾性与局限性，并指出教育目标设计与完成、媒

---

① COSTA - ROCHA P E, VEADO P M, VERSUTI A C. Limits and contradictions of teacher professionalization to act in distance education[J]. Revista edapeci - educacao a distancia e praticas educativas comunicacionais e interculturais, 2017, 17(1):37 - 54.

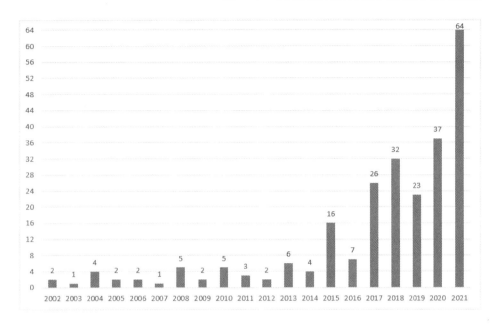

图 2 - 11　2002—2021 年国外高校教师远程教学能力研究年发表文献分布

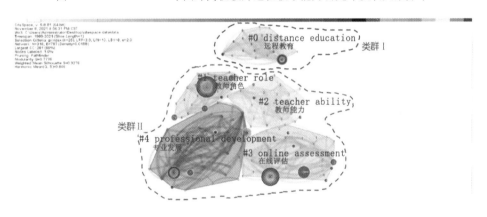

图 2 - 12　2002—2021 年国外教师远程教学能力研究关键词聚类图谱

体内容调整、教学材料美化以及交互技能是远程教育教师所必需的能力。另外，陶什（Tas）、埃米诺格鲁（Eminoglu）和阿提拉（Atila）等①研究了新冠疫情期间土耳其教师远程教育教学的自我效能感，证实接受专门培训对教师远程教育

---

① TAS Y, EMINOGLU S, ATILA G, et al. Teachers' self - efficacy beliefs and opinions a-bout distance education during the COVID - 19 pandemic [J]. Turkish online journal of distance education (TOJDE), 2021, 22(4):229 - 253.

自我效能感具有一定的影响。佩纳－科德罗（Peña－Cordero）、蒙特罗－萨拉（Montero－Jara）和祖尼加－奥罗斯科（Zúñiga－Orozco）等①探讨了远程教育模型在农业学科教学以及教师技能培训工作中的应用，证实该模型有助于实现教学目标和优化教育实践。扎尔普里（Zalpuri）、利乌（Liu）和斯图贝（Stubbe）等②阐释了精神病学领域教师应具备的网络教育能力和社会媒体应用能力。马丁（Martin）、里茨豪普特（Ritzhaupt）和库玛（Kumar）等③以在网络课程设计与应用中获得优异绩效的教师为样本，总结出教师在线教学实践能力标准，并给予新手教师课程设计、课堂组织管理、学生评估等方面的详尽指导。

类群Ⅱ：研究内容

聚类1"教师角色"（teacher role）、聚类2"教师能力"（teacher ability）、聚类3"在线评估"（online assessment）和聚类4"专业发展"（professional development）属于该类群。

聚类1"教师角色"主要涉及在线教学环境下的教师角色分析。早期，贝尔热（Berge）④⑤将在线教师按照岗位职能划分为教育、社会、管理和技术4种角色，并呼吁改变教师角色类型，关注教师在非正式、协作式、反思性学习中的重要作用。古德伊尔（Goodyear）、萨勒曼（Salmon）和斯佩克托（Spector）等⑥将在线教师的主要角色定义为：过程促进者、顾问、评估者、研究人员、内容促进者、技术专家、设计师和管理员。随后，丹尼斯（Denis）、沃特兰（Watland）和皮罗特

---

① PEÑA － CORDERO W, MONTERO － JARA K, ZÚÑIGA － OROZCO A, et al. Distance education model for the teaching of agronomy engineering in Costa Rica [J]. Electronic journal quality in higher education, 2020,11(2):135 – 157.

② ZALPURI I, LIU H Y, STUBBE D, et al. Social media and networking competencies for psychiatric education：skills, teaching methods, and implications[J]. Academic psychiatry, 2018, 42(6):808 – 817.

③ MARTIN F, RITZHAUPT A, KUMAR S, et al. Award － winning faculty online teaching practices：course design, assessment and evaluation, and facilitation[J]. The internet and higher education, 2019, 42:34 – 43.

④ BERGE Z L. The role of the online instructor/facilitator [J]. Educational technology, 1995, 35(1):22 – 30.

⑤ BERGE Z L. Changing instructor's roles in virtual worlds[J]. Quarterly review of distance education, 2008, 9(4):407 – 414.

⑥ GOODYEAR P, SALMON G, SPECTOR J M, et al. Competences for online teaching: a special report[J]. Educational technology research and development, 2001,49(1):65 – 72.

(Pirotte)等①将元认知促进者、资源提供者和合作学习者纳入古德伊尔的研究成果，以便更好地适应在线教学实际。艾登(Aydin)②认为在线教师扮演着内容专家、教学设计师和材料制作者的角色。阿尔瓦雷斯(Alvarez)、瓜施(Guasch)和埃斯帕萨(Espasa)③通过文献综述法，描述高校教师在网络教学环境中承担的规划/设计角色、社会角色和指导性角色，并说明角色之间相互融合的关系。

聚类 2"教师能力"聚焦在线教学或者特定环境下教师能力培养与发展。威廉姆斯(Williams)④、古德伊尔(Goodyear)、萨勒曼(Salmon)和斯佩克托(Spector)等⑤对不同角色的教师能力进行了定义，并强调在网络虚拟环境中教师应当具备的人际交流能力和师生互动能力。伊根(Egan)、阿克德雷(Akdere)⑥从学生的视角出发，采用比较分析的方法，证明在远程教学环境中，学生更加关注教师的信息素养与信息技术应用能力。同时，一些学者对远程教师角色和能力进行综合、动态考虑，从而构建远程教学能力框架。例如，阿卜杜勒(Abdous)⑦基于对传统教师角色和能力的反思，构建了面向过程的非线性能力发展框架，以便帮助教师实现全面发展。阿林托(Arinto)⑧基于科技教学实践者专业发展的现状，提出了包括教学内容开发、学习活动设计、教学策略和教学评估

---

① DENIS B, WATLAND P, PIROTTE S, et al. Roles and competencies of the e – tutor[C]// Banks S, Goodyear P, Hodgson V, et al (eds). Networked learning 2004: a research based conference on networked learning and lifelong learning: proceedings of the fourth international conference. Bailrigg: Lancaster Universtiy, 2004:150 – 157.

② AYDIN C H. Turkish mentors' perception of roles, competencies and resources for online teaching[J]. Turkish online journal of distance education, 2005, 6(3):58 – 80.

③ ALVAREZ I, GUASCH T, ESPASA A. University teacher roles and competencies in online learning environments: a theoretical analysis of teaching and learning practices[J]. European journal of teacher education, 2009, 32(3): 321 – 336.

④ WILLIAMS P E. Roles and competencies for distance education programs in higher education institutions[J]. The American journal of distance education, 2003, 17(1):45 – 57.

⑤ GOODYEAR P, SALMON G, SPECTOR J M, et al. Competences for online teaching: a special report[J]. Educational technology research and development, 2001,49(1):65 – 72.

⑥ EGAN T M, AKDERE M. Clarifying distance education roles and competencies: exploring similarities and differences between professional and student – practitioner perspectives[J]. The American journal of distance education, 2005, 19(2):87 – 103.

⑦ ABDOUS M. A process – oriented framework for acquiring online teaching competencies [J]. Journal of computing in higher education, 2011, 23(1):60 – 77.

⑧ ARINTO P B. A framework for developing competencies in open and distance learning[J]. International review of research in open and distributed learning, 2013, 14(1):167 – 185.

等 4 个维度的教师远程教学能力框架。

聚类 3"在线评估"主要涉及对教师远程教学能力评估的研究。塞拉诺（Serrano）、维拉玛纳（Villafana）①围绕"是否可以预测教与学过程""是否可以指导教与学过程"和"是否可以评估教与学过程的影响"3 个层面构建教师在线教学能力评估模型，并编制能力评估问卷，用于学生及同行专家完成教师远程教学能力评估。马丁（Martin）、巴德哈尼（Budhrani）和王（Wang）②通过文献综述总结出课程设计、课程沟通、时间管理和技术等教师在线教学能力的核心要素，并从网络教学能力的价值体认以及教学自信心两方面对教师的在线教学准备度进行了测评。此外，该聚类主题还涉及疫情期间新任教师教学准备度评估③、医学教师在线教学自我感知力评估④以及虚拟培训项目中的在线教师能力评估⑤等内容。

聚类 4"专业发展"指远程教育教师的能力发展研究，主要包含发展现状和发展实践两方面的内容。

1. 发展现状

新冠疫情的爆发迫使许多高校由原来的课堂教学迅速转向远程学习，教师在线课程设计、教学方法创新、技术工具使用、学习成果评定等方面的能力不足亦暴露出来。因此，许多学者围绕上述主题展开专门研究，以便促进高校教师教学创造力的产生与发展。⑥ 巴迪奥扎曼（Badiozaman）、西格（Segar）⑦使用在

---

① SERRANO E L, VILLAFAÑA A D H. Development of an online teaching competency assessment questionnaire [J]. Iberoamerican journal of distance education,2020,23(2):307 – 328.

② MARTIN F, BUDHRANI K, WANG C. Examining faculty perception of their readiness to teach online[J]. Online learning, 2019, 23(3):97 – 119.

③ MOORHOUSE B L. Beginning teaching during COVID – 19: newly qualified Hong Kong teachers' preparedness for online teaching[J]. Educational studies, 2021(9):1 – 17.

④ SARFARAZ S, AHMED N, ABBASI M S, et al. Self – perceived competency of the medical faculty for E – teaching during the COVID – 19 pandemic[J]. Work,2020,64(4):731 – 798.

⑤ RICALDE E E, GONZALEZ R A. Evaluating competencies for online teachers of a literary virtual training program[J]. Teacher – curriculum and teacher training magazine,2018,22(1):599 – 623.

⑥ LEAL W,PRICE E,WALL T,et al. COVID – 19:the impact of a global crisis on sustainable development teaching[J]. Environment,development and sustainability,2021,23(8):11257 – 11278.

⑦ BADIOZAMAN I F A, SEGAR A R. Exploring online teaching competence in the context of the COVID 19 pandemic: insights from Sarawak, Malaysia[J]. Journal of further and hgher education, 2021,46(6):766 – 779.

线教师教学准备(faculty readiness to teach online，FRTO)工具，对在线课程设计、课程交流、时间管理和技术应用等能力进行了评估，并对提升上述能力提出了专门建议。丹茹(Danjou)[①]探讨疫情背景下高校开展有机化学课程所面临的挑战，研究了高校教师采用同异步混合方式实现教学创新的能力。拉皮塔(Lapitan)、蒂昂科(Tiangco)和苏马利诺格(Sumalinog)等[②]分析了教师采用同异步结合的方式进行教学的能力，并提出包含发现、学习、实践、合作和评估等 5 个元素的在线教学策略。此外，米勒(Mueller)、德拉佩鲁塔(Della Peruta)和德尔朱迪斯(Del Giudice)[③]界定了教师在线教学中使用新媒体的行为模式，并对行为模式、媒体应用技能与学科教学三者之间的联系进行了说明。维迪亚斯图蒂(Widiastuti)、曼特拉(Mantra)和苏蔻扣(Sukoco)等[④]探究了网络环境条件下英语教师实施 3 种课堂评估策略(在线考试、作品集和学生自我评估)所面临的挑战，结果表明，教师应当提高自身数字技能并完善在线评估策略的实施流程。

2. 发展实践

教师远程教学能力的有效发展取决于合理的培养路径。勒布朗(LeBlanc)、普鲁奇尼基(Pruchnicki)和罗迪克(Rohdieck)等[⑤]尝试通过网络研讨会来提升药学讲师和助理的在线讨论能力。结果表明，教师对自身在线交互能力的

① DANJOU P E. Distance teaching of organic chemistry tutorials during the COVID – 19 pandemic：focus on the use of videos and social media[J]. Journal of chemical education, 2020, 97 (9):3168 – 3171.

② LAPITAN JR L D S, TIANGCO C E, SUMALINOG D A G, et al. An effective blended online teaching and learning strategy during the COVID – 19 pandemic[J]. Education for chemical engineers, 2021, 35:116 – 131.

③ MUELLER J, DELLA PERUTA M R, DEL GIUDICE M. Social media platforms and technology education：Facebook on the way to graduate school[J]. International journal of technology management, 2014, 66(4):358 – 370.

④ WIDIASTUTI I A M S, MANTRA I B N, SUKOCO H, et al. Online assessment strategies to enhance EFL students'competence and their implementational challenges[J]. Journal of English educators society, 2021, 6(2):245 – 251.

⑤ LEBLANC J M, PRUCHNICKI M C, ROHDIECK S V, et al. An instructional seminar for online case – based discussions[J]. American journal of pharmaceutical education, 2007, 71(3):42.

满意度有所提高。希瑟(Heather)、科普兰(Copeland)和艾莎(Aisha)①从学生视角出发,采用了 Tech 15 混合型网络平台开展以高校教师专业发展为主题的研讨活动。结果表明,教师的在线课程内容设计、排版设计以及教学工具使用等方面的能力显著提高。拉米雷斯 - 蒙托亚(Ramirez - Montoya)、梅纳(Mena)和罗德里格斯 - 阿罗约(Rodriguez - Arroyo)②等通过 MOOC 平台对在线教师开展培训,帮助其提高教育资源设计与开发的能力。亦有学者依托校外机构和高等院校推动教师远程教学能力的发展。校外机构主要通过开展调查研究、提供培训项目、进行资格认证等方式来支持远程教育教师的成长。高等院校则通过开发和实施结构化教师培训项目,提升教师对在线教学的期望和满意度。③ 阿林托(Arinto)④基于开放大学和远程教育机构发展的现实,指出教师培训项目应该着力发展远程学习和信息技术能力,促进远程教育教师的专业成长。罗德(Rhode)、里克特(Richter)和米勒(Miller)⑤详尽介绍了开展高校教师在线教学能力培训的过程和经验,对教师在线教学所需的关键属性和技能进行了梳理,设计了在线教学准备度评估框架,并基于评估结果创建了教师专业发展方案,支持教师的个性化发展。

2. 国外高校教师远程教学能力研究演化趋势分析

在关键词聚类图谱基础之上,在 CiteSpace 5.8. R1 软件中将"可视化"设置为"时间线视图",得到如图 2 - 13 所示的关键词时间线图谱。结合聚类图谱的内容分析,可以发现相关研究的两条演化脉络。

---

① HEATHER M L,COPELAND C A,AISHA H. Accessing abilities:creating innovation accessible online learning environments and putting quality into practice[J]. Education for information,2016,32(1):27 – 33.

② RAMIREZ – MONTOYA M S, MENA J, RODRIGUEZ – ARROYO J A. In – service teachers' self – perceptions of digital competence and OER use as determined by a XMOOC training course[J]. Computers in human behavior,2017,77:356 – 364.

③ ADNAN M,KALELIOLU F,GÜLBAHAR Y. Assessment of a multinational online faculty development program on online teaching:reflections of candidate e – tutors[J]. Turkish online journal of distance education,2017,18(1):22 – 38.

④ ARINTO P B. A framework for developing competencies in open and distance learning[J]. International review of research in open and distributed learning, 2013, 14(1):167 – 185.

⑤ RHODE J, RICHTER S, MILLER T. Designing personalized online teaching professional development through self – assessment[J]. TechTrends, 2017, 61(5):1 – 8.

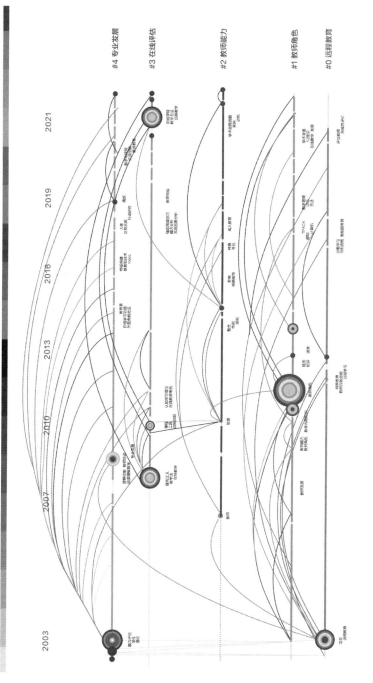

图2-13　2002—2021年国外高校教师远程教学能力研究关键词时间线图谱

演化脉络一:从单一的评估研究走向评估与能力提升的整合式研究。2003年聚类4节点"评估"(assessment)关联同年同类节点"能力"(ability),由节点"能力"延伸至同年聚类0节点"远程教育"(distance education),再由节点"远程教育"延伸至关联至同年同类节点"项目"(program)和2008年聚类4节点"教师培训"。说明针对远程教学能力评估的研究已经从单一维度转变为评估与培训相结合的多维范式,学者们将评估结果作为培训项目设计的证据,从而提高培训方式和内容的科学性。

演化脉络二:研究视角逐渐走向微观和多元。2008年聚类3节点"在线教学"(online teaching)关联2010年同类节点"课程""工具"(instrument)和"自我效能"(self efficacy),同时关联至2010年聚类2节点"班级"(classroom),并通过"班级"关联2011年聚类1节点"教师角色"(teacher role),最终联结至2013年同类节点"知识"(knowledge)。同时,聚类0节点"远程教育"关联2009年聚类1节点"教师角色"和"教师能力"(teacher ability),经由节点"教师能力"关联2010年同类节点"教学内容知识"(pedagogical content knowledge),随后关联至2018年同类节点"TPACK"。这说明,国外学者不仅从课程设计、班级管理、技术应用等外显行为视角界定远程教育教师的角色及其能力结构,而且积极引入知识体系、自我效能感等内部要素,丰富能力结构的层次和维度。

综合来看,国外学者对于教师远程教学能力的研究已经进入深水区,角色分析和能力界定的多元化成为常态,面向专业发展的整合式研究已成趋势。基于此,内在整合的教师远程教学能力开发的体系将会逐步建立,并在新型教育情境中吸纳和融合各种创新要素。

2.2.3 国内外高校教师远程教学能力研究述评

分析可知,国内外学者开展高校教师远程教学能力研究包含三个核心内容。其一是开展教师角色的定义与分析,以此为制定教师远程教学能力标准或构建能力框架提供理论支撑。其二,分析教师远程教学能力发展的现状,并以教师培训为依托,探讨教师培训的模式、策略与路径。其三,对教师远程教学能力评估,特别是指标体系构建和评估工具开发(如量表、问卷、行为观察框架等)等内容进行专门探索。研究方法上,多采用文献综述方法、比较研究方法、质性研究方法及实验研究方法。同时,学界对于传统能力研究的局限(如研究结论适切性差、缺少多元视角等)形成了更为深刻的认识,面向职业发展和强调实效的价值取向渐成主流,对远程教学能力发展进行整合式研究的呼声渐高。因此,可以推断,引入实证主义研究方法,推动能力研究范式革新,从而形成"能力界定→能力提升→能力评估"的一体化研究成果,将会成为未来高校教师远程教学能力研究的新生态。

2.3　高校教师远程教学胜任力研究文献分析

2.3.1　国内外高校教师远程教学胜任力研究内容分析

将"高校""远程""网络""在线"与"胜任""胜任力""胜任素质"等词分别进行组合,作为主题词在中国知网搜索2002—2021年发表的文献,共得到12篇CSSCI期刊文献及3篇学位论文。在 Web of Science 核心合集中以"remote"+ "competenc＊"、"distance"+"competenc＊"、"online"+"competenc＊"等为主题词进行检索。经过筛选共得8篇符合主题的样本文献。

1. 高校教师远程教学胜任力模型构建的相关研究

国内学者聚焦于远程教育机构、远程教育网络试点高校专职教师以及主讲教师、辅导教师的胜任力要素分析及模型构建。例如,罗洪兰、杨亭亭[1]以远程教育专职教师为研究对象,对教师、管理人员、学生等进行了访谈和问卷调查,从未来定向、社会需求、师资培养等3个视角构建了远程教育专职教师胜任因素模型。王正东[2]在回顾国外教师远程教学胜任力已有研究的基础之上,构建了包括专业知识技能、远程教学技能、支持服务技能等维度的远程教育教师胜任力模型。颜正恕[3]以麦克利兰胜任力模型为理论基础,通过文献查阅、问卷调查和行为事件访谈等方法,借助探索性、验证性因子分析等方法,构建包括教学人格、信息素养、晶体能力、教学影响、教学互动和教学管理6个一级因子和21个二级因子的高校教师慕课教学胜任力模型。其他学者亦应用问卷调查、文献

---

① 罗洪兰,杨亭亭.远程教育专职教师胜任力的研究[J].中国电化教育,2008(9): 32－35.

② 王正东.远程教师的胜任力模型及其应用意义研究[J].电化教育研究,2008(10): 69－73.

③ 颜正恕.高校教师慕课教学胜任力模型构建研究[J].开放教育研究,2015,21(6): 104－111.

研究、行为事件访谈等方法,围绕线上教学或者"线上 + 线下"教学模式开展教学胜任力研究。

国外部分学者采用质性研究法对远程教学胜任力进行研究。泽达克(Zdonek)、波德古斯卡(Podgórska)和海萨(Hysa)[1]在回顾文献的基础之上,构建了包括输入能力(知识、资格、经验等)、个人能力(情绪、行为、态度等)、输出能力(显行为准则)以及情境要求(情境性质、角色类型和团队成员特性等)的远程教育员工胜任力模型。艾利(Ally)[2]通过焦点小组访谈和专家访谈收集数据,得到包括 9 个维度 109 项指标的高校教师网络教学胜任力模型。

2. 高校教师远程教学胜任力培训的相关研究

国内远程教学胜任力培训的研究多停留在对培训意义和价值的阐述,部分学者运用胜任力模型简略叙述远程教育教师培训的思路。慈琳[3]以高校教师网络教学胜任力理论模型为基础,指出结合胜任力模型开展教师培训能够有效提升教师的网络教学能力,节约培训成本。廖宏建、张倩苇[4]认为 SPOC 混合教学胜任力模型能够为高校开展培训活动提供较为全面、灵活、弹性的设计框架。综合来看,国内尚未形成高校教师远程教学胜任力培训的全面、深入的研究成果。

国外多数学者基于远程教学胜任力模型的研究,强调开展高水平远程教学人员培训的迫切性。例如,艾利(Ally)[5]认为网络教学胜任力模型对培训和定位未来的网络教师有一定的借鉴意义。卡利斯坎(Caliskan)、克班弗罗夫(Kurbanov)和普拉托诺娃(Platonova)等[6]对网络教育讲师进行了半结构化访谈,发现教师网络教学胜任力培训能够有效弥补远程教学知识和技能等方面的不足。少

---

① ZDONEK I, PODGÓRSKA M, HYSA B. The competence for project team members in the conditions of remote working[J]. Foundations of management, 2017, 9(1):213 – 224.

② ALLY M. Competency profile of the digital and online teacher in future education[J]. The international review of research in open and distributed learning, 2019, 20(2):1 – 18.

③ 慈琳.高校教师网络教学胜任力模型构建研究[D].长春:东北师范大学,2012.

④ 廖宏建,张倩苇.高校教师 SPOC 混合教学胜任力模型:基于行为事件访谈研究[J].开放教育研究,2017,23(5):84 – 93.

⑤ ALLY M. Competency profile of the digital and online teacher in future education[J]. The international review of research in open and distributed learning, 2019, 20(2):1 – 18.

⑥ CALISKAN S, KURBANOV R A, PLATONOVA R I, et al. Lecturers views of online instructors about distance education and adobe connect[J]. International journal of emerging technologies in learning, 2020,15(23):145 – 157.

数学者在阐述远程教育教师培训项目时,突出强调教学胜任力的提升。如巴维纳(Bawane)、斯佩克特(Spector)①在研究在线教师培训计划时,证实教师的在线教学角色和在线教学胜任力具有最高优先级,对于在线教师专业发展意义重大。

3.高校教师远程教学胜任力评估的相关研究

国内远程教学胜任力评估的研究多围于对其作用与价值的分析,部分学者通过发放问卷、访谈、层次分析法等构建胜任力评估指标体系。罗洪兰、杨亭亭②对教师、管理人员和学生等群体进行问卷调查,完成对胜任因素重要性的等级评定,从而确定胜任力评价的 16 项指标。颜正恕③构建了胜任力主层次模型,并运用层次分析法形成胜任因子的主因素比较矩阵,最后通过一致性检验确定胜任力评价的 6 项一级指标和 21 项二级指标。

国外部分学者亦采用类似的方法确定胜任力评价指标等级及其权重。托马斯(Thomas)、格雷厄姆(Graham)④基于比加特(Bigatel)、拉甘(Ragan)和凯南(Kennan)等⑤提出的在线教学胜任力模型,经过数据收集、编码和分析等环节,确定了 7 个胜任力评价因子的等级与关系。此外,部分学者开展了高校教师胜任力评估的实证研究。巴迪奥扎曼(Badiozaman)、西格(Segar)⑥在探讨在线教师胜任力要素的基础上,采用教师在线教学准备测量工具,评估 4 种在线教学胜任力(课程设计、课程交流、时间管理和数据收集的技术能力)的水平。

2.3.2　国内外高校教师远程教学胜任力研究述评

国内外高校教师胜任力研究和远程教学能力研究均表明,远程教学胜任力

① BAWANE J, SPECTOR J M. Prioritization of online instructor roles: implications for competency – based teacher education programs[J]. Distance education, 2009,30(3):383 – 397.

② 罗洪兰,杨亭亭.远程教育专职教师胜任力的研究[J].中国电化教育,2008(9):32 – 35.

③ 颜正恕.高校教师慕课教学胜任力模型构建研究[J].开放教育研究,2015,21(6):104 – 111.

④ THOMAS J E, GRAHAM C R. Online teaching competencies in observational rubrics: what are institutions evaluating? [J]. Distance education, 2019,40(1):114 – 132.

⑤ BIGATEL P M, RAGAN L C, KENNAN S, et al. The identification of competencies for online teaching success[J]. Journal of asynchronous learning networks, 2012, 16(1):59 – 77.

⑥ BADIOZAMAN I F A, SEGAR A R. Exploring online teaching competence in the context of the COVID – 19 pandemic: insights from Sarawak, Malaysia[J]. Journal of furture and higher education, 2021,46(6):766 – 779.

研究应以职业发展和教学绩效为取向，并聚焦于对胜任力界定、胜任力培训和胜任力评估等核心问题的探讨。然而，尽管国内外相关研究正在不断深入，已有的成果仍存在不足。

首先，研究视角相对单一。许多研究是从远程学习的内涵和外延来确定胜任力维度及指标，或者基于文献内容分析总结胜任力因子，理论层面能够达到饱和状态，但这种"定义性研究"本身缺乏"量化操作性"，使得所构建的模型仅能表明"应具有什么类别的能力"，而不能回答"应具有何种程度的能力"，对能力发展实践的指导力不足。[①] 高校教师远程教学胜任力发展在本质上是一种人力资源管理行为。胜任力模型要为师资培育的实践服务，就必须包含对人力资源管理基本规律的考量，需要来自管理实践的数据资料。而韦斯林、王巧丽和贾远娥等[②]指出，现有模型大都在教育学、组织行为学、心理学等理论层面上进行自上而下的演绎和推理，基于实证材料进行自下而上的归纳和建构较为欠缺。以往采用专家分析方法构建的模型，是对教师远程教学"理想状态"的描述，更确切地说，是专家对教师"应然水平"的主观描述，这势必造成研究成果与教学实践之间的偏差和分歧。

其次，对高校教师远程教学胜任力培训和评价的研究缺乏实证方法。部分远程教学胜任力培训的研究未能面向远程教师的特定岗位职责和具体教学活动，其结论难免缺乏科学性，对于"如何制定科学的远程教学胜任力培训方案""如何高效实施远程教学培训"等关键问题也未给出确切答案，无法帮助教师在实际工作中获得成功。一些远程教学胜任力的评价研究尽管采用了较为成熟的量化方法，但是仍建立在专家理解的基础上，并未与具体教学绩效建立关联，对完成远程教学任务或胜任相应岗位缺少综合判断，并且测评方式上也未能满足多情境、多维度和多元技术的要求。

再次，对高校教师远程教学胜任力的界定、培训与评估的研究常常基于不同的理论和方法框架，在内容上是相互割裂的，结论间无法形成呼应。这导致高校在真正实施胜任力培训和评价时，被迫适应不同的思路和方法，无法获得系统化的指导，从而造成管理思维的混乱和迷失。

---

① 周榕,谢百治.远程教育人力资源管理研究现状评述[J].中国医学教育技术,2011,25(6):579-582.

② 韦斯林,王巧丽,贾远娥,等.教师学科教学能力模型的建构:基于扎根理论的10位特级教师的深度访谈[J].教师教育研究.2017,29(4):84-91.

　　综上可知,确定"应当具备什么样的胜任力"仅是高校教师远程教学胜任力研究的开始,对"如何具备这些胜任力"的确切回答才是研究的归宿。这要求在统一的理论内核和方法论框架的指导下,对胜任力界定、培训和评估做一体化的理论思考和实践探索。

第3章

高校教师远程教学胜任力研究的
目标、内容与方法

高校远程教学的发展现实表明高校教师远程教学胜任力研究的迫切性,文献分析则证明将远程教学胜任力研究聚焦在胜任力界定、培训和评估等维度的必然性。本书开展的高校教师远程教学胜任力研究正是以胜任力模型构建、胜任力培训和胜任力评估为核心内容,力求形成基于胜任力模型、面向教师发展且内在整合的系统化研究成果。其中,基于胜任力理论构建胜任力模型是高校教师远程教学胜任力研究的基础性工作。借助对复杂学习过程的理解和典型设计模式的分析,确定胜任力培训方案设计的总体思路和主要方法,是高校教师远程教学胜任力培训研究的核心内容。基于灰色系统理论和评价中心技术,完成胜任力评估指标体系构建和评价工具设计,则是高校教师远程教学胜任力评价研究要解决的主要问题。

3.1 高校教师远程教学胜任力研究的目标

能力发展的首要任务是明确能力发展目标,这依赖于对能力结构的科学而明晰的界定。刘宁、刘永权[①]指出,教师在线教学能力模型构建必须关注能力模型是否真正落地,其中基于教学实践获取数据是判断能力模型质量的关键因素。事实上,真实的远程教学并不要求每位教师都成为理论上的合格者,而是

---

① 刘宁,刘永权. 实践性知识视域下教师在线教育能力模型建构[J]. 中国远程教育,
2021(8):40-50.

成为能够在一线岗位上获得优异绩效的人。这要求在方法论层面上更新能力模型构建的思路和技术。

实现能力发展的核心路径是进行精准和富有实效的能力培训。目前远程教育教师的培训内容较为宽泛,很难针对教师的学习需求进行分层培训,一些高校依据远程教育专业人才培养方案来选取教师培训内容,这显然不可取。① 对教师个人而言,成为"优秀从业者"比成为"专家"更具有现实意义。如果高校希望通过培训使每个教师实现不平凡的工作绩效,就必须建立一套既符合自身工作要求,又与高绩效紧密相关,还能够动态调整的培训系统。

能力评估既是考察能力发展水平的主要工具,也是获得反馈信息从而调整能力发展目标和培训方式的重要手段。目前,高校对教师远程教学能力的评价缺少比较科学的考核指标体系,通常只是对工作情况的简单总结,而不是促进员工阶段性发展的手段。② 教师远程教学能力评估往往重视总结性评价而忽视过程性评价,特别是缺少对课程开发、教学交互和学习支持服务等环节的评估,因而降低了评价的效率与效能。这意味着提升能力评价的价值与效能必须以优质绩效为导向,并采用循证的方法和路径。

可见,无论是高校教师远程教学能力界定、培训还是评估,都期待通过引入新的理论视角,实现研究范式的变革。1973 年由美国哈佛大学教授戴维·麦克利兰(David McClelland)提出并发展的胜任力理论及其相关技术,已经成为当前能力研究与实践的主流方法之一。因此,本书希望借助胜任力理论,采用实证研究的方法,完成从理论构建到实践应用的系统研究,为高校教师远程教学胜任力界定、培训与评估提供具有逻辑一致性、情境适应性和现实操作性的模型、系统和工具,以期在理论层面上丰富相关研究成果,并在实践层面促进高校教师远程教学胜任力的可持续发展。

3.2　高校教师远程教学胜任力研究的内容

胜任力发展是高校教师远程教学胜任力研究的归宿。能否为解决胜任力

---

① 魏非,肖立志.教师远程培训中的学习评价设计:现状问题、内涵意义及优化策略[J].中国电化教育,2016(11):94−99.

② 丁新,穆肃,张芸.远程教育试点网络学院人力资源管理研究[J].现代远程教育研究,2007(5):9−13,71.

发展的现实问题做出贡献,是衡量胜任力研究价值的重要尺度。如前章所述,现有远程教学胜任力研究面临着数量偏少、指导力弱、系统性不足等问题。通过对胜任力模型构建、胜任力培训和胜任力评估的研究,形成高校教师远程教学能力发展的整体思路和指导性成果,对于突破现实困境、满足研究诉求十分重要。

　　高校教师远程教学胜任力研究的核心任务是基于胜任力模型,形成融合胜任力界定、培训和考核的一体化框架,为高校教师远程教学胜任力发展的实践提供指导(如图3-1所示),具体目标如下:(1)构建具有统一逻辑依据和方法论基础、能够一脉相承、相互呼应的系统化研究成果;(2)构建情境化、可观测和具有结构弹性的胜任力模型,支持高校根据自身发展需求进行差异化应用,快速完成胜任力界定;(3)构建适应岗位需求、与高绩效关联且可动态调整的胜任力培训体系,帮助高校提高胜任力培训的科学性与实效性;(4)构建面向绩效、基于行为和融合情境的胜任力评估体系,帮助高校实现胜任力评估的精准化与多元化。

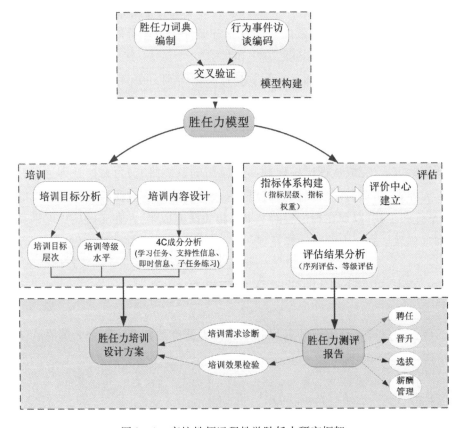

图3-1　高校教师远程教学胜任力研究框架

3.2.1　构建高校教师远程教学胜任力模型

胜任力模型是完成能力界定的新工具。它将在实际工作中取得优异绩效的教师作为研究对象,从真实的远程教学实践中获得实证数据,确定鉴别性要素,从而建构出针对不同岗位角色的胜任力模型。本书中胜任力模型构建重点关注以下两点。首先,确保所描述的胜任特征及其行为等级水平具有可操作、可测量的基本特征,从而保证研究成果能够较好地应用于实践。其次,使胜任力模型能够超越各普通高校千差万别的管理体制,涵盖优秀远程教育教师区别于普通教师的所有知识、技能、态度和价值观,以及各胜任力从必要等级到期望等级的行为描述,保证胜任力研究成果的普适性。

3.2.2　设计基于胜任力模型的胜任力培训体系

胜任力所需的知识、技能和态度都在胜任力模型中做出了基本说明。因此,通过胜任力模型向胜任力目标体系的转化,能够实现胜任力界定与胜任力培训的有效整合。将胜任力模型包含的胜任力及其行为等级设定为胜任力培训的目标,将胜任力的行为描述转化为培训任务,能够快速完成胜任力培训的目标分析。依据胜任力所包含的知识、技能和态度、价值观,能够确定胜任力培训的核心内容。因此,本书基于所构建的胜任力模型,聚焦高校教师胜任力培训的目标分析和内容分析,在完成面向绩效的胜任力培训方案设计的同时,提升胜任力培训体系"与时俱进"的结构弹性。

3.2.3　构建基于胜任力模型的胜任力评估系统

高校教师胜任力评估的核心环节是建立评估指标体系、选择评估工具和处理评估结果。胜任力特征是基于现有或即将变化的各种工作情境来抽取的,其等级水平明确,具备良好的可量化、可评估、可预测性和情境适应性。因此,本书首先将胜任力模型转化为评估指标,采用量化方法确定评估指标权重,从而快速形成评估指标体系的过程与方法。之后,尝试根据胜任力的行为描述确定评估指标行为观测点,并完成测评工具设计,建立符合胜任力特点的评估方法体系。最后,针对胜任力评估具有的"小样本"和"贫信息"的特点,利用先进的数理统计思想,提出胜任力评测结果分析的核心方法。

由于胜任力培训和胜任力评估体系均基于胜任力模型,因此两者能够相互支撑,互为补充。胜任力评估能够作为培训需求诊断的工具,或者作为胜任力培训的效果检验工具。胜任力评估可提供胜任力测评的等级、总分以及诊断报告,指出需要加强的胜任力,从不同角度分析受评者在各项评估指标上的行为表现,尤其是胜任力不足时的具体表现和可能的成因,从而为胜任力培训的目标设计和内容设计提供直接证据,完成针对同一胜任力目标的"培训→评估"的动态循环。此外,高校远程教学胜任力研究成果能够为高校远程教育师资管理提供整体框架。通过调整胜任力评估指标的数量与维度,能够分别实现远程教育教师的聘任、晋升和选拔的合理化,胜任力评估的结果则可为基于工作绩效的薪酬管理提供主要依据。因此,高校教师远程教学胜任力的研究中,胜任力模型是"灵魂",贯穿胜任力结构分析、胜任力培训设计以及胜任力评估的全过程,它所具有的面向绩效、基于行动、易于量化的特征,是胜任力研究区别于其他能力研究的关键。

3.3 高校教师远程教学胜任力模型构建的理论基础与核心方法

关于胜任力的研究最早可追溯到 20 世纪 10 年代"科学管理之父"弗雷德里克·温斯洛·泰勒(Frederick Winslow Taylor)的探索。他通过"时间—行为"两个维度,将复杂工作拆分成一系列简单的步骤,以识别不同工作内容对个体能力的要求。[①] 但是该理论仅关注了人的智力和能力,忽略了人的能动性及创造性。20 世纪 50 年代,约翰·弗拉纳根(John Flanagan)提出了新的考察个体行为的方法——关键事件技术(critical incident technique,CIT)。[②] 它针对某一工作中重要的、能导致成功与否的任务要素,将能反映不同绩效水平的、可观察的行为表现进行描述。之后,对这些确切的事实证据作出分类,并归纳出该岗位的主要特征、具体要求和员工的工作表现,以此作为评定绩效等级的标准。以上两种理论都为后期胜任力研究奠定了重要的理论基础。

---

① TAYLOR F W. The principles of scientific management[M]. New York, NY: Harper & Brothers,1911.

② FLANAGAN J C. The critical incident technique[J]. Psychological bulletin,1954,51(4): 327 – 358.

3.3.1　胜任力模型构建的理论基础

胜任力的研究始于20世纪70年代。1973年,美国哈佛大学教授戴维·麦克利兰(David McClelland)①在《美国心理学家》杂志上发表《测量胜任力而非智力》一文,正式提出胜任力的概念,并在之后的研究中对胜任力及胜任力模型的内涵、类别、特征和构成进行了描述。至此,胜任力理论开始在英、美、加拿大等国家盛行,并在80年代逐渐成为心理学、管理学、教育学等领域的研究热点。20世纪90年代,西方国家掀起了胜任力应用实践的热潮,许多以胜任力模型构建为主要业务的咨询公司开始创建。我国对胜任力的研究起步较晚,始于21世纪。其研究取向从最初的理论探索逐渐转向实证探究,从构建通用胜任力模型转向研究具体领域的胜任力模型。②

1. 胜任力

1)胜任力的定义与内涵

胜任力的英文表达为 competency 或 competence,中文常译作"胜任力""胜任特征""胜任素质""素质""资质"等。戴维·麦克利兰(David McClelland)③最初将胜任力定义为"与工作绩效直接相关的知识、技能、能力、物质或动机等,是个体在工作中获得成功的决定性因素"。此后,许多学者都对胜任力提出了自己的定义。莱尔·斯宾塞(Spencer L M)、塞尼·斯宾塞(Spencer S M)④认为胜任特征是指"能将某一工作(或组织、文化)中表现优异者与表现平平者区分开来的个人的、潜在的、深层次特征,它可以是动机、特质、自我形象、态度或价值观、某领域的知识、认知或行为技能,即任何可以被可靠测量或计数的,并且能显著区分优秀绩效和普通绩效的个体特征"。具体到教育领域,蒂格拉尔

---

① MCCLELLAND D C. Testing for competence rather than for "intelligence" [J]. American psychologist, 1973, 28(1):1-14.

② 何齐宗. 我国高校教师胜任力研究:进展与思考[J]. 高等教育研究,2014,35(10):38-45.

③ MCCLELLAND D C. Testing for competence rather than for "intelligence" [J]. American psychologist,1973,28(1):1-14.

④ SPENCER L M, SPENCER S M. Competence at work models for superior performance [M]. New York:John Wiley & Sons,1993.

（Tigelaar）、多尔曼斯（Dolmans）和沃尔夫哈根（Wolfhagen）等[①]认为教师胜任力是教师的人格特征、知识以及在不同教学背景下所需的教学技巧及教学态度的综合。奥尔森（Olson）、怀特（Wyett）[②]指出教师胜任力是教师成功实施教学任务所必须具备的专业知识、专业技能及专业价值观。国内学者罗小兰[③]认为，教师胜任力是指教师在教育教学中表现出的个体特有的内在特征，包括动机、自我概念、知识、能力、行为、情感、人格特质等，能够通过工作绩效高低区分优秀教师与普通教师。

分析可知，上述定义存在四个方面的共性。第一，强调个体在工作情境中的价值观、动机、个性、态度等内部特征，以及知识、技能、能力等外部特征；第二，强调胜任力与工作任务的动态联系，关注个体解决实际问题的能力；第三，强调胜任力与工作绩效的密切关系，以此区分绩效优秀者与一般者，并预测员工未来的工作绩效；第四，关注个体综合性发展以及在具体岗位的弹性发展。本书采用如下定义："胜任力指一个人具有的并用来在某个角色中产生成功表现的任何特质，这种个体的潜在特征，可能是动机、特质、技能、自我形象或社会角色，以及知识"。[④]

2）胜任力的类别

胜任力按照工作职位可分为工作胜任力、岗位胜任力与职务胜任力。其中，工作胜任力是指个体为成功履行其职责所需的技能或素质。[⑤] 岗位胜任力指在特定工作岗位、组织环境和文化氛围中所具备的知识、技能、动机、态度等可衡量的个体特征，以及可动态预测、指向绩效的行为特征。[⑥] 职务胜任力是指

---

① TIGELAAR D E H, DOLMANS D H J M, WOLFHAGEN I H A P, et al. The development and validation of a framework for teaching competencies in higher education[J]. Higher education, 2004, 48(2):253－268.

② OLSEN C O, WYETT J L. Teachers need affective competencies[J]. Education, 2000, 120(4):741－743.

③ 罗小兰. 中学教师胜任力模型探究[J]. 教育理论与实践,2010,30(34):50－53.

④ 徐建平. 教师胜任力模型与测评研究[D]. 北京:北京师范大学,2004.

⑤ DHARMANEGARA I B A, SITIARI N W, WIRAYUDHA I. Job competency and work environment: the effect on job satisfaction and job performance among SMEs worker[J]. Iosr journal of business and management (IOSR－JBM), 2016, 18(1):19－26.

⑥ 王亚萍. 大数据视角下高校教师岗位胜任力的评价体系构建[J]. 中国高等教育, 2018(18):54－56.

个体自身具备的能力资源,更多地表现为个体自身的知识与技能。[①] 它包括3个方面:个体对"从事该工作原因"的认知(knowing－why)、个体对"如何进行工作"的认知(knowing－how) 和个体对"和谁建立工作联系"的认知(knowing－whom)。[②]

根据可变化的程度,胜任力分为硬性胜任力和软性胜任力。其中,硬性胜任力是指个体有效履行其工作职责所需的、与工作相关的知识以及能力。软性胜任力是个体在工作场所得以提升的相关人品质因素。[③] 根据工作条件和产出结果,胜任力可分为基于输入的胜任力和基于产出的胜任力。前者是对个体具备的知识与技能的描述,后者则是对工作岗位绩效体现的描述。[④] 按组织所需的核心专业与技能,胜任力可分为通用胜任力、可迁移胜任力与专业胜任力。[⑤] 通用胜任力是一个组织核心价值观、文化等的反映,为全体人员共有。可迁移胜任力指某些岗位的通用胜任力。专业胜任力指从事某一专业工作的胜任力。本书中将高校教师远程教学胜任力分为通用胜任力和岗位序列胜任力两类。

3)胜任力与能力的概念辨析

胜任力是将某一工作(或组织、文化)中表现优异者与表现平平者显著区分开来的、个人的、潜在的、深层次特征。它与能力有着本质内涵上的不同。

能力(capability)是成功完成任务并获得最广泛成果所需的认知与身体机能,常描述为个体的心理特征。[⑥] 由于competency字面上也常被译作"能力",并且两者在包含的成分上也较为相似,因此研究中常有将能力与胜任力混用,甚至混淆的情况。事实上,胜任力不仅是成功完成任务所需的能力,更是能够将"一般绩效"与"优质绩效"区分开的特质。严格地讲,如果某种能力无法对

---

① TEN B L L, BAKKER A B. A resource perspective on the work－home interface: the work－home resources model[J]. American psychologist, 2012, 67(7):545.

② ARTHUR M B, CLAMAN P H, DEFILLIPPI R J. Intelligent enterprise, intelligent careers[J]. Academy of management perspectives, 1995, 9(4):7－20.

③ RIYANTI B P D, SANDROTO C W, DW M T W. Soft skill competencies, hard skill competencies, and intention to become enterpreneur of vocational graduates[J]. International research journal of business studies, 2016, 9(2):119－132.

④ 徐锋. 基于胜任力模型的高校教师信息化管理研究[D].南京:南京师范大学,2008.

⑤ 唐玉凤,廖翼,何尚英.国内外关于"胜任力"研究综述[J].中小企业管理与科技,2009(9):63－65.

⑥ 宁虹.教师能力标准理论模型[J].教育研究,2010,370(11):77－82,94.

个体绩效的优劣产生实质影响,那么即使该能力是重要的,也不能称之为胜任力。因此,胜任力研究中常针对同一心理特征,对不同绩效群体进行差异检验,以判断该特征与绩效的相关程度。

对胜任力特性的分析可以进一步说明两者内涵的差异。首先,胜任力具有优异绩效关联性,即胜任力包含与优异绩效有因果关系的任何特质,这些特质是引起绩效优劣的深层原因,因此能够对"高能力却不产生高绩效"的现象做出解释。其次,胜任力具有行为参照性。能力往往关注对状态的描述,胜任力则强调行为维度或行为特征,用来描述胜任力的行为都是稳定、可描述、能预测高绩效的行为。[①] 再次,胜任力具有可测量性。即使同样是描述动机、态度、自我概念、社会角色等跨情境的心理特征,胜任力也要求这些特征能够被科学测量或计数,而不止于被描述。

2. 胜任力模型

胜任力模型(competency model)是根据特定职位优异绩效要求而组合起来的胜任特征结构,是担任某一特定的任务角色需要具备的胜任特征的总和。它反映了既定工作岗位中影响个体成功的所有重要的行为、技能和知识,能够为特定组织、工作或岗位提供成功模型。完整的胜任力模型包括胜任特征及定义、行为等级及相应的行为描述。

1)胜任力模型的类别

目前,常见的胜任力模型主要包括两类。莱尔·斯宾塞(Spencer L M)、塞尼·斯宾塞(Spencer S M)[②]提出冰山模型(iceberg model),认为胜任特征可以分为技巧、知识、自我概念、物质与动机等5个部分(如图3-2所示)。冰山模型把个体胜任特征形象地描述为漂浮在洋面上的冰山,其中"技巧"和"知识"属于裸露在水面上的表层部分,是对从业者基础素质的要求,容易被测量和观察,并可以通过针对性的培训习得。但它不能把表现优异者与表现平平者区别开来,因此也称为基准性胜任特征(threshold competency)。"特质"和"动机"属于潜藏于水下的深层部分的素质,不易触及,是区分绩效优异者与平平者的关键因素,称为鉴别性胜任特征(differentiating competency)。"自我概念"特征介

---

① 薛琴,林竹. 胜任力研究溯源与概念变迁[J].商业时代,2007,31:4-5,61.

② SPENCER L M, SPENCER S M. Competence at work models for superior performance [M]. New York: John Wiley & Sons,1993.

于二者之间。在冰山模型中,水面下越深的部分对于绩效的影响就越大,但越不易被观察和测量,很难通过后天的培训加以改变。

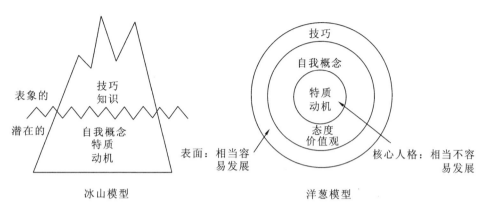

图 3 - 2　胜任力的冰山模型与洋葱模型

洋葱模型是美国学者博亚特兹(Boyatzis)从另一个角度对冰山模型的解释。所谓洋葱模型,是把胜任特征由内到外概括为层层包裹的结构,它由外层及内层,由表层向里层地说明了胜任力构成的核心要素,并说明了各构成要素可被观察和衡量的特征。最核心的是特质和动机,然后向外依次展开为态度、价值观、自我概念以及技巧。越向外层,越易于培养和评价,越向内层,越难以评价和习得。大体上,"洋葱"最外层的知识和技能相当于"冰山"的水上部分,"洋葱"最里层的动机和特质相当于"冰山"水下最深的部分,"洋葱"中间的自我形象与角色等自我概念则相当于"冰山"水下浅层部分。洋葱模型同冰山模型在本质是相同的,都强调核心胜任特征或基本胜任特征。对核心胜任特征进行测评,可以预测个人的长期绩效。相比而言,洋葱模型比冰山模型更能说明潜在胜任特征与显现胜任特征的层次关系。

基于冰山模型和洋葱模型,国内外学者建立了许多针对特定职业的胜任力模型,为不同领域的人力资源管理提供客观依据。例如,耿骞、毛妮娜和王凤暄等[1]基于冰山模型,采用问卷法以及专家访谈法收集胜任特征及行为表现,从而

---

① 耿骞,毛妮娜,王凤暄,等.公共图书馆馆员胜任力模型构建研究[J].图书情报工作,2016,60(7):25 - 33.

构建公共图书馆馆员胜任力模型。瓦萨诺帕斯(Vathanophas)[①]基于冰山模型,构建一般行政职员胜任力模型,阐明获得良好绩效所需的 23 项关键胜任力。杨琰[②]基于冰山模型,采用行为事件访谈方法对获取到的 96 个关键因子进行编码和分析,最终构建了高校教师科研胜任力模型。维博沃(Wibowo)、巴迪阿提(Badi'ati)和安丽莎(Annisa)等[③]基于洋葱模型,分析了硬技能、软技能、组织学习能力以及创新能力对教学绩效的影响,从而构建高校教师胜任力模型。伍新春、王莹和张宜培[④]基于洋葱模型构建科技场馆教师胜任力模型,阐明知识和技能、工作能力、发展意识等 5 个维度和科学与展品知识、沟通表达能力等 15 个胜任特征,并对各项胜任特征在真实场馆情景中的行为表现作出了描述。本书在冰山模型和洋葱模型的基础上,构建包含两层结构的高校教师远程教学胜任力模型,并依据表象性、潜在性以及发展难度划分每种胜任特征的行为等级水平。

2)胜任力模型与能力标准的概念辨析

能力标准是目前能力研究成果的主要形式之一,是使个体能够按照专业标准有效完成特定职业或工作职责的知识、技能和态度的集合。[⑤] 胜任力模型则是针对特定岗位、岗位序列或机构职能所制定的胜任力的组织框架。[⑥]

两者在体系结构上有显著不同。能力标准通常从若干维度确定能力指标,并描述其对应的知识、技能、观念的要求,如中小学教师教育技术能力标准、美国国家教师教育技术标准等。胜任力模型则由胜任力词典加以支撑,词典中的每个胜任特征都包含定义、行为等级(通常为 3~6 个等级)及其行为指标(个体

① VATHANOPHAS V. Competency requirements for effective job performance in Thai public sector [J]. Contemporary management research, 2007, 3(1):45 – 70.

② 杨琰. 高校教师科研胜任力模型的构建研究[J]. 科技管理研究, 2021, 41(3): 69 – 75.

③ WIBOWO T S, BADI'ATI A Q, ANNISA A A, et al. Effect of hard skills, soft skills, organizational learning and innovation capability on Islamic university lecturers' performance[J]. Systematic reviews in pharmacy, 2020, 11(7):556 – 569.

④ 伍新春,王莹,张宜培. 科技场馆教师胜任特征模型的构建[J]. 教师教育研究, 2017, 29(4):31 – 38.

⑤ 克莱因,斯佩克特,格拉波夫斯基,等. 教师能力标准:面对面、在线及混合情境[M]. 顾小清,译. 上海:华东师范大学出版社,2007.

⑥ MARRELLI A F, TONDORA J, HOGE M A. Strategies for developing competency models [J]. Administration and policy in mental health and mental, 2005, 32(5):533 – 561.

承担特定岗位并实施特定职能时的各种外显行为）。能力标准采用辐射状结构,通常包括核心能力与一般能力。胜任力模型体现为层级式结构,通常包含通用胜任力和岗位序列胜任力,两者之间的差异如图 3 - 3 所示。

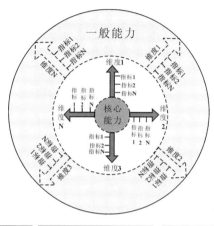

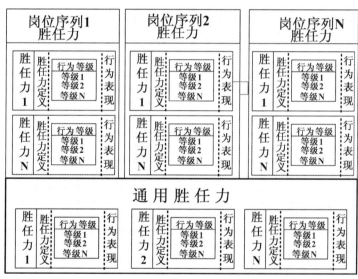

图 3 - 3　能力标准与胜任力模型的结构对比

两者的研究视角也存在差异。能力标准通常来自对专业知识、技能、理念的抽取和分解,依赖的是专业领域对合格人才的预先设定,目的是提升个体的专业能力。胜任力来自工作需求和岗位职能分析,最大程度地避免假想成分,根本目的是通过提高个体的职业能力来实现机构的整体发展。

能力标准通常是普遍适用和相对稳定的,但无法很好地适应不同高校的能力需求差异。胜任力模型的层级式结构能够满足高校特定的能力需求,各高校可根据需求自主地、动态地设定胜任力等级作为现阶段的能力发展目标。但是,从纯粹的工作分析中得出的胜任力有可能遗漏一些未被意识但对未来发展至关重要的要素。因此,应通过能力标准和胜任力模型相互补充来提高能力研究成果的科学性与适应性。国外研究亦证明,用相应的能力标准修正工作分析结果,是保证胜任力模型有效性的重要策略。① 然而,结构和视角上的差异也决定了能力标准与胜任力模型并不是同一内容在形式上的简单分化,两者之间不能做直接的替代或转化。胜任力模型必须经由特定的方法和技术来构建,这也是将其作为新的方法框架引入能力研究的根本原因。

3.3.2 胜任力模型构建的核心方法

胜任力模型构建从远程教育教师的角色定义与职能分析开始,通过编制胜任力词典完成胜任力表征,通过行为事件访谈及其编码方法完成胜任力数据收集,通过差异比较完成胜任力数据分析,经由自测问卷进行交叉验证,最终确定高校教师远程教学胜任力模型(如图3-4所示)。

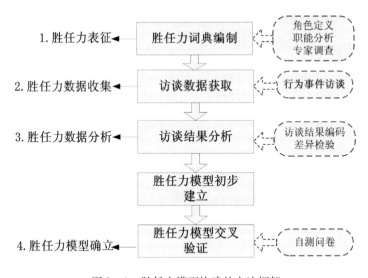

图3-4 胜任力模型构建的方法框架

① CAMPION M A, FINK A A, RUGGEBERG B J, et al. Doing competencies well: best practices in competency modeling [J]. Personnel psychology, 2011,64(1):225-262.

1. 胜任力模型构建方法

目前,国内外胜任力建模的思路主要有三种。第一种是使用行为事件访谈法,选择高绩效的岗位角色,确定出优质员工所做出的"正确的事",从中抽取出能够提高绩效的胜任特征。例如,赵忠君、郑晴和张伟伟[1]采用行为事件访谈法,构建了智慧学习环境下的高校教师胜任力模型,指出其中包含的 5 大维度 15 项胜任要素及 31 个胜任指标。廖宏建、张倩苇[2]则基于行为事件访谈,构建了高校教师 SPOC 混合教学胜任力模型,对其中 3 项基准性胜任特征和 13 项鉴别性胜任特征进行了详细界定。

第二种是采用职业/角色分析法,确定与组织文化和核心价值观相一致的胜任力,揭示模型中的深层胜任特征。美国培训与发展协会(American Society for Training and Development,ASTD)开展了胜任力系列研究,先后对培训与开发、人力资源开发、人类绩效改进、工作场所学习与绩效等多种角色进行定义,分别构建了 8 个版本的胜任力模型,为在职培训、人力资源开发和绩效技术领域的专业人才培育提供现实指导。[3]

第三种是根据行业关键成功因素开发胜任力模型。阿尔 – 胡奈扬(Al – Huhaiyyan)、萨拉赫·阿尔 – 沙汗(Al – Sharhan S)和哈那·阿尔 – 沙汗(Al – Sharhan H)[4]基于 K – 12 领域开展有效混合式学习所需的能力要素,构建了包含 6 个维度的教学胜任力模型,确保教师能够适应数字化技术、交互式活动和智慧化教学环境,并保持教学的稳定性与创新性。比加特(Bigatel)、拉根(Ragan)和凯南(Kennan)等[5]围绕"如何取得在线教学的成功"这一核心问题,解析出 64 种在线教学行为任务,并最终得到包含多媒体技术、教学领导力等 7 个维

---

① 赵忠君,郑晴,张伟伟.智慧学习环境下高校教师胜任力模型构建的实证研究[J].中国电化教育. 2019(2):43 – 50,65.

② 廖宏建,张倩苇.高校教师 SPOC 混合教学胜任力模型:基于行为事件访谈研究[J].开放教育研究,2017,23(5):84 – 93.

③ ROTHUWELL W J,ARHESON J,NAUGHTON J. ASTD competency study:the training & development profession redefined[M]. Alexandria,VA:ASTD Press,2013.

④ AL – HUNAIYYAN A,Al – SHARHAN S,Al – SHARHAN H. A new instructional competency model towards an effective e – learning system and environment[J]. International journal of information technology & computer science,2012,5:94 – 103.

⑤ BIGATEL P M,RAGAN L C,KENNAN S,et al. The identification of competencies for online teaching success[J]. Journal of asynchronous learning networks,2012,16(1):59 – 77.

度的在线教学胜任力模型。

此外,亦有学者采用其他方式抽取胜任力。例如,刘莉莉[1]采用元分析的方法,从相关研究文献中抽取各类模型的公共胜任因子,并据此构建了中小学校长的通用胜任力模型。郝永林[2]通过理论演绎的方式提出胜任力假设,之后对访谈、大众媒体和书籍文献进行内容分析,最终构建研究型大学教师的教学胜任力模型。

本书结合第一种和第二种思路,从角色/职能分析入手初定胜任力词典条目,并基于行为事件访谈所获数据来确定远程教学通用胜任力和岗位序列胜任力。

2. 胜任力表征方法

胜任力模型是表征胜任力的主要方式。完整的胜任力模型应指明每个胜任力的概念及其行为指标框架,这主要通过胜任力词典来完成。由于行为事件访谈的结果通常是故事性、描述性内容,因此必须以胜任力词典(研究者所预测的胜任力特征的集合)为蓝本进行语义编码。编码的结果必须在样本组与普通组之间进行发生频次、等级分数等统计指标的差异分析,其中具有显著差异者可归为胜任力特征。

常规的胜任力词典须对胜任力的定义及行为指标做出规定,复杂的词典还给出胜任力的重要性、相关特征集群、成功行为示例及警示性错误行为示例。戴维·麦克利兰(David McClelland)[3]最早在构建胜任力词典时,将 21 项胜任特征划分为 6 个维度,又将每个维度划分为 2~5 个胜任力特征,每个胜任特征都给出具体的释义、1~5 个行为等级及其典型的行为描述。哈佛大学(Harvard University)构建的胜任力模型除了对每个胜任特征进行明确定义,还给出了相应的关键行为描述,并对具体的工作活动进行界定[4]。此外,一些机构还提出了

① 刘莉莉.中小学校长胜任特征的元分析研究[J].华东师范大学学报(教育科学版),2015,33(4):36-40.

② 郝永林.研究型大学教师教学胜任力建模:基于41份文本分析的理论构建[J].高教探索,2015(8):76-81.

③ MECLELLAND D. Assessing competencies: use of behavioral event interview to assess compentencies associated with executive success[M]. Boston, MA: Hay/Mcber, 1996.

④ HARVARD UNIVERSITY. Harvard university competency dictionary[EB/OL]. (2018-6-20)[2023-04-29]. https://hms. harvard. edu/sites/default/files/assets/Sites/HR/files/Harvard%20University%20Competency%20Dictionary%20FY14%20-%20final. pdf.

特别建议和警示,以便帮助实践者合理应用胜任力词典。日本信息技术推广署(Information - technology Promotion Agency,IPA)针对信息技术工程教育构建了名为"I Competency Dictionary"的胜任力词典,包含任务词典和技能词典两部分。[①] 前者是 IT 企业所需任务的集合,后者是完成具体任务所需的 IT 技能的集合。任务词典包含 4 个层次,分别对应 43 个、200 个、500 个和 2000 个具体任务。技能词典也相应分为 4 个层次,分别对应 5 项、80 项、400 项和 8000 项知识和技能。IT 机构可以根据需要自行定义任务词典的项目,并在与之对应的技能词典中进行选择和组合,从而使胜任力词典具有较强的现实适应性。

3. 胜任力数据收集方法

构建胜任力模型的关键在于收集确实能够鉴别高绩效与普通绩效的行为数据。因此,在选用数据收集方法时,必须从六个方面进行考察。(1)有效性:该方法是否被证实能够获取某个角色或岗位需要的胜任力;(2)可靠性:该方法能否反复收集到类似的数据,而不会因人因时而异;(3)应用性:该方法收集的数据是否来自工作实践而非规划或者想象;(4)效率:该方法花费的时间和资源成本如何;(5)可行性:该方法在地域分布或者日程上是否存在限制;(6)可接受度:该方法是否能被管理者、被访谈者及其他利益相关者所接受。[②]

胜任力数据收集能够采用的方法较多,主要依据调查环境和调查对象特点进行选择。焦点小组访谈要求每个组员梳理各自的工作行为,列出行为所需的重要胜任力要素,再通过小组讨论汇总和补充。结构化访谈依照设计严谨的提纲对从业人员和管理者进行访谈,并对结果进行标准化分析,从而挖掘特定岗位的能力需要。问卷调查以书面或电子的方式,要求被调查者对列出的各项胜任力的重要程度进行判断,并通过开放式问题对胜任力项目进行补充。观察是对高绩效者在实际环境中的工作行为进行实地观察,并从对行为原因的说明中抽取胜任特征。工作日志要求被调查者持续对工作行为进行日志记录,之后逐一鉴别、辨识和抽取该岗位的胜任特征。胜任特征数据库包含了某类岗位的胜任特征列表,支持用户根据岗位需要进行筛选,并形成特定的胜任力模型。扎

① HAYASHIGUCHI E, ENDOU O, IMPAGLIAZZO J. The "I Competency Dictionary" framework for IT engineering education[C]//2018 IEEE world engineering education conference(EDUNINE). Buenos Aires,Argentina:IEEE,2018:1 - 6.

② MECLELLAND D. Assessing competencies:use of behavioral event interview to assess compentencies assocciated with executive success[M]. Boston,MA:Hay/Mcber,1996.

根理论收集经验资料，从观察入手寻找反映事物本质的核心概念，然后通过概念之间的联系提取胜任特征。

行为事件访谈(behavioral event interview，BEI)是胜任力模型构建中最为主要的方法。行为事件访谈采用回顾式调查技术，从高绩效被访谈者对典型事件的回顾中抽取有代表性的行为表现、心理活动、个人特征等，从而确定获得高绩效所需的内外部要素。其优点是能够深入透视应对工作挑战所需的能力。通过分别访谈普通绩效者和高绩效者，行为事件访谈能够帮助研究者清晰地辨别获得基础绩效和优质绩效各自需要的知识、技能和价值观，特别是那些内在的、难以描述的因素。行为事件访谈过程中采集的具体行为故事，也能够为个案研究、角色扮演、游戏化学习等常见的培训活动提供宝贵的案例资料。行为事件访谈的缺点在于它更多地关注于过去和当前的行为，因此缺少对未来工作要素的预测能力。由于聚焦关键性事件，一些日常工作任务所需的能力要素可能会被忽略。此外，行为事件访谈是一种深度访谈，需要较长的时间和有经验的访谈者，才能够对访谈中潜藏的能力进行精准地辨识、定义和归类。

行为事件访谈在数据的绩效关联性、可观测性和完整性上具有明显优势，能够很好地满足构建高校教师远程教学胜任力模型的需求。同时，针对高校教师的研究中，访谈者与受访者均具有较高的专业素养，符合行为事件访谈对实施者能力的高要求。因此，本书采用行为事件访谈方法，尝试构建高校教师远程教学胜任力模型。

3.4　高校教师远程教学胜任力培训体系设计的理论基础与核心方法

实践证明，即使在传统教育系统中获得了博士学位的毕业生，也不能胜任远程教育领域的岗位。[①] 因此，职后培训就成为提升高校教师远程教学能力的主要手段。传统的教师培训通常基于"假定性"目标，即假设具备某些知识和技能就能够获得某种能力，然后将这些知识和技能按照知识体系本身的逻辑关系组织成若干单元，再选择恰当的媒体加以呈现。然而，按照"假定性"目标分解

① 陈丽，李爽，冯晓英.中国远程教育领域从业人员分类和能力需求的研究[J].中国远程教育，2004(21):27-30.

的知识和技能往往是单一和不完整的,而培训内容一旦忽略了对复杂问题解决过程的考量,也必然显得教条和缺乏对现实的适应性,并不能够使教师在现实中"干得更好"。

与传统培训方式相比,胜任力培训不再是基于设计者的主观理解,而是面向实际工作绩效。由于胜任力来自对现实事件的解析,因而能够在最大程度上描述个体要获得优异绩效所需要的知识、技能、态度等一切品质。换句话说,胜任力培训所选取的内容,是经过验证的、确然能够取得高绩效的、更为完整的内容。同时,胜任力培训聚焦在对现实场景中种种复杂行为的分解,将构成某种高绩效行为的子行为(子技能)按照实际的问题解决过程勾画为"蓝图",使受训者以整合、协调的方式来掌握这些子行为(子技能)。受训者能够建立完成特定任务的信心,并知晓自身实现优质绩效的准备情况。培训的时间能够更多地投入到个别化学习、小组活动和绩效评估中,这也使得培训更加高效。

那么,如何有效开展胜任力培训?国内学者通常沿着"目标/需求分析→内容分析→方法/策略分析→评价分析"的主线进行胜任力培训设计。例如,任秀华、邵延峰①将面向绩效的培训过程分为教学需求分析、学习者特征分析、学习目标分析与策略、媒体选择、教学过程实施和教学评估等环节。温珍玉、雷洋和焦宝聪等②认为基于绩效技术的中小学教师教育技术培训应当包含揭示绩效差距、分析差距原因、设计干预方案、方案实施管理和培训效果评估等环节。

然而,现有的设计思路或多或少地存在操作性不足、适用范围狭窄的问题,甚至过于理想化而无法为实践提供可靠的指导。③ 其根本原因在于它们仍在一定程度上将胜任力培训过程分解为一系列简单技能的训练。复杂问题并不等于简单问题之和,复杂问题的解决不能单纯依靠简单技能的叠加。由于胜任力培训面对的是现实生活情境中的种种复杂问题,学习者需要将这些复杂问题分解为多个需要完成的高绩效行为,并且通过整合协调这些子行为,获得优秀绩效者所具备的知识、技能、态度等品质。因此,胜任力的培训不是

---

① 任秀华,邵延峰.基于绩效的企业培训中的教学设计过程模式[J].电化教育研究,2007(8):85-88,96.

② 温珍玉,雷洋,焦宝聪,等.基于绩效技术的中小学教师教育技术培训探析[J].现代教育技术,2009,19(6):65-68,31.

③ 宋国学.基于胜任特征的培训模式[J].心理科学进展,2010,18(1):144-150.

简单技能的叠加训练，而是对真实情境中复杂问题解决过程的示范、解析和操练。将胜任力培训理解成复杂学习过程，能够为开展相关研究提供合理和新颖的思路。

3.4.1　胜任力培训体系设计的理论基础

复杂学习并不是一种全新的、独立的学习理论。它从系统的视角来揭示知识建构的认知加工和社会协商过程，与其他的学习理论之间存在嵌套、同构、交融和互补的关系。复杂学习理念反映了学习的复杂性，即人类学习是一种复杂自适应过程，需要将知识、技能和态度综合成整体，协调运用各种复杂认知技能来完成面向工作实际的学习任务。①

1. 复杂学习的定义

范·梅里恩伯尔（Van Merriënboer）、斯威尔乐（Sweller）②指出，复杂学习是将知识、技能和态度综合为整体，协调运用各种复杂认知技能来完成面向实践的学习任务。复杂学习具有两个显著特征。首先，复杂学习要求把业绩表现置于中心位置，注重考察学习者在真实的情境中运用知识的能力，其根本宗旨是改进业绩表现。其次，复杂学习面向整合性的信息内容和行为目标，关注基于经验的图式重构与任务情境中迁移的有效发生。

复杂学习的"复杂"同时体现在问题、过程和结果上。从起点来看，面对的学习任务、项目、案例或情景是复杂的。从过程来看，要求学习者具备深厚的知识储备、超强的技能以及跨场域、跨学科的思维。学习者还需要不断地进行技能操练，并且遵守一定的程序规则。从结果来看，复杂学习要求学习者能够将知识、技能和态度在丰富的、相互联系的知识体系中融会贯通，并协调运用各种复杂认知技能来应对真实的复杂问题情境。

2. 复杂学习的特点

首先，复杂学习具有整体性特征。在教学过程中，通常知识、技能和态度是分开教授的。例如，知识是在课堂教学中教授的，技能是在技能实验室中教授

---

① 官巍，马力，王瑞.信息网络环境复杂学习模型设计与实证研究[J].中国电化教育，2013(3):12 – 18.

② VAN MERRIËNBOER J J G, SWELLER J. Cognitive load theory and complex learning: recent developments and future directions [J]. Educational psychology review, 2005, 17(2): 147 – 178.

的,态度是在角色扮演中教授的,这就导致学习者很难把不同学习领域的目标整合到一起。复杂学习遵循"整体大于部分之和"的理念,强调将陈述性或概念性领域、程序或技能领域以及情感或态度领域的目标进行整合,强调知识构建、技能习得和态度形成同时发生,强调对面向现实生活的综合技能进行协调和整合,而非孤立地学习单独的技能。①

其次,复杂学习具有情境性特征。复杂学习强调在真实的任务情境中进行,一般由丰富的、有意义的任务驱动。这些任务通常是真实的、精心设计的项目或问题,它们指向综合性目标,需要通过学习者协调任务并整合知识、技能和态度来完成。② 同时,复杂学习面临的都是非良构问题和非重复性技能,所涉及的问题解决经验难以照搬照抄到另一个情境中,所设定的学习目标、采用的学习策略方法、依赖的知识结构、需要的能力和技巧都会根据情境而发生变化。③

再次,复杂学习具有明确的目的性。复杂学习的目的在于促进学习迁移能力,即将所学到的知识应用于不熟悉的问题或新情况的能力。复杂学习能够形成基于认知图式的高度整合的知识库,这有助于学习迁移的发生。④ 此外,复杂学习的任务明确指向学习者当前的能力水平,并且根据现实的复杂性设计成不同的难度和特征,这与现实世界中的真实任务是一致的,因此也能够促进迁移的发生。⑤

最后,复杂学习面向多角度的知识表征和应用。复杂学习的任务是复杂的,过程是困难的,结果是迁移的。因此,为了降低学习者认知负荷,需要对复杂学习的知识内容进行整合和优化,然后将之放置到真实任务中进行多元化表征,将知识学习过程与真实的案例、问题、任务相结合,通过应用实现知识的理

① VAN MERRIËNBORE J J R. Complex learning[J]. Encyclopedia of the sciences of learning,2012:681 – 682.

② VAN MERRIËNBORE J J R. Complex learning[J]. Encyclopedia of the sciences of learning,2012:681 – 682.

③ 韩姗姗. 面向复杂学习的网络教学环境研究[J]. 远程教育杂志,2014,32(5):97 – 103.

④ GAGNE R M, MERRILL M D. Integrative goals for instructional design[J]. Educational technology research and development,1990,38(1):23 – 30.

⑤ VAN MERRIËNBORE J J R. Complex learning[J]. Encyclopedia of the sciences of learning,2012:681 – 682.

解和迁移。①

那么,能否将胜任力培训理解为一种复杂学习过程?首先,胜任力本身是从优异绩效者在工作情境中的真实行为中抽取出来的。构建胜任力模型时,首先要求高绩效个体回忆自己在有挑战性的情境中最成功的若干事件,并分析情境特征、工作任务、行为步骤以及行为结果,称为行为事件访谈。之后对各类典型行为及其内隐特征进行语义编码和统计分析,最终获得高绩效者异于普通绩效者的特征集合。因此,胜任力与绩效之间存在着直接、明确和经过验证的关系。胜任力培训的核心任务就是促使学习者具备在某种情境中获得优异绩效所需要的各种特征,从而使其在类似情境中亦能获得高绩效。胜任力培训具有非常明确的绩效导向性,与复杂学习的基本目标高度一致。

其次,胜任力是将工作表现优异者与平平者区分开来的深层次特征的集合,它是动机、态度、知识、认知、技能等诸多要素的整合。显性知识与隐性知识共同融合在某项胜任行为的实现过程之中,而不再以简单的知识单元来组织。对于学习者而言,他们不仅要获得对关键概念的理解和事实性知识的记忆,更要通过复杂的认知加工来构建非良构领域知识,并获得在类似情境中完成知识迁移的经验与情绪体验。不难看出,获得胜任力的过程正是"旨在整合知识、技能和态度,协调各种异质子技能以及实现所学向日常生活或工作环境迁移"的复杂学习过程。②

3. 复杂学习的过程

复杂学习包含10个步骤(图3-5所示):(1)设定学习任务;(2)排序任务类别;(3)设定学习目标;(4)分解相关知能;(5)确定心理模式;(6)厘清认知策略;(7)设计支持程序(呈现支持性信息);(8)明晰认知规则;(9)分析前提知识;(10)设计专项操练(设计子任务练习)。

---

① 韩姗姗.面向复杂学习的网络教学环境研究[J].远程教育杂志,2014,32(5):97-103.

② VAN MERRIËNBOER J J G, SWELLER J. Cognitive load theory and complex learning: recent developments and future directions [J]. Educational psychology review, 2005,17(2): 147-178.

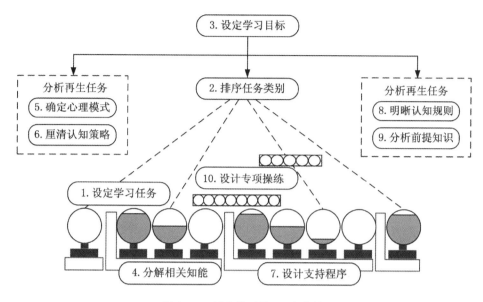

图 3 - 5　复杂学习的 10 个步骤

1）设定学习任务

这是 10 个步骤中的第一步,也是最基础的一步,通常以现实生活问题为基础来设计学习任务,包含任务环境设计和任务序列设计。任务环境设计可从安全和低逼真度的问题开始,并逐步提高问题情境的模拟度。任务序列设计可利用变式和随机排序的方式,其中变式即改变任务条件或任务呈现方式,随机排序可根据相邻任务针对的技能水平来完成。

2）排序任务类别

从易到难对学习任务进行排序,通常采用整体任务排序和局部任务排序两种方式。在排序过程中,可以利用简化条件、重点调控以及确定任务类别的知识演进等方法。此外,要考虑学习者在同一个任务类别中所需学习支持的程度,逐渐而有序地减少支持力度。

3）设定学习目标

设定学习目标应从总体的学习目标开始,逐一确定同一层级中技能之间的相互关系。学习目标必须清晰说明学习者能够做什么,在什么条件下能够做到,必须使用哪些工具和对象,并且适用于哪些行为标准。另外,还要将每个技能按照再生性技能和非再生性技能进行归类。对于再生性技能,还应具体规定学习者应达到的熟练程度。

4)分解相关知能

复杂学习中需要向学习者提供知识和技能,帮助他们掌握特定任务中有关问题解决和推理的规则,在新知能各要素之间建立有意义的联系。提供的知能主要包括:①任务领域中关于如何解决问题的一般知能(解决问题的一般方法);②解决该领域特定问题的具体知能;③依据任务表现给予的认知反馈内容。通常情况下,在任务开始前采用演绎、归纳或指导性发现方法来呈现一般知能,阐明解决问题的心理模式和认知策略。在任务完成过程中呈现问题解决关键环节的特定知识、方法和技能,在遇到挑战或困境时通过认知反馈提供补充信息和资料来增强学习者的学习效能。①

5)确定心理模式

心理模式是关于世界如何组织的表征,是对相关命题(事实)和图式(如概念、程序和原理)及其间关系的说明,可以分为概念模式(是什么)、结构模式(是如何组织的)和因果模式(是如何发挥作用的)。确定心理模式,能够帮助学习者更好地理解任务、进行推理、作出解释以及确定未来的行动。②

6)厘清认知策略

认知策略是完成复杂技能的系统方法。厘清认知策略可以为解决实际问题提供经验规则,帮助改进任务类别的排序以及分解相关知能。这需要详尽观察胜任者完成任务的过程,归纳完成任务的具体阶段和步骤,并且通过文字或图示加以描述。

7)设计支持程序(呈现支持性信息)

向学习者提供如何完成常规任务(即再生性任务)的具体信息,并且开展专项操练。在完成第一次学习任务时,就应当向学习者呈现完成任务所需的步骤、事实、概念和原理,并辅以相匹配的案例,而后逐渐撤除这些支持性信息。呈现支持性信息的方式有三种:由教师或者计算机系统即时呈现,在手册指南、帮助系统中按需呈现,以及在开展学习任务之前事先呈现。支持程序还应当包含矫正性反馈,对学习中出现的错误及时发现和纠正,告知学习者错误所在、错误的原因以及改正的建议。

---

① 盛群力,马兰.面向完整任务教学,设计复杂学习过程:冯曼利伯论四元培训与教学设计模式[J].远程教育杂志,2010,28(4):51-61.

② 盛群力,马兰.面向完整任务教学,设计复杂学习过程:冯曼利伯论四元培训与教学设计模式[J].远程教育杂志,2010,28(4):51-61.

8）明晰认知规则

明晰认知规则即是分析完成学习任务时涉及的规则和程序，以便学习者能够正确地解决问题。规则用来表述"在什么样的条件下采取什么样的行动"，可以采用"目标－操作－方法"的结构来表征。程序是完成某种活动或任务所规定的步骤、决策及其序列，可以通过行为任务分析、信息加工分析等方法来完成。

9）分析前提知识

为了掌握某个规则、实施某个程序或者作出某项决策，学习者需要事先具备特定的知能。提供这些必需的概念、计划和原理，才能确保规则或程序能够顺利实施。

10）设计专项操练（设计子任务练习）

当学习任务本身不足以支撑学习者获得高度熟练的再生性技能时，都需要安排专项操练来提高技能的熟练程度。操练过程应当采取从简单练习到复杂操作的方法，并且需要先保证准确性，然后提出速度要求，最后在满工作负荷的情况下兼顾准确性和速度。通常情况下，可以在完成学习任务中穿插进行操练，达到分散练习的效果，进而熟能生巧。

需要注意的是，现实生活中的复杂学习并非要经历步骤1到步骤10的线性过程，要结合实际情况合理安排。因此在进行复杂学习设计时，常常会出现"迭代"或者"增减"步骤的情况。

3.4.2　胜任力培训体系设计的核心方法

胜任力培训是一种复杂学习过程，因此胜任力培训体系设计应当基于复杂学习的设计模式展开。国内外学界针对复杂学习设计的研究已有较丰硕的成果。例如，曹贤中、何仁生和王锋等[1]提出的基于认知弹性理论的设计模式将复杂学习的设计过程划分为以问题（通常是劣构的）为主线的主题创设、以概念实例（变式）设计为中心的"学习资源设计"、以反思工具设计为中心的"认知工具设计""管理和帮助"和"评价和反思设计"等5大部分，并用椭圆环形结构加以

---

① 曹贤中,何仁生,王锋,等.基于认知弹性理论的教学设计模式[J].电化教育研究, 2008(1):80-84.

表征。官巍、马力、王瑞①提出的复杂学习的"四步法"模型将复杂学习分为层层递进、逐步推展的4大步骤,分别是问题分析(自定义学习内容和目标)、问题建模(构建解决问题的思维模型)、问题求解(开展自主学习与探究)以及问题检验(判断学习任务是否完成)。徐顺②提出的整体性教学设计模式主要包括动态循环的3大模块:分析模块(学习需要分析、内容分析、学习者特征分析)、设计模块(学习任务设计、教学策略设计、学习情景设计、动机激发与维持设计)和评价反思模块(多元评价和实时反思)。美国学者布鲁姆(Bloom)③提出了基于系统思维、模式思维、归纳思维以及社会建构主义的"深度－外展－抽象"设计模型(deep－extend－abstraction model,DEAM),指出复杂学习中循环递归的3个元素:探讨深度(深入理解复杂概念之间的联系)、外展(进行跨学科、跨语境的连接)和抽象(开发并验证模型的有效性)。

目前最有代表性的复杂学习教学设计模式是范·梅里恩伯尔(Van Merriënboer)、克拉克(Clark)和克鲁克(Croock)④在20世纪90年代早期开发的四要素教学设计模型(four－component instructional design model,4C/ID Model),几乎所有关于复杂学习的讨论都会论及它对革新教学设计的重要贡献。它不仅为胜任力培训设计提供了恰当、合理的理论框架,而且指明了职业培训设计从单一知识分解转向整体任务分析、从关注知能获得水平转向关注任务业绩的未来发展方向。

4C/ID模型指出了复杂学习需要的内容结构,将复杂学习分为4个相互关联的组成部分:学习任务、支持性信息、即时信息和子任务练习(如图3－6所示)。学习任务是指提供给学习者的真实任务、问题、项目等,按照从易到难的顺序进行排列。支持性信息是为学习者提供的信息,帮助学习者理解某一领域是如何解决问题(认知策略)以及如何组织思维的(心理模式),从而获得解决

---

① 官巍,马力,王瑞.信息网络环境复杂学习模型设计与实证研究[J].中国电化教育,2013(3):12－18.

② 徐顺.面向复杂学习的整体性教学设计模式研究[D].武汉:华中师范大学,2013.

③ BLOOM J W. Systems thinking, pattern thinking, and abductive thinking as the key elements of complex learning[M].Tomsk, Russia:National Research Tomsk State University,2010.

④ VAN MERRIËNBOER J J R, CLARKER, CROOCK M B E DE. Blueprints for complex learning:the 4C/ID－model[J]. Educational technology research and development, 2002, 50(2):39－64.

问题和推理层面的知能。即时信息是为学习者提供前提信息,这些信息包含正确操作的规则及其必备的知识,即用即学、即学即用。子任务练习是为再生性技能达到自动化水平而设计的附加练习,帮助学习者提高完成学习任务的熟练程度。

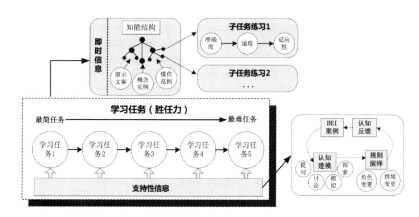

图 3 - 6　4C/ID 模型的构成

1. 学习任务

复杂学习应当面对具体、真实和整体性的学习任务。这些任务按照从易到难的顺序呈现,其难易根据该任务涉及的知能的多少以及知能间的关联度大小而定。即使是最简单的任务,也不是孤立的步骤或者环节,而是在真实情境中遇到的整体性任务的"最简版本"。任务序列的终点则是现实中所能遇到的最复杂的同类任务。

2. 支持性信息

复杂学习内容可划分为再生性技能与非再生性技能。非再生性技能面向某种难度的学习任务,并随着任务难度的变化而变化。非再生性技能的学习是在具体情境中完成的"图式构建"过程。与非再生技能有关的信息即为支持性信息,它帮助学习者通过精细加工对旧的认知图式进行重构或改善。呈现支持性信息的基本方法是归纳与演绎。归纳是向学习者呈现多个案例,由学习者自己(归纳性探索)或由教师(归纳性讲解)阐释案例中各知能间的联系及其映射出的基本规则(4C/ID 将归纳性讲解策略作为首选的教学策略)。① 演绎是从问

---

① VAN MERRIËNBOER J J R,CROOCK M B M DE. Performance - based ISD:10 steps to complex learning[J]. Performance improvement,2002,41(7):35 - 40.

题解决的基本原理出发,利用学习任务的情境线索逐步对原理加以说明,展示运用一般规律解决具体问题的合理路径。支持性信息学习需要重点关注心理模式建构与认知策略获得,而基于问题的学习模式能够提供相对成熟的教学策略(如案例分析、事件模拟、角色扮演、逆向思维、信息补全、引导性探索等)。

3.即时信息

再生性技能指完成特定任务将会涉及的基本概念、原理、事实及规则,它需要面向学习的起始水平,即要适合最低水平的学习者和学习任务。即时信息是帮助学习者获得再生性技能而提供的基础性信息,就如同我们在操作软件时随时跳出的"提示"。然而它不是简单的语句,而是包含"规则说明 + 相关知能"的信息组块。即时信息要求以"即用即学"的方式来提供,在学习者面对再生性内容时直接呈现出来。即时信息在不同难度的任务中会反复涉及,根据规则学习和知识复用的基本规律,应当在面临最简任务时集中呈现给学习者,而在其他更高难度的任务中逐步减少呈现频率(即脚手架原理)。

4.子任务练习

复杂学习本身是面向整体性任务的,其中已经包含了大量的操作和练习。但是,对于某些需要学习者非常熟练掌握的再生性技能,这些练习是不够的,必须增加额外的操练机会。针对单一的再生性技能,应当采用过度练习的方法使技能达到自动化水平,从而完成预期任务。对于内部知能高度整合的再生性技能,采取由简而繁的序列更加有效。[1] 练习的呈现应穿插在任务中,彼此具有一定的时间间隔。练习的内容应该是代表现实情境、符合应用实际并具有一定扩展性(以便应对可能的多种情境)的活动或项目。

目前,4C/ID 模型被广泛应用于复杂学习技能训练中,其中不乏将其与教师教育相结合的典型案例。布隆贝格(Blomberg)、谢林(Sherin)和伦克(Renkl)等[2]开设了针对中学教师的"教学视频分析"课程,分别借鉴 4C/ID 模型和情境学习模型设计培训方案,并且就两种设计方式对学习者思维能力的影响进行了比较。结果显示,基于 4C/ID 模型的设计对于在短时间内培养"专家式思维"具有

---

① PECK A C, DETWEILER M C. Training concurrent multistep procedural tasks[J]. Human factors,2000,4(23):381 - 388.

② BLOMBERG G, SHERIN M G, RENKL A, et al. Understanding video as a tool for teacher education: investigating instructional strategies to promote reflection[J]. Instructional science, 2014,42(3):443 - 463.

较为显著的作用。林(Lim)、帕克(Park)[①]利用 4C/ID 模型设计了旨在提升职前教师复杂认知技能的培训项目,并以"利用 SPSS 制作成绩册"的学习单元为例,详尽展示了设计过程。研究发现,参加培训的学员不仅教学技能提升显著,而且对 4C/ID 模型的理解能力和应用倾向都明显增强。斯托亚诺夫(Stoyanov)、斯洛普(Sloep)和比耶(Bie)等[②]整合 4C/ID 模型和基于问题的学习模式,完成了教师培训项目的 MOOC 课程设计,成功实施近 1000 名教师的信息技术培训。

相较于国外,国内基于 4C/ID 模型开展的教师培训研究仍十分匮乏,而将该模型应用于胜任力培训的案例尚未见到。因此,本书尝试基于 4C/ID 模型提出高校教师远程教学胜任力培训的设计模型。需要说明的是,胜任力培训涉及宏观和微观两个层面,前者包含系统、政策、环境、权威机构等要素,后者则包含输出、内容、传递、评价、记录及质量监控等要素。本书主要探讨微观层面胜任力培训设计模型的构建与应用。

3.5　高校教师远程教学胜任力评估的核心技术

基于胜任力模型构建胜任力评估系统,具有方法论上的优越性。首先,胜任力模型反映了影响个体获得成功绩效的所有要素,而胜任力评估正是"评判个体是否具备在特定角色上获得优异绩效的要素及其水平"。[③]显然,将胜任力模型中界定的胜任力直接选取为胜任力评估指标,具有逻辑上的合理性与继承性。其次,以往能力评估只对被测能力做单一的行为或状态描述,然后由测评者根据自身理解做出"符合""不符合"等的程度判断,评估的主观随意性较大。胜任力模型中每个胜任力都包含 1 个核心定义和 3 ~ 5 个行为等级,能够为判

① LIM J, PARK S. Instructional design guidelines facilitating pre – service teachers' acquisition of complex skills[C]// SITTEI 2007：Proceedings of society for information technology & teacher education international conference. San Antonio, VA：Association for the Advancement of Computing in Education,2007：1584 – 1587.

② STOYANOV S, SLOEP P, BIE M D, et al. Teacher – training, ICT, creativity, MOOC, Moodle – what pedagogy？[C]// EDULEARN14 Proceedings：6th International conference on education and new learning technologies. Barcelona, Spain：IATED Academy,2014：5678 – 5686.

③ RENSHAW R L. Development of a new O&M clinical competency evaluation tool and examination of validity and reliability evidence[M]. Ann Arbor：ProQuest Dissertations Publishing,2010.

别被测者的行为水平提供更具体、更详尽的观测依据和评判标准，从而提高评估的准确度。第三，胜任力是基于工作情景、在已经获得了优质绩效的典型行为中抽取并通过严格的量化统计方法产生的，最大程度地避免了假想的成分，使胜任力评估体系具有更高的现实意义和应用价值。

高校教师远程教学胜任力评估体系的建立必须解决好4个核心问题：①评估指标结构设计，即厘清一级指标、二级指标含义及其对应关系；②各指标的权重分配，即各指标在胜任力整体评估中的相对重要程度；③评估方式的设计，即胜任力评估的工具与方法；④评估结果的量化处理，即胜任力评估结果的诊断与结论形成。本书采用如图3-7所示的方法框架来完成以上工作。

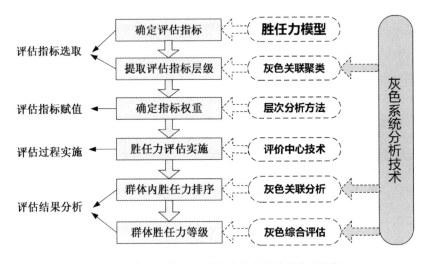

图3-7　高校教师远程教学胜任力评估的方法框架

3.5.1　胜任力评估指标选取及评估结果分析的核心技术

胜任力评估通常面向较小规模的群体，一些常用的数理统计方法并不适用。例如，回归分析法计算量大，且对样本数据有严格的要求，无法深度挖掘各层次变量间的关系。因子分析的样本量则要求达到变量个数的5倍以上。更重要的是，胜任力除了包括技术掌握、知识储备、教学设计等易考核的外显特征之外，更蕴含创新意识、学术品格、自我概念等内在精神。这些高度经验性、情境化的内隐要素难以进行完整的测量，带有鲜明的"隐性"特征。

1982年，华中科技大学邓聚龙教授首次提出了灰色系统分析技术，建立了一种解决具有不完全已知、贫信息问题的新方法。它以"部分信息已知，部分信息未知"的不确定系统(即灰色系统)为研究对象。它不要求大样本或具有典型分布规律的数据,通过对部分已知信息的"少数据建模",以量化的方式度量整体系统发展的变化趋势,有"窥一斑而知全豹"之效。这无疑为解决胜任力评估小样本、贫信息的难题提供了最佳途径。种类丰富的灰色分析技术,也为提取胜任力评估指标的层级,完成群体胜任力的等级和序列评估提供重要方法支撑。

1. 灰色系统的定义

描述灰色系统的概念依赖于另外两个概念,即"白色系统"和"黑色系统"。这里,"黑"表示未知信息,"白"表示完全已知信息。"白色系统"是具有完全已知信息的明朗系统,不涉及任何模糊性知识。"黑色系统"是具有完全未知信息的系统,它的结构、行为、边界、元素和内部关系都是完全未知的。具有部分已知信息的系统称为"灰色系统",又称"不确定系统",其特征是系统信息中元素(参数)、结构、边界和系统行为具有不完整性和不充分性。当某个系统显示出模糊的元素、结构、边界时,这个系统就被称为"灰色系统"。

2. 灰色系统分析原理

灰色系统分析以"小样本""贫信息"系统为研究对象,主要通过对"部分"已知信息的生成、开发,提取有价值的信息,实现对系统运行行为、演化规律的正确描述和有效监控。[①] 灰色系统分析方法主要是根据灰色系统的行为特征数据,充分利用数量不多的数据和信息寻求各因素之间的数学关系,即建立相应的数学模型。灰色系统分析能够对不确定性系统进行分析、建模、预测、决策和控制,主要包括:①以灰色代数系统、灰色方程、灰色矩阵等为基础的理论体系;②以序列算子和灰色序列生成为基础的方法体系;③以灰色关联空间和灰色聚类评估为依托的分析、评价模型体系;④以 GM(1,1)为核心的预测模型体系;⑤以多目标智能灰靶决策为标志的决策模型体系;⑥以多方法融合创新为特色的灰色组合模型体系;⑦以灰色规划、灰色投入产出、灰色博弈、灰色控制为主体的优化模型体系。[②]

灰色系统分析的主要原理如下:①差异信息原理:差异即信息,差异含有一个事物相对于另一个事物的特殊性信息。客观世界中事物之间的差异提供了

---

① 刘思峰,等.灰色系统理论及其应用[M].8 版.北京:科学出版社,2017.
② 刘思峰,等.灰色系统理论及其应用[M].8 版.北京:科学出版社,2017.

认识世界的基本信息；②解的非唯一性原理：信息不完全、不确定的系统，不可能存在精确的唯一解，这是灰色系统理论解决实际问题的基本法则；③最少信息原理：充分利用已占有的最少信息，研究小样本、贫信息不确定性问题，这体现了"少"与"多"的辩证统一；④认知根据原理：认知必须以信息为依据，以完全、确定的信息为根据，可以获得完全确定的认知，以不完全、不确定的信息为根据，只能获得不完全确定的认知；⑤新信息优先原理：新信息认知的作用大于旧信息，现实的信息对未来发展起主要作用，直接影响系统的未来趋势；⑥灰性不灭原理："信息不完全"是绝对的，"信息完全"是相对的。原有的不确定性消失，新的不确定性很快就会出现。

灰色系统分析面向不确定和半复杂问题，代表了人类学习的新高度。它在复杂的大系统中使用控制论的观点和方法，将运筹学与自动控制的方法相结合，对客观世界中广泛存在、具有灰色性的不确定性问题加以研究。作为我国自主创新的系统科学方法，灰色系统分析很快引起了国内外学者的重视，并成立了百余家相关研究机构。我国学者基于灰色系统理论与分析技术开展的研究，横跨经济管理、数学、农业经济、生命科学、信息技术、建筑科学、体育等诸多领域，对我国科技进步和创新发挥了重要作用。

3. 灰色系统分析技术

灰色系统分析的主要技术有很多。例如，灰色聚类分析和灰色关联分析用以分析多个因素间的关系程度，灰色综合评估主要判断灰类问题的等级水平。灰色决策借助高等数学模型进行系统分辨决策，重点研究的是方案选择所涉及的事件、对策、效果、目标等要素。灰色预测模型面向异构信息、振荡数据、非等间隔数据等，建立数学模型并作出预测。在远程教学胜任力评估研究中，主要采用灰色聚类分析来提取胜任力评估指标，采用灰色关联分析和灰色综合评估来确定胜任力评估结果的序列和等级。

1) 灰色聚类分析

高校教师远程教学胜任力可以直接转化为胜任力的评估指标，但它们并没有明确的层级关系。灰色聚类分析是根据灰色关联矩阵将一些观测指标或观测对象聚集成若干个类别的方法，一个聚类可以看作是属于同一类观测对象的集合体。它能够根据灰色关联矩阵将观测指标聚集成若干个类别，利用同类因素的综合平均指标来定义某一类别而不会遗失重要信息。由于应用灰色聚类分析无需先验性知识，对样本的数据量以及统计分布规律没有特殊的要求，因此利用该方法归并胜任力评估指标的同类因素,提取评价指标层级是相对简单而可行的。

灰色聚类分析利用灰色关联的基本原理计算各样本之间的关联度,根据关联度的大小来划分各样本的类型,以简化复杂系统。利用灰色聚类分析,可以检查许多因素中是否有若干个因素关系十分密切,从而能够用这些因素的综合平均指标或某个因素来代表这一类因素。灰色聚类分析计算原理和方法如下:

设有 m 个样本,每个样本有 n 个指标,并得到如下序列:

$$X_1 = (X_{11}, X_{12}, \cdots, X_{1n})$$
$$X_2 = (X_{21}, X_{22}, \cdots, X_{2n})$$
$$\cdots\cdots\cdots\cdots\cdots$$
$$X_m = (X_{m1}, X_{m2}, \cdots, X_{mn})$$

对所有的 $i \leqslant j, i, j = 1, 2, \cdots, m$,计算出 X_i 与 X_j 的绝对关联度,从而得到三角矩阵 A:

$$A = \begin{bmatrix} \varepsilon_{11} & \varepsilon_{12} & \cdots & \varepsilon_{1m} \\ & \varepsilon_{22} & \cdots & \varepsilon_{2m} \\ & & \ddots & \vdots \\ & & & \varepsilon_{mm} \end{bmatrix}, 其中, \varepsilon_{ii} = 1; i = 1, 2, \cdots, m$$

若取临界值 $r \in [0, 1]$,一般要求 $r > 0.5$,当 r 不大于绝对关联度时,则将 X_i 与 X_j 视为同类特征。r 可按需确定,其值越接近于 1,则每组中包含的变量就越少,分类越细;其值越接近于 0,则每组中包含的变量越多,分类越粗。

2)灰色关联分析

排序是胜任力评估结果处理的主要形式之一。传统的排序方式是根据评估指标权重对被测者的原始得分进行加权运算,并依据计算结果进行数值比较,是一种绝对排序方法。然而,判定某项胜任力达到何种程度从而给出分值的过程具有相当的复杂性和主观性,简单的加权运算无法有效地抵消因评判者的主观偏爱、认知能力等造成的偏差。灰色关联分析依据评估指标的样本数据,通过指标间的灰色加权关联度大小判断指标评判结果的相对次序。它通过量化分析考察系统各因素之间的联系是否紧密,从而识别影响系统发展状态的主次因素,获取事物关键特征。

灰色关联分析可用于教育的评价与测量,完成成绩分析、绩效评估、教育政策评价、教育经济分析等工作。例如,胡传双、马永梅和江军[①]基于在线学习平台的学习行为轨迹,利用灰色关联分析方法,探究混合学习模式下内在因素对学生学习成绩的影响。灰色关联分析的算法包含以下步骤:

(1)确定参考序列:参考序列可以是每一行的最大值或者自由选择的某个序列。

(2)变量的无量纲化:系统中量纲不同的各因素列数据进行比较时,难以得到正确的结论,因此需要进行数据的无量纲化处理。

(3)计算关联系数:关联系数是比较数列与参考数列在各个时刻(即曲线中的各点)的关联程度值。

(4)计算关联度:计算各个时刻(即曲线中的各点)的关联系数平均值,作为比较数列与参考数列间关联程度的数量表示。

(5)关联度排序:根据计算结果对关联度大小进行排序。

其中,灰色关联系数计算公式为:

$$\xi_{0i(k)} = \frac{\min\limits_{i}\min\limits_{k} \left| x_{0(k)} - x_{i(k)} \right| + \rho \max\limits_{i}\max\limits_{k} \left| x_{0(k)} - x_{i(k)} \right|}{\left| x_{0(k)} - x_{i(k)} \right| + \rho \max\limits_{i}\max\limits_{k} \left| x_{0(k)} - x_{i(k)} \right|}$$

式中:

$\left| x_{0(k)} - x_{i(k)} \right|$ 表示序列 X_0 与 X_i 在第 k 点的绝对值

$\min\limits_{i}\min\limits_{k} \left| x_{0(k)} - x_{i(k)} \right|$ 表示两序列两极最小绝对值

$\max\limits_{i}\max\limits_{k} \left| x_{0(k)} - x_{i(k)} \right|$ 表示两序列两极最大绝对值

ρ 为分辨系数,通常取 0.5。灰色关联系数是小于或等于 1 的正数,该系数越接近 1,说明两个序列的关联性越大。

关联系数只表示了各个时刻参考序列和比较序列之间的关联程度。为了从总体上了解序列之间的关联程度,必须求出它们的时间平均值,即关联度。关联度是描述事物或系统因素间关系强弱、大小和次序的度量方法[②],其数值反映了相关影响因素与影响因子之间的关联程度。值越大,相关评价指标对影响

① 胡传双,马永梅,江军.内在因素对学生学习成绩影响的实证研究[J].牡丹江师范学院学报(自然科学版),2021(2):71-76.
② 刘思峰,等.灰色系统理论及其应用[J].8 版.北京:科学出版社,2017.

因子影响的程度越大,反之亦然。[①] 灰色关联度计算公式为:

$$r_{i,0} = \frac{1}{m} \sum_{k=1}^{m} \xi_i(i,0)$$

式中:r 为灰色关联度,下标 i 表示子序列,0 表示母序列;m 为序列的长度,即评价参数的个数。根据经验,当 $\rho = 0.5$ 时,比较序列与参考序列的关联度大于 0.6,认为其关联度显著。

3)灰色综合评估

等级评定是胜任力评估结果的又一主要处理方式。由于评估指标权重具有非对称性,易造成权重较大指标对最终评判结果的"单因素控制"现象,影响评判效果。灰色综合评估通过将已知信息"白化"来降低人为误差,建立灰色评价权矩阵来最大程度地综合各指标对结论的影响。利用灰色综合评估进行教师群体胜任力的等级评定,可以取得比模糊综合评价更准确的结果。

灰色综合评估法是一种非比较性评估,适用于对灰类问题的等级评判。它在灰色系统理论的基础上,将评价专家的结果处理成描述不同灰类聚类程度的权向量,进而得到综合评价值。灰色综合评估的基本步骤如下。

(1)构建指标体系:根据评估目标,建立评估指标体系。

(2)建立评估得分矩阵:组织专家打分或根据评分等级标准将定性指标量化,从而确定评估得分矩阵。

(3)确定评价灰类:即确定评价灰类的等级数、灰类的灰数和灰数的白化权函数。灰数是客观系统中大量存在着的、随机的、含混的、不确知的参数的抽象,是在指定范围内变化的所有白化数(确知数)的全体。白化权函数能够定量地描述某一评估对象隶属于某个灰类的程度。

(4)确定灰色评价矩阵:计算每个指标的灰色评价权及灰色评价权向量,得出灰色评价权矩阵。

(5)综合评价值排序:根据计算结果对综合评价值大小进行排序。

灰色综合评估可分为单层次综合评估和多层次综合评估。当评价对象的指标体系包含不止一个层次时,需采用后者。在灰色综合评估过程中,评价过程可以循环迭代,前一过程的评估结果可以作为后一过程评估的输入数据。因

---

① 邱殿明,张连峰.科技期刊影响因子与其相关评价指标关系研究:灰色关联分析视角[J].情报科学,2020,38(9):116-120.

此，通过多层次的灰色评估，可以满足复杂系统的评价要求。普通的专家评判方法主观性较强，评价结果受评价者学识、偏好、认知结构的影响较大，而灰色综合评估的量化基础是生成数，能够突破概率统计的局限性，其结果不再是依据大量数据得到的经验性的统计规律，而是现实性的生成律，这在一定程度上增加了评估结果的客观性和科学性。目前，灰色综合评估已广泛应用于绩效评价、风险评估、政策分析等相关领域。例如，陈莉娟[①]借助 AHP - 改进熵权组合赋权的灰色模糊综合评价模型，对南昌市社会教育培训机构混合竞争力进行综合评估。

3.5.2 胜任力评估指标赋值的核心技术

胜任力评估是一种多层次、多准则、多要素、非结构化的复杂决策问题。对于胜任力评估指标权重的确定，一些常用的权重确定的方法并不适用。例如，熵值法利用数据熵值信息进行权重计算，注重同纬度数据之间的波动性或者数据间的相关关系。再如，主成分分析利用数据的信息浓缩原理、方差解释率进行权重的计算，从而将众多具有一定相关性的指标重新组合成一组新的、互不相关的综合指标。然而，胜任力指标权重的计算既不需要考虑数据的波动性，也无需将相关指标进行合并，而是需要对质性化的因素进行量化以便判定其重要程度。层次分析法正能够弥补以上不足，它将经验认知与理性分析相结合，利用思维过程的数量化大大降低主观因素对结论的影响，因而在权重运算中获得广泛的应用。

1. 层次分析法的特点与原理

层次分析法（Analytic Hierarchy Process，AHP）是定性与定量相结合的决策分析方法。1971 年，层次分析法首次应用于美国国防部"应急计划"，开启在定性研究领域的应用。1982 年，在"中美能源、资源、环境"学术会议上，AHP 被首次介绍到中国。它适合于具有分层评价指标且目标值难以定量描述的决策问题，因此被广泛应用于经济、交通运输、军事、教育、医疗等领域。[②] 该方法的突出特点为：(1)结构简单；(2)适合团队或者个人；(3)能够自然地表达直觉与思

---

① 陈莉娟.考研培训机构混合竞争力评价研究：基于改进组合权的灰色模糊综合评价模型[D].南昌：江西财经大学，2020.

② 许树柏.实用决策方法：层次分析法原理[M].天津：天津大学出版社，1988.

维;(4)鼓励通过协商建立共识;(5)不需要专业化知识进行理解和交流;(6)易于审查决策制定过程中的细节等。① 亦有学者采用层次分析法确定教师胜任特征指标的权重和综合排序,并认为该方法将定性判断和定量计算有机结合,能够克服并回避决策者主观判断的缺点。②

层次分析法(AHP)通过构建一套多层次的评价指标体系,完成对定性指标的定量化分析,是一种将与决策有关的元素分解成目标、准则、方案等层次,并在此基础上进行定性和定量分析的决策方法。它通过判断矩阵来计算所涉及因素的权重、层次排序与总排序,从而对较为复杂、模糊的问题作出决策。③ 其基本原理为:根据问题的性质和要达到的总目标,将问题分解为不同的组成因素,并按照因素间的相互关联以及隶属关系将因素按不同层次聚集组合,形成一个多层次的分析结构模型,从而最终将问题归结为最低层(供决策的方案、措施等)相对于最高层(总目标)的重要权值的确定或相对优劣次序的排定。④

2. 层次分析法的计算步骤

运用层次分析法分析问题的基本步骤包括建立层次结构模型、构建判断矩阵、层次单排序及其一致性检验、层次总排序及其一致性检验。

1)建立层次结构模型

将决策的目标、考虑的因素(决策准则)和决策对象按照它们之间的相互关系分为最高层、中间层和最底层,绘出层次结构图,如图3-8所示。最高层(目标层)是问题的预定目标或者理想结果。中间层(准则层)是要考虑的因素、决策的准则。最低层(方案层)是为实现目标可供选择的各种措施、决策方案等。三个层次之间的支配关系不一定是完全的,即可以存在仅支配下一层的部分而非全部的因素。这一自上而下的支配关系所形成的层次结构被称为递阶层次

① SAATY T L. The modern science of multicriteria decision making and its practical applications: the AHP/ANP approach[J]. Operations research,2013,61(5):1101 –1118.

② OZDEMIR A. Determining the competencies of educational administrators in turkish education system and these competency degrees by multi – criteria decision making[J]. Education and science, 2020,45(204):251 –301.

③ SAATY T L. The analytic hierarchy process: priority setting, resource allocation[M]. New York: McGraw – Hill,1980.

④ 许树柏.实用决策方法:层次分析法原理[M].天津:天津大学出版社,1988.

结构。其中，层数不受限制，但某层次中各元素支配的元素一般不超过 9 个，否则有碍于第二步的进行。

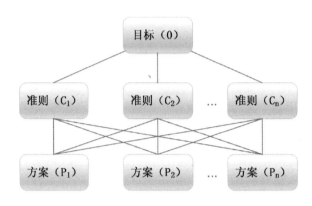

图 3 - 8　层次结构模型

2）构建判断（成对比较）矩阵

在确定各层次各因素之间的权重时，如果只是定性的结果，常常不容易被接受。此时需采用一致矩阵法，即不把所有因素放在一起比较，而是两两相互比较，从而尽可能减少性质不同的诸因素相互比较的困难，提高准确度。构造判断矩阵时，要求针对某一准则，对其各方案进行两两对比，并按其重要程度评定等级。a_{ij} 为要素 i 与要素 j 重要性比较结果，关于如何确定 a_{ij} 的值，萨蒂（Saaty）等建议引用数字 1~9 及其倒数作为标度，如表 3 - 1 所示。

表 3 - 1　层次分析法的标度表

标度	含义
1	因素 X_i 和 X_j 同等重要
3	因素 X_i 的重要性略高于 X_j
5	因素 X_i 的重要性较高于 X_j
7	因素 X_i 的重要性明显高于 X_j
9	因素 X_i 的重要性特别高于 X_j
2,4,6,8	两相邻判断的中间值
倒数	若 a_{ij} 用于判断因素 i 比 j，则 j 比 i 的判断为 $a_{ji} = 1/a_{ij}$

按照两两比较结果构成判断矩阵 U(正交矩阵),则有:

$$U = \begin{bmatrix} X_{11} & \cdots & X_{n1} \\ \vdots & \ddots & \vdots \\ X_{1n} & \cdots & X_{nn} \end{bmatrix}$$

将判断矩阵 U 的各行向量进行几何平均(方根法),得到 w_i:

$$w_i = \frac{\overline{w_i}}{\sum_{i=1}^{n} \overline{w_i}}, \quad i = 1, 2, 3, \cdots, n$$

3)层次单排序及其一致性检验

计算同一层次因素与上一层次某因素相对重要性的排序权值,称为层次单排序。其过程是计算判断矩阵 U 的最大特征根 λ_{max} 的特征向量,并进行归一化(使向量中各元素之和等于1)处理,从而得到的特征向量 W。

$$\lambda_{max} = \frac{1}{n} \sum_{i=1}^{n} \frac{(UW)_i}{w_i}$$

$$W = (w_1, w_2, \cdots, w_n)^T$$

之后,需要对层次单排序结果进行一致性检验。所谓一致性检验是确定判断矩阵 U 的不一致范围。一致性指标用 CI 计算,公式如下。其中,λ_{max} 为 n 阶判断矩阵 U 的最大特征根。

$$CI = \frac{\lambda_{max} - n}{n - 1}$$

CI 越小,说明一致性越大。$CI = 0$,有完全的一致性;CI 接近于0,有满意的一致性。为衡量 CI 的大小,引入随机一致性指标 RI:

$$RI = \frac{CI_1 + CI_2 + \cdots + CI_n}{n}$$

其中,随机一致性指标 RI 和判断矩阵的阶数有关。一般情况下,矩阵阶数越大,则出现一致性随机偏离的可能性也越大。其对应关系如表3-2:

表3-2 平均随机一致性指标 RI 标准值

矩阵阶数	1	2	3	4	5	6	7	8	9	10
RI	0	0	0.52	0.89	1.12	1.24	1.32	1.41	1.45	1.49

考虑到一致性的偏离可能是由于随机原因造成的,因此在检验判断矩阵是

否具有满意的一致性时,还需要将 CI 和随机一致性指标 RI 进行比较,得出检验系数 CR,公式如下:

$$CR = \frac{CI}{RI}$$

一般来说,如果 $CR < 0.1$,则认为判断矩阵 U 有满意的一致性,可用其归一化的特征向量 W 作为权向量,否则要重新构造判断矩阵 U,对 a_{ij} 进行调整。

4)层次总排序及其一致性检验

计算某一层次所有因素对于最高层(总目标)相对重要性的权值,称为层次总排序。这一过程是从最高层次到最低层次依次进行的。设上一层次(A 层)包含 A_1,A_2,$\cdots$,A_m 共 m 个元素,它们的层次总排序权重为 a_1,a_2,$\cdots$,a_m。又设其后的下一个层次(B 层)包含 n 个因素 B_1,B_2,$\cdots$,B_n,它们关于 A_j 的层次单排序权重分别为 b_{j1},b_{j2},$\cdots$,b_{jn}(当 B_i 与 A_j 无关联时,$b_{ij} = 0$)。则 B 层各因素关于总目标的权重,即 B 层中各因素的层次总排序权重 b_1,b_2,$\cdots$,b_n 计算可以按照如下表3-3方式进行。

表3-3　计算 B 层各因素的层次总排序权重

层 B	层 A				B 层总排序权值
	A_1 a_1	A_2 a_2	$\cdots$	A_m a_m	
B_1	b_{11}	b_{12}	$\cdots$	b_{1m}	$\sum_{j=1}^{m} = b_{1j}a_j = b_1$
B_2	b_{21}	b_{2m}	$\cdots$	b_{2m}	$\sum_{j1}^{m} = b_{2j}a_j = b_2$
$\cdots$	$\cdots$	$\cdots$	$\cdots$	$\cdots$	$\cdots$
B_n	b_{n1}	b_{n2}	$\cdots$	b_{nm}	$\sum_{j=1}^{m} = b\,nja_j = b_n$

层次总排序的一致性比率为:

$$CR = \frac{a_1 CI_1 + a_2 CI_2 + \cdots + a_m CI_m}{a_1 RI_1 + a_2 RI_2 + \cdots + a_m RI_m}$$

当 $CR < 0.1$ 时,认为层次总排序通过一致性检验。

3. 层次分析法与其他方法的结合

由于 AHP 适用于评价结构复杂、难以量化的对象,加之有大量研究证实,集成的层次分析法要比单独使用的层次分析法好很多。[1] 因此,在实际工作中,经常将层次分析法与模糊综合评判、逼近理想解的排序、灰色系统技术等方法结合,以确定评价指标的权重。例如,周芸、张明亲[2]结合模糊数学和层次分析法,构建了企业人力资源经理的模糊综合评价模型。姚桐[3]将层次分析法(AHP)和逼近理想解的排序法(TOPSIS)相结合,对高校体育教师胜任指标进行综合评价。亦有大量将灰色系统分析方法与 AHP 方法结合应用的研究案例。例如祁俊菊、刘善丽[4]对护士职业能力评估体系的研究、王恒[5]对高校教师评价的研究以及聂燕飞[6]对油田科技人才评价模型的研究。本书将层次分析法与灰色聚类分析技术相结合,共同完成胜任力评估指标体系的构建。

3.5.3　胜任力评估过程实施的核心技术

胜任力评估过程的实施依赖于有效的测评技术。萧鸣政[7]认为,目前国内外对人员测评技术主要分成 4 种技术:心理测验、面试、评价中心(assessment center, AC)和其他技术。评价中心就是测评个体在多种情景事件中表现出的行为特征的操作程序。它运用多种测评技术组成特定程序,通过多方位的测评对被评价者进行复杂行为观察和综合判断,以预测其工作才能和发展潜力。它允许测评者根据测评目的、对象、指标来选用具体测评技术手段,从而容纳被试者在测评过程中行为的多样性与广泛性。同时,评价中心运用的测评方法具有一

① HO W. Integrated analytic hierarchy process and its applications:a literature review[J]. European journal of operational research,2008,186(1):211 – 228.

② 周芸,张明亲.基于胜任力的企业人力资源经理模糊综合评价与实证研究[J].科技管理研究,2009,29(8):490 – 493.

③ 姚桐.基于 TOPSIS 方法的高校体育教师胜任力研究[J].数学的实践与认识,2016,46(20): 289 – 296.

④ 祁俊菊,刘善丽.基于灰色系统分析构建延续护理人员职业能力评估体系[J].中国卫生事业管理,2020,37(3):180 – 183.

⑤ 王恒.基于模糊层次分析法和灰色关联分析法的高校教师评价研究[D].济南:山东大学,2011.

⑥ 聂燕飞.基于层次分析法和灰色关联分析的油田科技人才评价模型研究[D].上海:上海交通大学,2011.

⑦ 萧鸣政.人员测评与选拔[M].上海:复旦大学出版社,2005.

定的成熟度和可行性,能够保证测评过程的规范和测评结果的公正,具有较高的表面效度。随着行为科学和心理测量学对管理领域的影响日益增强,评价中心在人力资源管理领域得到广泛的应用,被认为是当代人员测评中识别有才能的员工最有效的工具。国外权威机构数据表明,与效度为 0. 2 的面试相比,采用评价中心技术进行人员测评的准确性可提高到 0. 65 以上。① 与面试等其他传统的人才选拔方式相比,评价中心技术的选拔效果明显更佳。

如前所述,胜任力最大的特征是绩效关联、行为参照以及可测量性。这意味着胜任力测评必须基于面向绩效的外显行为过程展开。评价中心的情景化特征能够将胜任力测评与特定的绩效任务联系起来,并且通过多元化测试工具与手段,使测评对象的各类行为能够被充分地捕捉、观察和测量,这是其他单一测评方式无法实现的。评价中心具有的高效度测评结果,也与胜任力自身具有的高度量化的特征不谋而合。与此同时,胜任力对行为表现及其等级描述详尽,便于观察和测量,恰好能够弥补评价中心技术测评标准模糊的不足。因此,利用评价中心技术完成胜任力评估,具有方法论意义上的合理性。

1. 评价中心的定义

关于评价中心的定义,国内外学者从不同角度作出了界定。第一种观点认为评价中心是一种方式或方法,即是为了解测评对象工作熟练程度而搜集数据的测评方式,或者通过多种情境模拟方法观察测评对象特定行为的方法。② 第二种观点认为评价中心是一种活动,即以测评对象素质为中心的一组标准化评价活动。③ 第三种观点认为评价中心是一个过程,即是有机地利用多种测评技术定性、定量地判断测评对象特定资质的过程。④ 第四种认为评价中心是一个系统,即多个施测者使用多种测评方法、技术同时对多个测评对象的个体行为

---

① 张利岩,郑艳芳,高歌,等. 现代人才科学评价工程:评价中心技术[J]. 武警医学,2008,19(12):1136 – 1138.

② DUNBAR S B,KORETZ D M,HOOVER H D. Quality control in the development and use of performance assessments[J]. Applied measurement in education,1991,4(4):289 – 303.

③ 萧鸣政,库克. 人员素质测评[M]. 3 版. 北京:高等教育出版社,2013.

④ 杜薇妮. 评价中心的 9 大实施要点[C]//胡宏峻. 人才评估. 上海:上海交通大学出版社,2004:51 – 72.

实施测评的标准化系统。①

2000年5月美国加州举行的第28届评价中心国际会议给出了目前公认度最高的评价中心的定义：评价中心是从多角度对个体行为进行的标准化的评估。它使用多种测评技术，通过多名施测者对个体在特定的测评情境表现出的行为做出判断，然后将所有测评人员的意见通过讨论或统计的方法进行汇总，从而得出对个体的综合评估。② 简单地说，评价中心就是一种测评个体在多种情景事件中表现出的行为特征的操作程序，表现为"二高四多"。"二高"即高效度、高成本，"四多"即使用多种测评方法（包括心理测验法）、多个施测者、多个对象同时被测评、多个测评指标。

2. 评价中心的特点

评价中心技术的特点可以总结为以下5个方面。第一，情境模拟性。真实情境中的表现是观察一个人的能力及其发展潜能的最好机会。评价中心技术最突出的特点是情境模拟性，即通过观察个体在模拟情境中的特定行为来考察其是否胜任某种岗位，并预测其工作潜能。模拟情境中测评对象的表现更加真实，这提高了人才选拔或测评的准确度。

第二，目标针对性。传统的人才测评方式存在局限性，导致测评目标与测评结果之间存在偏差。例如，笔试是当前教师考核中常用的方式，但它更适合检测教学知识掌握的程度而非日常教学的胜任程度。评价中心技术通过模拟工作情境，以真实教学任务为测评内容，能够有针对性地考察教师开展日常教学和应对教学问题的知识、技能和态度。

第三，方法综合性。多种评价方法的综合运用是评价中心的突出特点。评价中心技术能够整合多种测评手段，从不同角度对被测评者进行系统评价。这不仅能够反映被测者相关领域的综合能力，还能够了解到其他相关能力和素质，如个性特质、心理偏好、价值取向等。

第四，过程标准化。评价中心技术并不是单一的技术，而是标准化的测试程序。它包含确定评测目的、确定目标岗位的胜任特征、设计测评方案、培训施

---

① 卞卉.基于岗位素质模型的评价中心的构建与实施[D].南京：河海大学：2007.

② JOINER, D A. Guidelines and ethical considerations for assessment center operations international task force on assessment center guidelines[J]. Public personnel management, 2000, 29 (3): 315 - 331.

测者、单独评价测评结果、整合测试结果和撰写测评报告等步骤。① 施测者必须遵循设定的评价指标和评分标准，这在一定程度上提高了测评的科学性和有效性。

第五，结果公正性。评价结果包含的内容越全面，其公正性也就越高。评价中心技术不是根据被测评者个别方面的表现得出评价结果，而是通过一系列的测评方式进行更加全面的考察。评价结果的得出不是依据个别施测者的主观结论，而是由多名施测者按照不同测评指标进行单独评价，再对测试结果进行整合。这在较大程度上减少了因个人价值观、能力和风格的差异而导致的测评结果偏差。

3. 评价中心的测评工具

建立评价中心的核心是确定需要使用的情境化测评工具，从而通过对实际工作任务的再现或者高度仿真来获得被测者的行为反应。评价中心技术常用的测评工具包括模拟行为测试、公文筐测试、管理游戏、无领导小组讨论（包括指派角色和无指派角色）、角色扮演、案例分析、搜索事实、演讲等。② 其中，无领导小组讨论将一定数量的被测者置于模拟情境中进行集体讨论。管理游戏将被测者进行分组，指定工作内容和任务，并观察被测者完成任务时的行为表现。两种方式都是集体测评工具，主要用来考察被测者的战略规划能力、领导管理能力、人际关系处理能力、团队合作能力和部分个性特质。角色扮演要求被测者在模拟的日常工作情境中扮演特定的角色，完成工作决策。搜索事实向被测者提供简单模糊、信息缺失的背景描述（比如描述未来工作可能遇到的问题），要求被测者发现材料中缺失的关键信息，提出问题解决方案和决策。演讲向被测者提供零乱、无组织的材料，要求其根据材料分析主要问题，并陈述自己的观点。这三种方法均是个体测评工具，旨在考察被测者的语言技能、信息素养、思维深度、创造性、意志力与心理抗压水平。

在实际运用的过程中，应结合测评需要、测评条件以及不同测评方法的特点选择适合的测评工具。例如考察组织协调能力可以采用管理游戏，而考察分析判断能力则一般采用搜索事实的方式。在时间和经济条件允许的情况下，选

---

① 刘远我.评价中心技术刍议[J].中国人力资源开发,2007(5):57-59,94.

② 樊宏,韩卫兵.构建基于胜任力模型的评价中心[J].科学学与科学技术管理,2005(10):110-113.

择多种工具进行测评能够提高测评的有效性。选择情景化测评工具必须考虑如下要素:模拟什么样的情境、模拟到何种程度、测评的过程是什么以及如何进行观测和评价。情境的仿真程度又称为表面效度,它会影响被测对情境产生反应的准确性。通常,情境的仿真程度不能太高,也不能太复杂。因为在面对过度仿真的环境时,缺乏经验的测评对象相对于长期从事该项工作的被测者而言会处于明显的劣势,这会导致测评公正性的下降。此外,情景化测评工具应当设定观察和测评标准以及结论描述的方式,测评过程则应根据情境的特性来确定测评的内容、难度等。基于上述原则,高校教师远程教学胜任力评估的研究主要采用以下三种情境化测评工具。

1)模拟行为测试

模拟行为测试为被测者创设模拟工作情境,要求其就完成指定任务可能做出的行为进行说明。施测者依据事先设定的评价标准,对被测者的模拟行为及其结果进行评估。这一方法能够对被测者的领导行为方式、反应决策能力和心理素质进行考察。模拟行为测试对绩效具有较高的预测度,是欧美国家选拔人才的重要方式。模拟行为测试的有效性与模拟情境的科学性、相似性、适应性有密切关系,因此对于测试内容设计具有较高的专业性要求。

2)公文筐测试

公文筐测试是评价中心最为重要、运用最多的方法之一。公文筐原本用以放置日常工作中需要处理的各种文件,公文筐测试的延伸含义就是模拟和观察被测者在实际工作中处理公文材料的行为和能力。测评过程中,被测者需在规定条件下对文件进行处理,按要求形成处理结果,并说明处理的理由。这一方法着重评价被测者的组织管理能力、开拓创新思维和推理决策能力。公文筐测试考核内容丰富、预测性强、实施过程简便,因此应用广泛。其缺点是由于被测者单独作答,对其人际沟通能力的测评困难,并且测试题编制成本较高。

3)案例分析

案例分析是评价中心中使用频率较高的另一种方法。案例分析是向被测者提供案例资料,要求被测者根据资料内容并结合自身经验,通过纸笔或者口头方式解答问题或做出决策。这一方法能够考察被测者的理解能力、相关领域的专业知识、文字表达能力等。案例分析关注测评的结果,并且使用简单,便于操作,是教育领域十分常见的考核方式。需要注意的是,测评过程中要关注评价标准的一致性,从而提高测评的效度。

第4章

高校教师远程教学胜任力模型构建

胜任力模型用以描绘能够鉴别绩效优异者与绩效一般者的动机、特质、技能和能力,以及特定工作岗位或层级所要求的一组行为特征。胜任力模型构建需要以胜任力行为指标的恰当描述与合理采集为前提,这依赖于胜任力词典的科学编制以及行为事件访谈的有效进行。本章中,首先基于高校远程教育教师的角色定义和职能分析,确定胜任力词典结构,并采用文献分析和特尔菲法确定胜任力条目的类别和内容,完成胜任力词典的编制。其次,采用行为事件访谈法收集胜任力数据,依据胜任力词典对访谈数据进行编码,在高绩效和普通绩效教师之间进行初次差异检验和二次差异检验,从而建立高校教师远程教学的通用胜任力和岗位序列胜任力。之后,通过大规模的教师胜任力自测,对测试结果与胜任力模型进行一致性检验,完成对胜任力模型的交叉验证,并对所构建的胜任力模型进行详尽阐释。最后,对高校教师远程教学胜任力的差异化应用实例进行说明。

4.1 高校教师远程教学胜任力模型的表征

胜任力模型的表征通过编制胜任力词典来完成,其关键是保证词典条目的完整性和可区分度。常用的做法有三种。一是将工作分析的结果与现有的行业能力标准或者类似行业的胜任力模型相互参照。二是通过问卷调查或Delphi法来直接获取词典条目。三是组建"焦点群组",由高分析能力受访者组成角色结构完整的群体来完成编码条目归纳,并由专家加以改进。本书将第一种方法与第二种方法相结合,通过高校远程教育教师的角色定义与职能分析,初步识别岗位所需的各项能力,确定胜任力词典的结构。之后,从已有的远程教育教师的能力模型出发,根据职能分析的维度,初设胜任力词典的条目。最后通过 3 轮的专家问卷调查,对胜任力编码条目进行确认和修订,确定胜任力词典的内容。

4.1.1　胜任力词典的结构设计

1.远程教育教师的角色定义与职能分析

实际工作中,即使针对同一类群体,其岗位对应的工作职能也可能存在较大差异。由于不同的岗位角色通常会对定义胜任力增加特殊的限定,因此胜任力以具体的岗位角色为核心来描述不同工作情境下的可见行为。开展远程教学的高校教师具有双重身份,既是高等教育教师,又是远程教育教师(从事远程教育、教学活动的教师)。鉴于高校的远程教学活动可能包含直播教学、课外辅导、资源提供、学习评价等多种形式,胜任力模型构建应基于远程教育教师的角色定位,对其岗位职能进行详尽分析。

1)远程教育教师的角色定义

国内外学者对于远程教育教师角色进行了专门讨论。对已有研究进行维度总结(如表 4 - 1 所示),可以看出,远程教育教师既是教学设计、资源开发、学习服务、过程管理、绩效评价等任务的承担者,也是团队协作、教学研究和职业发展的实践者,其角色所涉维度覆盖教学设计、实施、管理、支持服务与自我发展。因此,本书将远程教育教师角色界定为:远程教学设计者、远程教学过程实施者、远程教学活动管理者、远程学习支持服务者、自我发展的从业者。

表 4 - 1　远程教育教师已有研究的角色描述

研究者	角色分类	维度总结
古德伊尔 (Goodyear)等①	学习过程的主持者;教学设计师;学习顾问;评估师;研究员;技术专家;教学管理员	设计;实施;支持服务;管理;自我发展

---

① GOODYEAR P, SALMON G, SPECTOR J M, et al. Competences for online teaching: a special report[J]. Educational technology research and development,2001,49(1):65 - 72.

研究者	角色分类	维度总结
威廉姆斯（Williams）①	管理者;教学设计者;教学训练者;技术专家;媒体编辑;支持服务者;教学评估专家	设计;管理;支持服务;实施
艾丁（Aydin）②	内容专家;教学设计师;学习顾问;资源开发者;管理者;过程促进者;技术专家;评价者	设计;支持服务;管理
巴瓦内（Bawane）等③	设计者;教学组织者;评价者;管理者;技术专家;咨询师;研究者	设计;实施;管理;支持服务;自我发展
单丛凯④	管理专家;技术专家;学科和课程专家;教学设计专家;媒体设计专家;主讲教师;网络学习导航员;媒体和学生学习评估专家	设计;实施;管理;支持服务
孟亚玲等⑤	自主学习的指导者;认知能力发展的帮助者;资源的合作开发者和使用者;群体智力劳动者	支持服务;实施;自我发展
庞英智⑥	教学资源的开发者和使用者;学生获取学习资源的导航者;学生自主学习的指导者;知识意义建构的促进者和协作者;学习质量的监督者	实施;支持服务;管理
翁朱华⑦	以课程开发为核心的教师角色;以教学交往为核心的教师角色;支持性与发展性角色	实施;支持服务;自我发展

2)远程教育教师的职能分析

---

① WILLIAMS P E. Roles and competencies for distance education programs in higher education institutions[J]. American journal of distance education, 2003,17(1):45 – 57.

② AYDIN C H. Turkish mentors' perception of roles, competencies and resources for online teaching[J]. Turkish online journal of distance education, 2005, 6(3):58 – 80.

③ BAWANE J, SPECTOR J M. Prioritization of online instructor roles:implications for competency – based teacher education programs[J]. Distance education, 2009,30(3): 383 – 397.

④ 单丛凯. 论网络教育中的教师群体[J]. 山西广播电视大学学报, 2001(3):11 – 13.

⑤ 孟亚玲,魏继宗,李劲松. 远程教育教师专业发展研究[J]. 现代远距离教育,2008(6):18 – 21.

⑥ 庞英智. 论现代远程教育模式下教师角色的转换[J].黑龙江高教研究,2010(4):76 – 77.

⑦ 翁朱华.我国远程教育教师角色与专业发展[J].开放教育研究,2012,18(1):98 – 105.

远程教育教师职能与其角色紧密相关,是对角色定位的具体描述。基于对远程教育教师的角色理解,一些学者对远程教育教师的岗位职能做出了描述。亦有许多学者分别对课程主讲教师和辅导教师在自主学习、小组协作学习、基于问题的学习等教学模式以及面授辅导、网络交互、形成性考核等教学活动中的职能分别进行了论述。对已有研究的维度进行总结可知(如表4-2所示),从事远程教学的高校教师身兼设计者、实施者、管理者、支持服务者等多重身份,其岗位职责应具有多元结构。其中,教学设计的任务主要包括课程开发、内容组织呈现、媒体资源制作等,教学实施的任务包括活动组织、技术选择与应用、协作团队组建、学习评价等,活动管理的任务包括学习任务管理、过程管理、关系管理等,学习支持服务的任务包括技术支持、交互支持、过程支持等,自我发展的任务包括教学反思、教学研究和教师团队发展等。基于此,本书将普通高校远程教育教师的具体职能要求总结如表4-3所示。

表4-2　远程教育教师已有研究的职能描述

研究者	职能描述	维度总结
布林斯·沃特(Brinthaupt)等[1]	促进学生参与(组织学生社群、培养师生与生生交互、应用教学策略、应用交互工具、促进批判性思维、合作学习和知识建构);促进思维发展(构建批判性的学习环境、激发挑战性观点、反思学生思维模式、生成有吸引力的内容);与学生建立融洽关系(确定学生群体规模及帮助方式、帮助学生了解老师、展示交互内容记录、保持教学要求的灵活性、提供个性化反馈)	设计(内容组织);实施(活动组织、协作团队组建、学习评价);管理(任务管理、关系管理);支持服务(交互支持、过程支持);自我发展(教学反思、教学研究)

---

[1] BRINTHAUPT T M, FISHER L S, GARDNER J G, et al. What the best online teachers should do[J]. Journal of online learning and teaching, 2011,7(4):515-524.

续表

研究者	职能描述	维度总结
安德森 （Anderson）等①	教学设计（在线课程组织、信息资源提供、学习活动的规划与组织）；促进对话（交互组织）；直接指导（学生自我管理）	设计（课程开发、资源制作）；管理；支持服务（交互支持）
贝格 （Berge）②	教育职能（促进讨论和交互中学习的发生）；社会职能（鼓励和促进协作的开展）；管理职能（设计和组织讨论的流程）；技术职能（构建公开透明的技术环境）	实施（技术选择与应用、协作团队组建）；管理（过程管理）；支持服务（交互支持）
贝格 （Berge）③	教学（支持探究、维持有效交互、促进观念融合）；社会（构建社交环境、促进人际关系建立、促进协作）；管理（课程管理、交互过程管理）；技术（构建技术环境、提供技术支持）	设计（课程开发、内容组织）；实施（活动组织、技术选择与应用、协作团队组建）；管理（任务管理、过程管理、关系管理）；支持服务（技术支持、交互支持）
菲普斯 （Phipps）等④	机构支持；课程开发；教学实施；课程结构；学生支持；教学团队支持；考核评价	设计（课程开发、内容组织）；实施（学习评价）；支持服务（技术支持、交互支持）；自我发展（教师团队发展）

① ANDERSON T, LIAM R, GARRISON D R, et al. Assessing teaching presence in a computer conferencing context[J]. Journal of asynchronous learning networks, 2001,5(2):1-17.

② BERGE Z L. The role of the online instructor/facilitator[J]. Educational technology, 1995,35(1):22-30.

③ BERGE Z L. Changing instructor's roles in virtual worlds[J]. Quarterly review of distance education, 2008,9(4):407-414.

④ PHIPPS R, MERISOTIS J. Quality on the line: benchmarks for success in internet-based distance education[R]. Washington DC: The Institute For Higher Education Policy,2000.

研究者	职能描述	维度总结
刘易斯（Lewis）等①	结构化和个性化的反馈；促进学生的交互、学习和行为投入；加强课程组织和教师存在感；充分传达教师对学生的期待	设计（内容组织）；实施（协作团队组建、学习评价）；管理（任务管理）；支持服务（交互支持）
瓦尔维尔（Varvel）②	管理（制度、伦理和法律问题管理）；个人（个人品质与能力发展）；技术（技术获取、技术支持等）；教学设计（课程规划、资源评价、资源制作与选择、技术选择等）；教学实施（认知呈现、交互应用、学生激励、协作活动组织、过程监控等）；评价（评价设计、评价实施、教学反馈等）；社会角色（学生群体构建、冲突管理、实践共同体建立等）	设计（课程开发、内容组织、资源制作）；实施（活动组织、技术选择与应用、协作团队组建、学习评价）；管理（过程管理、关系管理）；支持服务（技术支持、交互支持、过程支持）
李爽等③	制定课程教学计划（学习者分析、课程分析、内容分析、目标分析、大纲制定、教学计划制定）；设计课程（媒体形式资源设计、教学模式设计、活动设计、资源设计、支持服务设计）；开发课程资源（选择材料、编写脚本、录制材料、材料审核）；支持学习过程（建立师生关系、培养学习技能、激发动机、指导协作交流、远程辅导、面授辅导、组织实践活动、收集反馈信息、提交教学改进建议）；评价学习（布置作业、考试、跟踪记录、反馈、总结）	设计（课程开发、内容组织、资源制作）；实施（活动组织、技术选择与应用、协作团队组建、学习评价）；管理（过程管理、关系管理）；支持服务（交互支持、过程支持）；自我发展（教学反思）

① LEWIS C C, ABDUL - HAMID H. Implementing effective online teaching practices: voices of exemplary faculty [J]. Innovative higher education, 2006,31(2): 83 - 98.

② VARVEL V E J. Master online teacher competencies[J]. Online journal of distance learning administration, 2007,10(1):1 - 36.

③ 李爽,陈丽.中国远程教育关键专业角色的工作分析研究[J].中国电化教育,2008 (12):38 - 43.

研究者	职能描述	维度总结
杨亭亭等[1]	专业计划设置及课程资源建设;课程教学组织与实施;学生学习支持服务	设计(课程开发、内容组织、资源制作);实施(活动组织、协作团队组建);支持服务(技术支持、交互支持)
刘永权等[2]	核心服务(提供学术、管理、情感和技术等方面的学术和非学术服务);辅助辅导(课程内容的设计、开发和课程建设管理);服务保障(课程教学服务过程的质量监管)	设计(课程开发、内容组织、资源制作);管理(过程管理);支持服务(技术支持、交互支持、过程支持)
冯立国等[3]	专业管理与教学改革;资源建设(文字教材、视频资源及其他学习资源建设);课程建设(课程设计、考试设计);组织实施教学(作业批改、辅导答疑、实践教学、毕业论文指导等);参与教研与培训	设计(课程开发、内容组织、资源制作);实施(学习评价);支持服务(交互支持、过程支持);自我发展(教学反思、教学研究)

表4-3　高校远程教育教师的角色定义与职能要求

角色	职能要求
远程教学设计者	作为学科内容专家负责远程教学课程开发,确定课程教学目标、基本条件、主要活动内容、教学评价方式等
	负责选择和组织适合远程教学的课程内容,确定内容的组织方式和呈现结构
	收集、整理并按照远程学习基本规律设计和制作教学媒体与教学资料

① 杨亭亭,罗洪兰.中国远程教育师资质量标准初探[J].中国电化教育,2004(5):34-37.

② 刘永权,武丽娜,邓长胜.我国开放大学师资队伍建设研究:基于教师分类与角色定位的视角[J].中国远程教育,2015(2):45-55,79.

③ 冯立国,刘颖.开放大学教师专业化发展的若干问题:定位、角色和职责与职业发展[J].中国远程教育,2016(8):72-78.

角色	职能要求
远程教学过程 实施者	设计和组织各类远程教学活动,确定活动的目标、过程、方式等
	开发、应用和提供远程教学活动所需的各类信息、工具、技术等
	依据学习者特征组建学习小组或协作团队
	进行有效的学习过程与学习结果评价
远程教学活动 管理者	引导学习者按照既定规则完成学习任务
	根据实际需求调整教学过程、教学方法或技术手段
	协调和处理远程教学活动中出现的各种矛盾、冲突和分歧
远程学习 支持服务者	给学生提供课程学习所需的资源、工具、技术与方法,帮助学习者解决 各种学习困难
	帮助建立学习者与教师的联系,开展及时和有效的师生交互
	帮助学习者之间建立良好的协作关系,组建学习共同体
	借助技术手段,对学习过程进行动态监控,并根据监控结果进行过程性 反馈
自我发展的 从业者	对远程教学过程和效果进行自我反思,确认教学改进方向与方法
	针对远程教学的教学模式、教学方法和教学现象展开科学研究
	整合远程教学的理论研究成果与实践改革前沿,创造性地提出远程教 学的新模式、新策略或新方法
	结合远程教学的发展规律,制定个人职业发展规划

2. 胜任力词典的结构

远程教学实践中,上述职能通常会由主讲教师和辅导教师分别或共同完成。例如,课程内容组织主要由主讲教师完成,技术支持服务主要由辅导教师完成,课程资源制作由主讲教师和辅导教师协作完成,而两者均需对远程教学过程进行反思和研究。因此本书将高校教师远程教学胜任力分为两个层级,其中通用胜任力描述高校教师从事远程教学的共同胜任力,岗位序列胜任力则对主讲教师和辅导教师两类岗位各自强调的胜任力进行界定。针对某个特定岗位,其胜任力由通用胜任力 + 岗位序列胜任力组成。胜任力词典的基本结构设定为胜任力名称、定义、关键特征、行为等级及其表现。其中,行为等级按照所需技能、知识、态度和行为表现的强度或复杂程度,从低到高分为 5 级(如图 4-1 所示)。

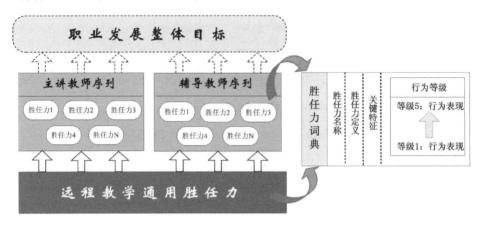

图 4-1　高校教师远程教学胜任力词典结构

4.1.2　胜任力词典条目的确定

胜任力词典的科学性首先来自能力信息分析的有效性,其次来自词汇描述的合理性。胜任力的数量以多少为宜？相关研究认为,设计良好的胜任力词典通常不超过 20 项胜任特征(如选择 10~12 项通用胜任力和 6~8 项特殊胜任力),而最佳项目数为 12 项左右。[①] 胜任力的名称与定义描述来自工作分析结果,因而应采用符合工作角色和岗位职责的描述,而不是专业术语。同时,行为等级及行为指标应尽量体现行为的情境化、可观察性与可测量性。例如,将“责任感”描述为“面临巨大困难或压力(生理、物质、经济等方面)时,不计较个人损失(如物质利益、名誉、权利、生活质量等)完成职责”,较之“能够克服困难坚持完成自身工作”的说法,更能够体现胜任力的行为参照特性。

1. 胜任力词典条目类别设计

国内外已有学者尝试提出了远程教育教师能力集合或胜任力集合。尽管能力与胜任力在内涵上有所不同,但其对远程教育教师必需的知识、技能的描

---

① MARRELLI A F, TONDORA J, HOGE M A. Strategies for developing competency models [J]. Administration and policy in mental health and mental health services research,2005,32(5): 533-561.

述仍然能够为确定胜任力提供重要思路。因此,本书基于已有研究总结和归类
胜任力要素,从而确定胜任力词典的条目。

1)知识与技能类条目

高校教师远程教学胜任力中应当首先包含作为远程教学从业者的基本胜
任力,这与"一般能力"相对应。针对主讲教师和辅导教师的特定能力要求主要
体现在同一能力要求的程度上,而非能力的类别。与此同时,知识和技能要素
是构成胜任力词典的基础性内容,应当对一般能力和不同类别教师的特殊能力
进行整合,将其中的知识与技能要素归类,转化为远程教学胜任力词典条目。
表 4-4 展现了将李爽、陈丽[①]提出的远程教育教师能力进行整合、转化和归类
的具体过程。表 4-5 呈现了本书对已有主要研究进行类别分析的结果。

表 4-4　远程教育教师能力转化为高校教师远程教学胜任力条目的过程

序号	教师能力	胜任力条目
1	成人学习理论	讲授技能
2	学习理论基本知识	
3	普通教育理论	
4	媒体特征知识	媒体表达
5	教育传播学基本知识	
6	专业写作技能	
7	计算机操作系统应用	技术能力
8	常用办公软件应用技能	
9	计算机网络基本知识	信息素养
10	计算机网络基本应用	
11	资源获取能力	
12	网络教学平台应用技能	
13	远程教育基本知识	特点认知
14	支持服务方面的知识	积极服务
15	协作技能和团队技能	组织协调

---

① 李爽,陈丽.中国远程教育专业人员能力模型研究[J].中国电化教育,2004(3):62-68.

续表

序号	教师能力	胜任力条目
16	人际交流技能	教学交互
17	提问技能	
18	反馈技能	
19	学科内容知识	学科素养
20	教学设计的基本原理知识	课程设计
21	网络教学系统的教学设计技能	
22	教学评价技能	学习评价
23	学业咨询技能	咨询建议
24	促进讨论的技能	监控支持

胜任力条目类别分析结果:

教学能力(讲授技能、特点认知、学科素养、课程设计、学习评价)、交互能力(教学交互)、信息能力(媒体表达、技术能力、信息素养)、服务能力(积极服务、咨询建议、监控支持)、协作能力(组织协调)

表4-5 远程教育教师能力/胜任力已有研究及其类别分析

研究者	能力/胜任力条目	类别分析
萨奇(Thach)[1]	共51项,其中重要程度最高的能力:工程技术能力、技术操作/维修能力、计划能力、内容知识和行为建模能力;5项首要能力:人际交互能力、英语熟练度、合作/小组协作能力、写作能力和计划能力	教学能力;服务能力;交互能力;管理能力;信息能力;协作能力;创新意识
史密斯(Smith)[2]	共51项,其中课前(制定大纲、明确课程要求、技术选择等);课中(促进学习、师生交互、营造团队氛围、学生评价、提供反馈等);课后(教学反思等)	教学能力;服务能力;交互能力;管理能力;信息能力;协作能力;自我发展

---

[1] THACH E C. Perceptions of distance education experts regarding the roles, outputs, and competencies needed in the field of distance education[D]. TX:Texas A&M University, 1994.

[2] SMITH T C. Fifty - one competencies for online instruction [J]. The journal of educators online, 2005,2(2):1 - 18.

研究者	能力/胜任力条目	类别分析
伊根 （Egan）等①	表达技能;交互;支持材料;合作;学习者需要;亲和力;反馈;多媒体	教学能力;服务能力;交互能力;信息能力;协作能力
萨奇 （Thach）等②	人际交流能力;计划能力;合作能力/团队工作能力;英语或语言技能;写作能力;组织技能;反馈;远程学习领域的知识;基本技术知识	教学能力;服务能力;交互能力;信息能力;协作能力
威廉姆斯 （Williams）③	合作能力;团队工作能力;基本的技术技能;人际沟通技能;熟练的语言能力;远程学习的知识;提问技能;开发合作、关注学生和学习环境的技能;成人学习理论;学习支持服务的知识	教学能力;服务能力;交互能力;信息能力;协作能力
李爽等④	远程教育基本知识、计算机网络基本应用、网络教学平台应用技能等 16 项一般能力;学科内容知识、网络教学系统的教学设计技能、提问技能、反馈技能等 6 项远程教育教师核心能力	教学能力;服务能力;交互能力;信息能力;协作能力
刘选等⑤	远程主讲教师:职业素养、网上教学和考核评价等 3 个维度 15 项能力;辅导教师:职业素养、网上答疑、促学活动、学习活动的组织与管理等 4 个维度 25 项能力	教学能力;服务能力;交互能力;管理能力;信息能力;协作能力;创新意识;自我发展意识

① EGAN M W, SEBASTIAN J, WELCH M, et al. Quality television instruction:perceptions of instructors[J]. Education journal,1993,7(7): 1 – 7.

② THACH E C, MURPHY K L. Competencies for distance education professionals [J]. Educational technology research and development, 1995,43(1):57 – 79.

③ WILLIAMS P E. Defining distance education roles and competencies for higher education institutions: a computer – mediated Delphi study[D]. TX:Texas A&M University,2000.

④ 李爽,陈丽.中国远程教育专业人员能力模型研究[J].中国电化教育,2004(3):62 – 68.

⑤ 刘选,杨素娟.网络远程教育教师能力框架实证研究:学习者视角[J].开放教育研究,2012,18(2):75 – 79.

研究者	能力/胜任力条目	类别分析
董锐[1]	使用媒体技术;资源组织;评估与反馈;教学与辅导;学业咨询;内容咨询;学习小组组织;支持服务学习支持服务;精神支持;沟通与督促;学习管理;行政管理	教学能力;服务能力;交互能力;管理能力;信息能力
罗洪兰等[2]	职业知识(专业知识、远程教育理论、教育学理论);教学技能(课前准备、授课过程、课后辅导、评价支持);职业技能(信息能力、专业技术能力);职业性格(自信心、进取心与挑战、职业热情、责任心);社会适应性(沟通能力、合作能力、组织管理能力)	教学能力;服务能力;交互能力;管理能力;信息能力;协作能力;质量意识;创新意识;自我发展意识
肖韵[3]	流体能力(组织管理、压力承受及调节、解决问题等);人格特质(成就取向、责任心、自我认知等);晶体能力(远程教学设计、信息技术和学科课程整合、远程教育理念与实践、教学创新能力等);交际能力(服务意识、表达能力、团队合作等)	教学能力;服务能力;交互能力;管理能力;信息能力;协作能力;质量意识;创新意识;自我发展意识

2)态度价值观类条目

以素质为本的胜任力模型充分考虑了个人和社会的心理因素,以及行动背后所隐含的价值观,并能从整合的角度考虑各个胜任特征的表现。[4] 胜任力是知识、技能、心理特质、自我形象、态度或价值观的集合。因此,必须深入分析"个人效能"(动机、人际关系、身心状况等)因素,在知识、技能要求的基础上,补充观念、态度方面的胜任力要素。本书基于已有研究的类别分析结果(如表4-4),在远程教育教师胜任力中纳入以下4个类别的态度与价值观

---

① 董锐.远程教育辅导教师职责与能力探析[J].中国远程教育,2012(9):60-64.

② 罗洪兰,杨亭亭.远程教育专职教师胜任力的研究[J].中国电化教育,2008(9):32-35.

③ 肖韵.远程教育教师胜任力模型结构研究[J].北京广播电视大学学报,2012(3):31-36.

④ 徐建平.教师胜任力模型与测评研究[D].北京:北京师范大学,2004.

条目:

　　➡质量意识:坚持面向应用的人才观和以人为本的服务观,具有强烈的远程教学质量保障意识以及为此付出持续努力的意愿;

　　➡经济意识:通过成本核算与控制等手段,对有限的教育资源进行合理配置和有效利用,力求以尽可能小的消耗获得尽可能大的教育绩效;

　　➡创新意识:树立远程教育的动态发展观,在国内外日益激烈的竞争环境中,实现远程教育的办学体制创新、教学方法创新、管理模式创新、层次结构创新、技术创新及系统创新;

　　➡自我发展意识:在远程教育实践中获得自我认知,根据个人职业倾向持续而有计划地改进知识、技能、动机、态度和行为,从而实现个人职业目标与整个组织目标的最佳匹配。

　　整合上述两类条目,高校教师远程教学胜任力词典条目初步确定为 10 大类 23 项(如表 4-6 所示):教学能力、交互能力、信息能力、服务能力、管理能力、协作能力、质量意识、经济意识、创新意识、自我发展意识。

表 4-6　高校教师远程教学胜任力词典条目及其类别

序号	胜任力条目	类别分析	序号	胜任力条目	类别分析
1	特点认知		12	积极服务	
2	学科素养		13	咨询建议	服务能力
3	讲授技能	教学能力	14	监控支持	
4	课程设计		15	组织协调	管理能力
5	学习评价		16	问题解决	
6	教学交互		17	团队协作	协作能力
7	心理分析	交互能力	18	责任感	质量意识
8	个人感染力		19	关注绩效	经济意识
9	信息素养		20	创造性思维	创新意识
10	技术能力	信息能力	21	职业偏好	
11	媒体表达		22	自我效能	自我发展意识
			23	自我提升	

2.胜任力词典条目内容设计

胜任力词典条目可以看作是未经测试的胜任力。胜任力是一个抽象名词,要将其与职业发展和绩效考核紧密结合,必须将其具体化。事实上,我们说某个教师具有某种素质,是通过其具体的行为和态度来评价的,即:"他能做什么"以及"他愿意做什么"。素质是通过行为表现出来的,不同的行为表现反应不同的素质层级。因此,胜任力词典条目内容设计的重要工作之一就是确定和描述胜任力词典条目的行为表现,并且依据具体情境下所需付出的认知努力程度、情感控制程度、自身约束程度,确定某个胜任特征对应的行为表现等级。

因此,本书中的胜任力词典条目采用与胜任力类似的内容结构,包含定义、关键特征、行为等级及其行为表现,便于对其重要性进行排序,并通过行为事件分析来加以检验。其中,关键特征指此项胜任力需要的核心知识、技能、认知、态度和价值观等。行为等级及其行为表现则必须是可观察和可操作的。从胜任力编码条目"责任感"的示例可以看出(如表4-7所示),各等级对应的均是在某种特定的情境下对具体行为的要求,而等级间的区别则集中表现为情境在复杂程度、挑战程度、风险程度上的差异,以及对应行为在身体、精神、物质等方面的投入度、关注度和坚持度上的差异。

表4-7 胜任力编码条目"责任感"的内容设计示例

胜任力名称		特点认知(character awareness, CA)
定义		对所从事的远程教学的性质、特点、基本规律等有明确的认识,并能对其现状和发展进行分析、预测和评价
关键特征		分析性思维、计划的能力、比较与评价
行为等级	定义	行为表现
LV_1	远程教学基本知识	能充分理解远程教学的定位、特点和基本规律
LV_2	整合经验体系	能将对远程教学的理解整合到已有的教学经验体系中,从而调节和改善工作方法
LV_3	明确自身定位	能深刻理解和分析出自身在远程教学中承担的角色、地位、所需的知识、技能、观念、态度等

胜任力名称		特点认知（character awareness，CA）
LV$_4$	领域比较与评价	对远程教学发展现状尤其是自身领域的发展现状有较全面的认识，并能客观地比较和评价
LV$_5$	引导个人发展	对远程教学发展的未来方向有独创性的见解，并将其整合到个人自我提升的计划之中

3. 胜任力词典条目的确定

为保证词典的完整性与可区分度，采用特尔菲法，通过电子邮件的方式，分别向来自教学院系、教学管理部门、远程教育机构及教育研究机构的 15 位专家发放 3 轮问卷。问卷中包含所有 23 项胜任力词典条目，每个条目都有对其定义、关键特征和 1～5 等级的行为表现的描述。问卷采用 5 级评定法，设定非常重要为 5 分、重要为 4 分、一般为 3 分、不重要为 2 分、非常不重要为 1 分，要求专家对各胜任力词典条目的重要性进行评估。专家中有 73% 为高级职称，27% 为副高级职称。所从事的工作部门 40% 为教学院系，6% 为教学管理部门，41% 为网络教育学院（或类似机构），13% 为教育研究机构。问卷第 1 轮和第 2 轮的样例见附录 1 和附录 2。

调查统计结果如表 4－8 所示，斜线/两侧分别表示第 1 轮和第 2 轮评判结果。第 3 轮中专家均未再对第 2 轮的结果进行修改，未再列出。3 轮调查中对于所有条目均无专家认为"非常不重要"，其统计结果在表中省略。比较第 1 轮和第 2 轮选择的结果，"特点认知""教学交互""信息素养""媒体表达""咨询建议""监控支持""创造性思维"和"自我提升"等胜任力的关注度得到提升，"讲授技能""技术能力""组织协调""团队协作""责任感"和"自我效能感"的关注度有所下降。

以第 2 轮问卷结果为准，对专家意见进行总分、均值、标准差、满分比以及差异系数的统计分析。满分比 $HS-R$ 为"非常重要"得分占总分的百分比，差异系数 CV 为标准差 SD 相对于均值的百分比，CV 值越小，表示各样本间的离散程度越小，即专家的意见更趋于一致。结果显示，"课程设计""特点认知""学科素养""讲授技能""责任感""教学交互"等胜任力始终保持较高的一致性，且有较高的重要性均值和满分比，即得到了绝大多数专家最大程度的关注。同样，"积极服务"和"职业偏好"2 项胜任力的重要性均值及满分比说明其受关注程度较低。

  综上，"积极服务"与"职业偏好"两项的 *CV* 值均大于0.2而得分均值均小于4.0，表示重要性偏低且评判结论缺乏一致性，应予以筛除。其原因在于部分专家认为"积极服务"的态度和意识可以通过"咨询建议"和"监控支持"的过程和结果来体现，"职业偏好"则渗透在"自我效能""自我提升"和"创造性思维"的水平和倾向上，因此将其独立作为胜任力条目的意义不足。同时，有20%以上专家指出"技术能力"与"媒体表达"两项胜任力的区分度过小，应予以合并。除上述胜任力外，其余胜任力词典条目重要性判断结果的波动范围不超过20%，其调查数据具有统计意义。因此，将"技术能力"合并到"媒体表达"后，胜任力词典条目最终确定为20项。

表4-8 胜任力条目专家调查结果统计分析（第1轮及第2轮）

胜任力条目	非常重要	重要	一般	不重要	总分	均值	SD	HS-R	CV
特点认知	10/13	5/2	0/0	0/0	73	4.87	0.35	0.89	0.07
学科素养	13/13	2/2	0/0	0/0	73	4.87	0.35	0.89	0.07
讲授技能	14/13	1/2	0/0	0/0	73	4.87	0.35	0.89	0.07
课程设计	14/14	1/1	0/0	0/0	74	4.93	0.26	0.95	0.05
学习评价	11/11	4/4	0/0	0/0	71	4.73	0.46	0.77	0.10
教学交互	11/12	4/3	0/0	0/0	72	4.80	0.41	0.83	0.09
心理分析	0/0	2/1	11/13	2/1	45	3.00	0.38	0.00	0.13
个人感染力	0/0	1/0	12/13	2/2	43	2.87	0.35	0.00	0.12
信息素养	9/10	5/5	1/0	0/0	70	4.67	0.49	0.71	0.10
技术能力	5/4	9/10	1/1	0/0	63	4.20	0.56	0.32	0.13
媒体表达	9/10	6/5	0/0	0/0	70	4.67	0.49	0.71	0.10
积极服务	1/1	8/6	6/7	0/1	50	3.47	0.74	0.10	0.21
咨询建议	9/11	5/3	1/1	0/0	70	4.67	0.62	0.79	0.13
监控支持	10/11	5/4	0/0	0/0	71	4.73	0.46	0.77	0.10
组织协调	8/6	6/8	1/1	0/0	65	4.33	0.62	0.46	0.14
问题解决	8/8	7/7	0/0	0/0	68	4.53	0.59	0.53	0.11

胜任力条目	非常重要	重要	一般	不重要	总分	均值	SD	HS－R	CV
团队协作	12/11	3/4	0/0	0/0	71	4.73	0.46	0.77	0.10
责任感	14/13	1/2	0/0	0/0	73	4.87	0.35	0.89	0.07
关注绩效	4/4	8/10	3/1	0/0	63	4.20	0.56	0.32	0.13
创造性思维	3/5	11/8	1/2	0/0	63	4.20	0.51	0.40	0.12
职业偏好	0/0	3/1	6/4	6/10	36	2.40	0.63	0.00	0.26
自我效能	5/3	9/10	1/2	0/0	61	4.07	0.59	0.25	0.14
自我提升	11/12	3/2	1/1	0/0	71	4.73	0.59	0.85	0.12

注:10/13 表第 1 轮调查中选择该选项的专家人数为 10 人,第 2 轮调查中选择该选项的专家人数为 13 人。

4.2　高校教师远程教学胜任力数据的收集与分析

在确定胜任力词典后,研究者需要进行行为事件访谈,对从访谈结果中抽取的胜任力条目进行频次统计,并对不同绩效组进行统计意义上的差异比较,从而鉴别与高绩效相关联的胜任力。

4.2.1　行为事件访谈实施

分别从西安、成都等地的远程教育试点高校选取 30 名教师作为访谈样本,包括 16 名高绩效教师和 14 名普通绩效教师。高绩效教师认定为具有以下条件者:(1)拥有各级网络精品课程;(2)获得优秀教师称号;(3)学生评教为"优秀"5 次以上。普通绩效教师则为高校中从事远程教学的普通教师。

访谈采用电话、网络视频、网络音频以及面谈等方式进行,并在被采访者知情的情况下进行录音。访谈中,要求教师回顾在远程教学中经历过的 3 件最成功的事件,并采用 STAR 提纲(如表 4－9 所示)来详尽描述自己当时的行为表现和心理活动:①Situation:当时的工作情境,包括情境的物理环境特征、文化特征、群体特征和职业特征等;②Task:当时的工作任务或面临的问题:包括任务的目的、要求、内容、条件或者问题的背景、特征、风险、问题解决的条件与目标等；③Action：行为的步骤与关键细节，包括当时的观念、想法、行动以及所采用的方法、工具、技术等；④Result：事件的收效、影响与反思，包括任务完成或者问题解决的效果、后续影响以及当事人对此次行为事件的评价、反思和总结等。

　　成功实施行为事件访谈的关键是研究者与受访教师能否有效辨别造成高绩效的个体特质。受访的教师可能会生动地描绘过程，却无法确切总结自己在其中所体现的能力，而研究者则可能会对行为信息产生误解。因此，访谈结束后，研究者将访谈记录提供给受访教师进行确认，并对产生分歧的信息进行补充和修订。

表 4 – 9　行为事件访谈的 STAR 提纲

S(Situation)	T(Task)	A(Action)	R(Result)
那是一个怎么样的情境？什么样的因素导致这样的情境？在这个情境中有谁参与？	您面临的主要任务是什么？为了达到什么样的目标？	在那样的情境下，您当时的想法、感觉和采取的行为是什么？	最后的结果是什么么？过程中又发生了什么？

4.2.2　行为事件访谈结果编码

　1.编码过程

　　对访谈录音进行文本转录，并基于胜任力词典条目进行文本内容分析，统计编码条目的频次。表 4 – 10 给出了某样本访谈的片段及其编码结果。访谈结果编码由 2 名远程教育专家完成，当归类一致性大于 0.7 时以主评判员的分析结构为准，归类一致性小于 0.7 时，由另一位专家进行仲裁。

表 4 – 10　行为事件访谈编码结果示例

访谈片段(成功事件1，编码者 A)	初始编码
我从事远程教学已经 5 年了，给我印象最深的是我曾经做过的一次在线课程的设计(A_1)。我当时担任《桥梁工程》这门课程的教学。在传统的教学中，这门课属于实践性比较强的课程，学生对于能否有足够的实践机会也是比较在意的。所以我们系上购买了专门的实验软件系统，	A_1 课程设计

可以让学生模拟观看一些桥梁的关键部件和经典桥梁的示范,并且可以360度旋转和观看横切面等等。这个软件还允许学生模拟搭建桥梁,系统会给出搭建的各种条件和用到的构件。学生搭建完成后,系统可以模拟给桥梁施加压力,然后看桥梁是不是能承重。这种教学方法在实践中的效果是很不错的。但是,在远程教学中,我们<u>无法去完成这些实践操作</u>(A_2)。学生没办法实地观察桥梁的构件和外观,也没办法让学生模拟搭建桥梁。所以,怎么实践成为这门课设计时候的难点,我必须想办法针对远程教学<u>进行新的设计</u>(A_3)。	A_2 特点认知 A_3 课程设计
我当时<u>专门请教</u>(A_4)了我们系曾经做过网络教学的一位老师,看他是如何处理实践环节的。他说主要是向学生提供一些实践有关的图片和视频资料。但是他的课程是《工程制图》,是可以用图片和视频来进行展示的,学生可以基本理解和掌握画图的方法,然后自己在家中操作。我认为桥梁工程的内容更强调对操作过程的熟悉,用图片这种静态的东西并<u>不能完全达到课程的学习要求</u>(A_5),必须<u>咬牙想</u>(A_6)更合适的方法。于是,我跟负责这个课程的网络教育学院的老师<u>沟通了一下</u>(A_7)。他提供了一些好的思路给我。他说实践环节可以通过虚拟方式进行,常用的方法是提供可以让学生部分操作的软件,例如用flash展现实践的场景,然后让学生设置一些参数,来观察桥梁的变化。复杂点的办法就是把我们的专业实验系统链接到网络学习平台上。	A_4 问题解决 A_5 特点认知 A_6 责任感 A_7 团队协作
我当时对这些建议很重视,也觉得很新颖。因此我<u>去联系了</u>(A_8)负责管理我们专业实验室的老师。但是他们告诉我,专业实验系统有版权的问题,是不能随意链接到其他平台上的,并且远程教学的学生数量多,没办法支持很多学生同时使用这个系统。看来这条路是行不通的。所以,我把<u>思考的重点</u>(A_9)放到了怎么进行虚拟实验上。	A_8 团队协作 A_9 问题解决
<u>我首先想到的</u>(A_{10})是有没有现成的、别人开发好的实验软件,能够直接用到课程平台上,并且是免费的,这样就不存在侵权的问题。但是我对网络资源这块<u>并不是很熟悉</u>(A_{11})。所以,我<u>找到了</u>(A_{12})我们专业一位大三的同学,他的计算机技术很不错。他知道了我的想法之后,就花了一周多的时间,在国内外的<u>网站上搜索</u>(A_{13})与桥梁有关的免费软件。最后终于找到了一个可以嵌到网页中的插件。这个插件可以导入一些桥梁构件的三维模型,让学生通过点按钮的方法去改变观	A_{10} 问题解决 A_{11} 信息素养 A_{12} 团队协作 A_{13} 信息素养

看的角度、方向和大小，360度地观察这些模型，还可以给不同的面标上颜色。我们系上的数据库里面已经有一些建好的三维模型，正好可以导入这个软件。我当时非常高兴，终于看到了解决问题的希望，也从这个学生身上得到了启发（A₁₄），懂得了怎么去寻找网络上的资源，怎么导入三维模型，学到了很多东西，也有了一些信心（A₁₅）。	A₁₄自我提升 A₁₅自我效能
我把这个插件提供给课程的技术支持，他也觉得非常不错，并且鼓励我（A₁₆）开拓新的思路，干脆把实践这部分做成亮点。我也觉得既然有了点思路，就应该继续想办法（A₁₇），把困难变成机会，争取将来把这门课程做成精品课程。所以我通过QQ询问（A₁₈）几个学习这门课程的同学。他们告诉我，其实如果这个课程的实践能够采用比赛或者游戏的方法，可能会更有吸引力。这个主意我觉得很有创意（A₁₉），就沿着这个思路去找一些跟桥梁有关的游戏，看看网络上有没有合适的资源。	A₁₆团队协作 A₁₇创造性思维 A₁₈教学交互 A₁₉创造性思维
很幸运的是，我在国外的一个网站上找到一个（A₂₀）flash的小游戏。它分成很多关卡，不同的关卡中，河面的宽度不一样，地势也不一样。然后它给玩家提供一些构件，让大家去搭桥。搭桥完成之后，会有不同的小动物，比如青蛙、兔子、大象、熊等从桥上跑过去，看桥梁的承重怎么样。如果桥梁设计得好，承重也过关，游戏就会给出好评。我认为这个游戏生动活泼，还能够起到模拟搭桥的效果，所以我非常兴奋（A₂₁），觉得这是很好很有亮点的资源。	A₂₀信息素养 A₂₁自我效能
于是我再接再厉（A₂₂），开始考虑（A₂₃）能不能做桥梁搭建的比赛。一般我们会让在校的学生用纸去搭桥梁的模型出来。所以我想远程的学生也可以这样做，材料上应该是没有问题（A₂₄）。但是远程的学生毕竟基础相对较差，自己在家里完成模型可能有困难（A₂₅），应当做专门的指导（A₂₆）。所以我录制了一个讲解的视频（A₂₇），从不同的角度拍摄搭建桥梁时候的一些具体的方法和技巧（A₂₈），以及注意事项。为了让远程的学生能够积极参加，我把比赛作为课程中的一次大作业（A₂₉），在总成绩中占比较大的分量（A₃₀）。我要求学生都提交最终的桥梁模型的照片，最好录制个短视频来展示模型，并且同时提交工程设计图和设计说明。作品的好坏由我和学生共同打分（A₃₁），这样就会更公平（A₃₂）一些，然后按照50%和50%的比例算总成绩。	A₂₂自我提升 A₂₃创造性思维 A₂₄特点认知 A₂₅特点认知 A₂₆责任感 A₂₇讲授技能 A₂₈学科素养 A₂₉学习评价 A₃₀学习评价 A₃₁学习评价 A₃₂责任感
学生参与的积极性很高，有些学生为了讨论问题，还互相加了联系	

方式。形成的作品质量也<u>高于我的预期</u>（A₃₃）。我觉得是一次<u>成功的</u> <u>教学活动</u>（A₃₄）。在整个的教学设计过程中，我<u>得到了很多经验和启发</u> （A₃₅）。首先，我觉得要<u>敢于尝试</u>（A₃₆），并且要<u>不断地学习</u>（A₃₇），不能 被困难吓住，否则我在一开始遇到困难就放弃了，给学生上传些图片就 <u>应付</u>（A₃₈）了。第二，我觉得<u>好的设计</u>（A₃₉）太重要了，需要老师去好好 思考<u>远程的学生有什么特点</u>（A₄₀），什么困难，他们能做到什么。<u>如果</u> <u>有困难了，老师怎么才能</u>（A₄₁）给他们好的指导，怎么才能调动他们的 积极性，真的参与到学习中来。第三个就是<u>计算机技术</u>（A₄₂）很重要， 老师要能顺利地找到合适的资源，特别是教学必需但是又不现成的那 些资源，还要能对资源进行一些简单的处理，比如压缩大小或者剪裁下 视频。总体来说，这次的设计对我触动很大，让我<u>学到了很多东西</u> （A₄₃），对远程教学有了<u>比较大的信心</u>（A₄₄），也有了很多的<u>成就感</u> （A₄₅），将来有机会的话，我还会好好地<u>完善下这个课程</u>（A₄₆），希望能 成为我的有代表性的教学成果。	A₃₃学习评价 A₃₄自我效能 A₃₅自我提升 A₃₆创造性思维 A₃₇自我提升 A₃₈责任感 A₃₉课程设计 A₄₀特点认知 A₄₁责任感 A₄₂信息素养 A₄₃自我提升 A₄₄自我效能 A₄₅自我效能 A₄₆课程设计

2. 编码有效性检验

1）样本量大小检验

为保证样本量大小的合理性，采用 G‐power 软件进行样本分析。由于后期访谈结果需要进行独立样本 T 检验，因此设定检验方式为双侧检验，显著性水平 $\alpha = 0.05$，统计检验力 $1 - \beta = 0.95$，可得效应量 Cohen's $d = 1.367$，大于 0.8，说明选取的样本量大小能够获得较高的处理效应。

2）编码信度检验

两位评判员语义编码结果的一致性程度，是影响数据分析检测可靠性与客观性的重要因素。本书采用归类一致性系数及编码信度系数作为信度检验指标。归类一致性（category agreement，CA）可用 $CA = 2S/(T_1 + T_2)$ 表示，S 指不同评判员编码归类相同的个数，T_1 和 T_2 分别表示两位评判员的总编码个数。编码信度系数（reliability coefficient，R）按照公式 $R = N \times CA/[1 + (N-1) \times CA]$ 计算，N 表示评判员总人数。[①] 两位评判员编码结果的一致性检验如表 4‐11 所

① 董奇.心理与教育研究方法[M].北京：北京师范大学出版社,2004.

示,其中归类一致性数值均大于 0.65,编码信度系数均达到 0.8 以上,表明两位评判员编码一致性处于较好水平,其编码结果可做进一步统计分析。

表 4－11　评判员编码结果的一致性检验

访谈对象编号	CA	R	访谈对象编号	CA	R
01	0.780	0.877	16	0.706	0.828
02	0.698	0.822	17	0.738	0.849
03	0.759	0.863	18	0.714	0.833
04	0.747	0.855	19	0.717	0.835
05	0.735	0.847	20	0.782	0.877
06	0.753	0.859	21	0.741	0.851
07	0.679	0.809	22	0.758	0.862
08	0.711	0.831	23	0.744	0.878
09	0.742	0.852	24	0.781	0.872
10	0.772	0.871	25	0.773	0.856
11	0.737	0.848	26	0.752	0.848
12	0.725	0.841	27	0.759	0.853
13	0.727	0.842	28	0.738	0.846
14	0.711	0.831	29	0.741	0.851
15	0.763	0.865	30	0.756	0.847

4.2.3　胜任力编码结果分析

将胜任力编码结果在高绩效组与普通绩效组进行初次差异检验,从中鉴别出与高绩效相关的高校教师远程教学的通用胜任力。之后进行胜任力二次差异检验,从而确定岗位序列胜任力。

1. 胜任力初次差异检验

访谈数据统计分析的基本指标是各胜任特征发生的频次、等级分数及总分(即频次与等级水平的乘积)。等级水平是某一胜任特征在该胜任特征最小可觉差(just noticeable difference, JND)量表中的大小值,此处取值为 1。对所有样本的 3 个成功事件的访谈结果进行编码,并统计各样本 20 项胜任力编码条目在行为中出现的次数。利用 SPSS 24.0,对优秀组和普通组各项编码条目出现的频次进行独立样本 T 检验,所得结果如表 4 – 12 所示。

结果显示,不同绩效组在"心理分析""个人感染力""组织协调""关注绩效"4 项条目的频次、等级分数及总分上无显著性差异,其余条目对于两组样本的差异至少在 0.05 水平上具有统计学意义,因此初次检验共获得 16 项胜任力。

表 4 – 12　不同绩效组胜任力差异比较(优秀组 $N=16$,普通组 $N=14$)

胜任力条目	频次均值		T 值	Sig.（双尾）
	优秀组	普通组		
特点认知	6.31 ± 1.195	5.07 ± 0.730	3.477	0.002^{**}
学科素养	6.25 ± 0.856	5.57 ± 0.852	2.171	0.039^{*}
讲授技能	8.50 ± 1.414	6.07 ± 1.207	5.020	0.000^{***}
课程设计	9.69 ± 1.740	8.14 ± 0.949	3.067	0.006^{**}
学习评价	7.50 ± 1.966	4.93 ± 0.829	4.769	0.000^{***}
教学交互	10.50 ± 1.549	7.21 ± 1.188	6.444	0.000^{***}
心理分析	1.31 ± 0.602	1.14 ± 0.663	0.735	0.469
个人感染力	2.06 ± 0.854	1.50 ± 0.855	1.799	0.083
信息素养	9.44 ± 1.413	6.50 ± 1.092	6.301	0.000^{***}
媒体表达	5.19 ± 1.377	4.21 ± 0.802	2.400	0.024^{*}
咨询建议	4.81 ± 1.471	3.79 ± 0.802	2.324	0.028^{*}
监控支持	4.69 ± 0.873	3.93 ± 0.829	2.432	0.022^{*}
组织协调	3.25 ± 0.931	3.07 ± 0.997	0.507	0.616
问题解决	4.81 ± 0.834	4.00 ± 0.555	3.175	0.004^{**}
团队协作	4.06 ± 1.124	2.93 ± 0.829	3.106	0.004^{**}
责任感	7.94 ± 1.731	6.43 ± 0.852	2.959	0.006^{**}

胜任力条目	频次均值		T 值	Sig.（双尾）
	优秀组	普通组		
关注绩效	1.88 ± 0.806	1.71 ± 0.611	0.608	0.548
创造性思维	5.94 ± 0.854	5.14 ± 0.770	2.660	0.013[*]
自我效能	7.44 ± 1.209	5.86 ± 1.292	3.459	0.020[*]
自我提升	6.13 ± 0.885	5.07 ± 0.829	3.350	0.020[*]

注：* 代表 $P < 0.05$，** 代表 $P < 0.01$，*** 代表 $P < 0.001$。

分析可知，心理分析作为教师的内在能力，其强弱实际体现在沟通交流的外化行为的效果方面。在时空分离的教学环境下，远程教育教师的组织协调能力通常体现在各类交互活动的实施上，而个人感染力在大多数情况下主要通过师生交流时的语言表达来展现。可见，这三项指标均是通过教学交互而与行为绩效产生间接关联的。此外，对远程教学绩效的关注通常包含对教学效果的评价、对自身表现的审视及对经验的总结提炼等，这些分别通过教学评价、自我效能体验及自我提升等行为完成并对绩效产生影响。因此，在差异检验中筛除的4项条目能够用远程教学基本规律加以解释，在理论上是能够被接受的。

2. 胜任力二次差异检验

胜任力的初次检验结果仅能确定胜任力的简单集合，未能有效区分通用胜任力与岗位序列胜任力。为此，采用如下研究思路：以已确定的胜任力为项目，按照岗位类别对高绩效组样本进行频次的二次差异检验。差异显著者，表示不同岗位对该项胜任力的侧重有明显区别，为岗位序列胜任力；差异不显著者，表示不同岗位对该项胜任力的侧重无明显区别，为远程教学通用胜任力，即远程教育教师都需具备的胜任力。

表4-13　不同岗位序列胜任力差异比较（主讲教师 $N = 8$，辅导教师 $N = 8$）

胜任力条目	频次均值		T 值	Sig.（双尾）
	主讲教师	辅导教师		
特点认知	7.13 ± 1.126	6.13 ± 0.991	1.886	0.080
学科素养	6.75 ± 1.035	5.38 ± 0.916	2.814	0.014[*]

续表

胜任力条目	频次均值		T 值	Sig.（双尾）
	主讲教师	辅导教师		
讲授技能	9.50 ± 1.195	7.50 ± 0.756	4.000	0.001^{**}
课程设计	10.38 ± 1.847	8.25 ± 0.886	2.934	0.011^{*}
学习评价	7.75 ± 2.188	7.25 ± 1.832	0.496	0.628
教学交互	10.63 ± 1.768	10.75 ± 1.389	-0.157	0.877
信息素养	9.50 ± 1.414	9.38 ± 1.506	0.171	0.867
媒体表达	5.38 ± 1.302	5.00 ± 1.512	0.532	0.603
咨询建议	3.38 ± 1.061	5.25 ± 1.035	-3.578	0.003^{**}
监控支持	3.88 ± 0.835	5.63 ± 1.408	-3.024	0.009^{**}
问题解决	5.13 ± 0.835	4.50 ± 0.756	1.570	0.139
团队协作	4.13 ± 1.126	3.63 ± 0.916	0.974	0.346
责任感	8.13 ± 1.727	7.75 ± 1.832	0.421	0.680
创造性思维	6.50 ± 0.756	5.88 ± 0.641	1.784	0.096
自我效能	7.88 ± 1.246	7.13 ± 0.835	1.414	0.179
自我提升	6.25 ± 0.707	6.00 ± 1.069	0.552	0.590

注：* 代表 $P < 0.05$，** 代表 $P < 0.01$，*** 代表 $P < 0.001$。

高绩效组共包含 8 名主讲教师及 8 名辅导教师。16 项胜任力的频次、等级分数及总分二次差异检验结果如表 4 - 13 所示。分析可知,主讲教师"学科素养""讲授技能"及"课程设计"的等级分数及总分均显著优于辅导教师,为主讲教师岗位序列胜任力;"咨询建议"和"监控支持"两项胜任力则是辅导教师显著优于主讲教师,为辅导教师岗位序列胜任力。事实上,远程教学主讲教师主要负责课程教学设计、资源及素材开发、学习内容讲授、学习活动组织,而辅导教师则主要承担学习过程监控及学术或非学术性支持服务。差异检验的结果充分体现出两类岗位职能对能力需求的不同倾向,说明统计分析结果符合工作实际。其余 11 项胜任力两组样本均无显著差异,可确定为远程教学通用胜任力。其中,责任感、问题解决、团队协作、创造性思维、自我效能、自我提升是任何优秀教师的共有特质，特点认知、信息素养、教学交互、媒体表达及学习评价是远程教学背景赋予的新特质。

综上，可将高校教师远程教学胜任力模型归结为包含 11 项通用胜任力及 5 项岗位序列胜任力（其中主讲教师 3 项，辅导教师 2 项）的双层结构（如表 4 - 14 所示），各胜任力均以名称、定义、关键特征、1～5 级行为表现及其等级加以描述。相关研究认为，设计良好的胜任力词典通常不超过 20 项胜任特征，因此该模型在数量上亦是适宜的。①

表 4 - 14　高校教师远程教学胜任力双层结构

类别	胜任力
通用胜任力	责任感、问题解决、团队协作、创造性思维、自我效能、自我提升、特点认知、信息素养、教学交互、媒体表达、学习评价
岗位序列胜任力	主讲教师：学科素养、讲授技能、课程设计
	辅导教师：咨询建议、监控支持

4.3　高校教师远程教学胜任力模型的交叉验证

行为事件访谈本身为小样本研究，采用回顾式分析而非现状分析，且受编码一致性影响较大，因此需要对分析所得的胜任力进行交叉验证。其思路是通过向从事远程教学的高校教师发放《胜任力自测问卷》，从问卷调查结果中提取影响胜任力水平的主要因素，考察其与之前确定的胜任力之间的对应关系，从而进一步验证所构建的胜任力模型。

《胜任力自测问卷》的测试项目选取了表 4 - 14 中胜任力编码词典的 20 项条目，每个条目选择 2～3 个行为等级作为测试项目，共得测试项目 45 项。自测问卷的问题以可观察、可量化的语言加以表述，如针对"学习评价"条目时，测试问题设计为：（1）能够利用各种技术手段获取远程学习的过程性信息，并提取用于评价的关键性数据；（2）能够利用科学方法和必要的软件工具开展数据分

---

① MARRELLI A F, TONDORA J, HOGE M A. Strategies for developing competency models [J]. Administration and policy in mental health and mental health services research, 2005, 32(5): 533 - 561.

析,形成过程性评价意见和总结性评价意见。"组织协调"条目的测试题为:
(1)能够通过各种交流的手段,让孤僻和不受欢迎的学生顺利地加入到集体讨
论中;(2)对学生在协作中出现的冲突和矛盾,能够及时和合理地解决。每项测
试题给出 5 个等级:非常符合(5 分)、基本符合(4 分)、不确定(3 分)、基本不符
合(2 分)和完全不符合(1 分)。为避免相同条目测试题的相似性造成后摄效
应,测试题采用随机分布方式。测试中要求被试对自身实际表现与题目所描述
行为的符合程度做出判断。问卷内容如附录 3 所示。调查共向远程教育试点
高校中承担远程教学工作的教师发放电子问卷 305 份,回收问卷 272 分,有效
问卷 251 份。

4.3.1　同质性检验

利用 Cronbach's α 系数作为问卷项目分析的同质性检验指标。依据信度
分析结果,分别检查单个项目均值趋于极端或项目变异太小的项目,以及单个
题项与题项总分相关系数小于 0.2 的项目(说明该项目对于其他变量所欲测量
的心理或行为的共同特质较少,即该变量的影响力较低),共剔除 5 个项目。剔
除项目前 Cronbach's α 系数为 0.925,剔除后为 0.935。

4.3.2　因子分析

利用 SPSS 24.0 软件对问卷做探索性因子分析,检验得 KMO(Kaiser – Mey-
er – Olkin)度量值为 0.845,达到 0.8 的"良好"标准,表示变量间有共同因素存
在,且变量间净相关系数较低。Bartlett 的球形度检验近似卡方值为 10536.85,
显著性 P 值小于 0.001,可拒绝虚无假设,代表总体的相关矩阵间有共同因素存
在,问卷项目间并非独立,两指标均说明问卷数据适合做因子分析。

因子分析采用主成分分析法,萃取标准为基本特征值大于 1,旋转方式为最
大方差正交转轴,因子提取数量不限定。根据因子分析结果,分别检查载荷因
子小于 0.5 的项目、变量取样适切性量数小于 0.6 的项目、萃取后共同性小于
0.2 的项目。经多次探索后共剔除 9 个项目,直至累计解释变异量趋于稳定。
共提取出 6 个因子 31 个项目,如表 4-15 所示。所有因子载荷量均大于 0.55,
累计解释变异量达到 79.433%,达到 60% 的标准值,表示萃取后保留的因素相
当理想。

根据自测问卷的编写规则做进一步分析可知,因子分析抽取出的 31 个自

测项目分别对应16项胜任力条目,与经差异检验后所得的胜任力的内容吻合。行为事件访谈构建的胜任力模型是基于小样本并从实际行为表现中抽取的,而胜任力自测是大样本研究,是证明预先设定的胜任力对于行为水平具有实质性影响的过程。两种方法均为实证研究,其统计分析结果能够实现交叉验证,说明所构建的胜任力模型是有效的。

表 4-15　自测问卷项目的因子载荷矩阵[a]

	成分					
	1	2	3	4	5	6
T_{12}	0.891					
T_7	0.889					
T_{20}	0.877					
T_{17}	0.874					
T_{29}	0.861					
T_{16}	0.838					
T_3		0.854				
T_{23}		0.839				
T_{45}		0.836				
T_{11}		0.835				
T_{15}		0.765				
T_5		0.759				
T_{31}		0.717				
T_{34}		0.640				
T_{39}			0.866			
T_{42}			0.852			
T_6			0.834			
T_{35}			0.814			
T_{22}			0.783			

	成分					
	1	2	3	4	5	6
T_4				0.843		
T_{32}				0.800		
T_{26}				0.768		
T_{13}				0.734		
T_{41}					0.827	
T_{33}					0.808	
T2					0.798	
T_{25}					0.628	
T_{30}						0.743
T_{21}						0.705
T_{14}						0.619
T_{10}						0.615

提取方法：主成分分析法。旋转法：具有 Kaiser 标准化的正交旋转法。

a：旋转在 7 次迭代后收敛。

4.4　高校教师远程教学胜任力模型的阐释

如前所述,高校教师远程教学胜任力模型共包含 11 项通用胜任力和 5 项岗位序列胜任力。16 项胜任力共涉及 4 个维度:思维意识、教学素养、技术应用和自我发展。每个胜任力均包含定义、关键特征、1~5 个行为等级及其表现。

4.4.1　思维意识

思维意识维度主要指从事远程教学应具备的意识形态、价值偏好和思维倾向,包括责任感、特点认知和创造性思维等胜任力。责任感是衡量教师远程教学投入度的重要指标。远程教学情境中,可能面临因观念、技术、环境、人员等引起的困境、风险和挑战,此时教师的意志力、承担的勇气,以及从大量具体感知中提取并形成的行为图式（即概念性思维），都将具有决定性的作用，如表4－16所示。

表4－16 胜任力"责任感"的定义、行为等级及其描述

胜任力名称		责任感（responsibility，RB）
定义		在面临各种困难时持续投入工作，并努力完成知识传授、技能提升、人格培养等职责
关键特征		概念性思维、承担的勇气、意志力
行为等级	定义	行为表现
LV₁	约束自身行为	对教学职责有明确认识，并主动以此约束自身行为或调整习惯
LV₂	勇于修正错误	及时反思和修正主观原因造成的自身错误，并愿意承担相应的责任或处罚
LV₃	抵制可能的侵害	能不怕与他人产生冲突或矛盾而制止有损于职责或学生利益的事
LV₄	坚持职责的信念	能在受威胁或误解时仍然保持强烈的教学意愿，并投入工作
LV₅	舍弃个人利益	面临巨大困难或压力（生理、物质、经济等方面）时，不计较个人损失（如物质利益、名誉、权利、生活质量等）完成教学职责

对远程教学特点的体认是教师能够合理开展教学活动的基础，如表4－17所示。为此，教师不仅要熟知远程教学性质和教学规律，将传统学科教学经验与远程环境进行比较、分析与融合，形成特色的远程教学方法论，而且要对远程教学中教师的角色、职能、价值取向和师生关系结构有深刻的理解。善于思考的教师还应当理性地分析远程教学未来的发展形态，寻找合乎现实又富有远见的职业发展道路。

表4－17 胜任力"特点认知"的定义、行为等级及其描述

胜任力名称	特点认知（character awareness，CA）
定义	对所从事的远程教学的性质、特点、基本规律等有明确的认识，并能对其现状和发展进行分析、预测和评价

胜任力名称		特点认知(character awareness，CA)
关键特征		分析性思维、计划的能力、比较与评价
行为等级	定义	行为表现
LV$_1$	远程教学基本知识	能充分理解远程教学的定位、特点和基本规律
LV$_2$	整合经验体系	能将对远程教学的理解整合到已有的教学经验体系中，从而调节和改善工作方法
LV$_3$	明确自身定位	能深刻理解和分析出自身在远程教学中承担的角色、地位、所需的知识、技能、观念、态度等
LV$_4$	领域比较与评价	对远程教学发展现状尤其是自身领域的发展现状有较全面的认识，并能客观地比较和评价
LV$_5$	引导个人发展	对远程教学发展的未来方向有独创性的见解，并将其整合到个人自我提升的计划之中

　　创造性思维是 21 世纪高校教师必备的思维能力。远程教学具有的动态、开放的特点，不仅改变了教学的组织方式，也更新了对教育者的思维要求。远程教学在内容、形式、策略、工具上的多元化，为教师提供了广阔的创新空间。优秀的远程教育教师不仅应当采用灵活的方式处理教学问题，还应当敏锐地观察和分析教学中的新问题、新现象，积极探索如何将新技术创造性地融入教学，从而形成独特的教学设计理念与方法，将远程教学作为开展教学创新的实践场，如表 4 - 18 所示。

表 4 - 18　胜任力"创造性思维"的定义、行为等级及其描述

胜任力名称		创造性思维(creative thinking，CT)
定义		勇于创新，能够创造性地思考问题和解决问题
关键特征		灵活性思维、敏锐的感觉、独创的意愿、形成方案的能力
行为等级	定义	行为表现
LV$_1$	灵活的教学方法	充分利用自身优势，灵活地运用各种手段和方式完成教学和解决教学中的问题

胜任力名称		创新性思维（creative thinking，CT）
LV₂	独特的观点	积极思考，能够形成对教学流程、方法和问题解决的独特观点
LV₃	敏锐的感觉	对教学新方法、新技术保持敏锐的感觉，勇于进行探索和应用
LV₄	独创的策略及方案	能提出独创的教学方法、策略及问题解决方案等，并在实际应用中取得良好效果
LV₅	习惯性的创新思维	对教学创新具有浓厚的兴趣，并使创造性思维活动成为习惯

4.4.2　教学素养

教学素养是远程教育教师完成远程教学设计、实施、服务与评价等核心任务所需的能力集合，是胜任力模型中最重要的组成部分，包括学科素养、讲授技能、课程设计、教学交互、学习评价、问题解决、监控支持、咨询建议等胜任力。学科素养不仅指教师掌握的本专业知识与技能，也包括学科教学论的知识与技能，以及开展基于学科的教学研究的能力。远程技术与学科知识的融合是决定远程教学质量的关键要素。一方面，教师需要对学科内容的逻辑关系十分熟悉，从而对其进行合理地切割和重组，以便满足远程学习具有的非线性知识结构。另一方面，教师需要将传统的学科教学策略放置在远程环境中进行改造和优化，从而适应远程学习的动态、异步、自主、协作、多元的特点，适应无限场域、虚拟环境等对学生学习心理、情绪状态、价值倾向和人际关系的冲击与考验。同时，优秀教师还应当围绕远程教学展开专门研究，使远程教学成为学科人才培育的有效形态和重要途径，如表4-19所示。

表4-19　胜任力"学科素养"的定义、行为等级及其描述

胜任力名称	学科素养（subject literacy，SL）
定义	对所承担的学科教学内容融会贯通，并有独特的见解和一定的学术研究能力
关键特征	专业知识、学术研究素养

续表

胜任力名称		学科素养（subject literacy，SL）
行为等级	定义	行为表现
LV$_1$	教学内容的融会贯通	自身对学习者所需掌握的知识、技能、态度等有充分的认识，能做到融会贯通
LV$_2$	学科领域的全面认识	自身对所承担的学科领域有全面的认识、较完整的知识结构和较高的技能水平
LV$_3$	学科知识结构的反思	对自身知识结构中欠缺的部分有清楚的认识，并制定相应的改进策略
LV$_4$	学科领域的学术研究	能就学科领域中的某些问题进行学术研究，并形成一定的研究成果
LV$_5$	学科与远程教育的整合	能就学科知识与远程教育模式及信息化教学手段的整合展开探索，并形成独特的见解或一定的研究成果

　　远程教学强调学习者基于交互的自主学习与协作探究。然而，这并不表明教师的讲授能力已不再重要。相反，远程教学中的讲授需要在相异的空间或时间中发生，对教师的讲授技能有着更高的要求，如表4-20所示。通过教师的讲授来呈现和组织学习资源，是保证学习内容的系统性、逻辑性和正确性的重要手段，也是知识传播效率最高的方式。为此，教师必须重新评估传统课堂讲授的内容，并对远程学习者的知识准备度和学习心理规律进行分析，同时充分考虑媒体表达方式的变化，将课内讲授资源与课外扩展资源、教师讲授内容与师生交互内容统筹安排，有效整合。同时，在缺少学生、无法现场交互的录播室场景中进行讲授，也要求教师具有更强的表达能力和心理适应性。

表4-20　胜任力"讲授技能"的定义、行为等级及其描述

胜任力名称	讲授技能（teaching ability，TA）
定义	能在远程和网络环境中，将所需掌握的知识、技能和态度等内容准确和有效地传递给学习者
关键特征	信息加工、媒体表达、知识管理

胜任力名称		讲授技能（teaching ability，TA）
行为等级	定义	行为表现
LV₁	教学资料的转换	能将教学资料中的内容转化为符合学习者知识水平和认知能力的教学信息
LV₂	解决学习困难	对所学内容的重难点以及学习者的常见学习困难有足够的认识，能提供教学所需的多媒体素材以减低学习者的认知难度
LV₃	教学信息的有效传递	能充分利用网络环境，将教学信息快速和有效地传递给学习者
LV₄	学习结果预测与处理	对学习者在远程环境中的学习行为及结果有预测的能力，并采取相应的策略进行补救或预防
LV₅	提供动态的教学资料	能根据交互过程中学习者的表现，动态地提供个性化的学习建议及补充提供新的教学资料和信息

在线课程设计是一项系统工程，是对远程教学的目标制定、内容组织、资源开发、活动设计、评价实施等环节进行整体设计并形成完整方案的过程。获得的方案应当符合3个原则。第一，体现远程教学特性，能够凸显远程学习方式在信息传递、媒体呈现、认知加工和情感参与等方面的特殊要求。第二，具有教学过程的完整性，是采用教学设计模式、方法和工具对各类远程教学行为进行系统化规划的蓝本。第三，具有情境的动态适应性，支持教师根据技术条件或学习需求的变化来灵活地调整教学的目标、内容、节奏和场域。优秀的远程教育教师还应当通过对教学效果的不断反思，实现课程设计方案的质量提升（如表4-21所示）。

表4-21　胜任力"课程设计"的定义、行为等级及其描述

胜任力名称	课程设计（course design，CD）
定义	能采用教学设计的规范方法，制定有效的远程教学课程的整体实施方案
关键特征	设计技能、问题解决、计划的能力、结果预测

行为等级	定义	行为表现
LV$_1$	确定流程与方法	能熟练应用教学设计的知识,充分领会远程教学特征,确定远程教学课程的设计流程和方法
LV$_2$	形成完整设计方案	能严格采用规范的课程设计流程和方法,形成完整的课程实施方案
LV$_3$	方案的适应性	所设计的课程实施方案具有对情境的高度适应性,允许依据教学情境的变化对其进行动态调整
LV$_4$	方案的有效性	所设计的课程实施方案应用于教学实践,并证明能够达到预期的目标及取得良好的效果
LV$_5$	设计过程的反思	能对所设计的课程实施方案进行客观的评价和反思,归纳经验及提升课程设计水平

教学交互是远程教学实施的基础。远程教学中的师生交互通常包含两种形式。一种是人机交互,一般通过课程学习内容的呈现完成教师在观念、知识上与学生的交流,是认知层面的信息传递。另一种是人际交互,即师生之间围绕学习内容和学习过程而展开的同步或异步的交流,是人际之间的沟通。由于教师进行人机交互的能力已通过"课程设计"和"媒体表达"胜任力进行了界定,此处的教学交互主要指教师利用交互软件完成交互行为的水平,除了基本的表达和沟通技能外,特别强调掌握网络交互规律的程度、交互中应对困难和冲突的灵活性以及营造交互氛围的能力,如表 4 - 22 所示。

表 4 - 22　胜任力"教学交互"的定义、行为等级及其描述

胜任力名称		教学交互(instructional interaction,II)
定义		能有效地利用网络技术手段,开展提问、反馈、讨论、咨询等教学交互活动,建立并保持良好的交流氛围
关键特征		网络交互技术、沟通能力、情绪的体察、组织协调
行为等级	定义	行为表现
LV$_1$	交互软件的应用	能够熟练应用网络交互软件进行在线交流

行为等级	定义	行为表现
LV$_2$	交互规律的掌握	能够掌握在线交流的基本规则、心理规律和常见处理方法
LV$_3$	完整的交互过程	能够通过有效的提问、及时的反馈以及恰当的话题实现交互的发起、持续和完结
LV$_4$	交互困难的解决	在交互出现困难或阻滞时，能够调整交流的技术手段或情绪水平，维持交互的正常进行
LV$_5$	交互氛围的建立	能够在交互中发挥协调、沟通、平衡的技能，为网络交流营造快乐的氛围

　　远程教学中的效果评价实质上是一种基于证据的学习诊断过程，也是一种双向的评估反馈过程。所谓双向，是指学习者和教师同时作为评价者，又同时作为被评价者。评价的目的不仅是从不同视角提供对学习效果的证明，更是为优化教学方案提供依据。与传统教学不同，远程学习评价的结果以及来自各方的反馈将有可能成为新的课程内容。例如，在教师评价中发现的优秀学生作品可以纳入案例库，而在同伴互评中产生的观念冲突则可以发展成新的小组讨论主题。与此同时，远程学习评价需要收集不同来源的过程性数据，并且充分挖掘其教学含义，对学生的学习状态、水平、困难与问题进行精确诊断，制定个别化指导的策略。当然，这需要教师充分掌握远程教学评价的基本规则、主要工具和科学方法，并具备较高的策略调整能力和自我反思能力，如表4-23所示。

表4-23　胜任力"学习评价"的定义、行为等级及其描述

胜任力名称	学习评价（learning evaluation, LE）	
定义	能依据教学目标，对学习过程和学习结果进行科学、公正和有效的评价，并采取相应的策略改进教学	
关键特征	目标监控、反思的能力	
行为等级	定义	行为表现
LV$_1$	熟悉远程学习评价的方法	对学习目标有深入的认识，熟悉远程学习评价的基本流程和方法

行为等级	定义	行为表现
LV$_2$	获取关键性学习信息	能利用各种技术手段获取远程学习的过程性信息,并提取用于评价的关键性数据
LV$_3$	数据分析与意见形成	能利用科学方法和必要的软件工具开展数据分析,形成过程性评价意见和总结性评价意见
LV$_4$	诊断与策略制定	能根据得出的评价意见诊断学习问题,并制定相应的教学策略
LV$_5$	教学评价的反思	能对自身实施学习评价的过程和效果进行反思和客观评价,并予以改进

远程教学中的问题均是复杂的情境性问题,需要教师将已有的知识、经验和技能进行重组和改造,运用心智技能和情绪力量,通过一系列的思维操作来加以解决,如表4-24所示。因此,教师必须首先分析问题的情境信息和关键特征,并且激活经验间的关联,形成有效问题解决的方案。方案必须突破原有的套路,形成新的经验图式、行为模式和方法体系。此外,优秀的远程教育教师还应当具有问题预测的能力,并做好应对的预案。

表4-24　胜任力"问题解决"的定义、行为等级及其描述

胜任力名称		问题解决(problem solving, PS)
定义		能准确地判断远程教学问题的实质和关键,并采取适当的策略或方案予以有效解决
关键特征		分析性思维、评价与决策、研究性学习
行为等级	定义	行为表现
LV$_1$	深入的问题分析	能从面临的实际情境中鉴别出关键性远程教学问题以及问题的关键细节,并通过科学研究方法对问题产生的背景、原因、影响因素展开分析
LV$_2$	有效的方案或策略	能依据经验制定远程教学问题解决方案或策略,使方案或策略具有最高的可行性并最终能够有效地解决问题

行为等级	定义	行为表现
LV₃	解决新问题的能力	对于已有经验以外的问题，能通过比较、借鉴等方式进行学习和研究，并最终制定出可有效解决远程教学问题的方案或策略
LV₄	经验的提升	能在特定的远程教学问题解决过程中归纳出科学的问题解决流程或方法，纳入工作经验体系之中
LV₅	问题预测	能自觉审视目前的工作状态，预测可能出现的远程教学问题并制定问题解决的预期方案

远程学习中除了采用"直播课堂"等同步教学方式外，还大量采用基于课程资源的自主学习等异步学习方式。因此，教师可能无法通过课堂观察或课堂提问等方式来了解学生的学习状态，学生也无法通过课间咨询或者面授答疑来解决学习问题。这需要借助技术手段来获取各类学习的过程性数据，并且采用合理的算法来分析可能存在的学习困难。同时，教师需要通过大量的师生交互活动来唤醒学习滞后者，及时了解个性化的学习需求，提供在资源、策略上的学习支持服务。此时，教师对常见的学习困难的预测能力、对学习心理的调节能力以及交互能力都极为重要，如表 4 - 25 所示。

表 4 - 25　胜任力"监控支持"的定义、行为等级及其描述

胜任力名称		监控支持(monitoring and supporting，MS)
定义		能对学习过程进行有效的目标监控，并及时提供必要的帮助和采取适宜的策略，以便促进学习过程的持续进行和学习目标的达成
关键特征		目标分析，评价的技能，服务的意愿
行为等级	定义	行为表现
LV₁	目标及策略分析	对学习目标有深刻的认识，了解常见的学习困难及其解决的策略或方案
LV₂	耐心细致的指导	面对学习者的疑问，能耐心细致地进行沟通和提供学习指导，尽可能地满足学习者的需求

续表

行为等级	定义	行为表现
LV₃	经常性的主动互动	能主动与学习者做经常性的交互,并通过科学方法分析学习交互状况,对于普遍性的问题能采用恰当的方式(如群邮件、班级通告等)提高学习支持的效率
LV₄	制定问题解决方案	能根据学习者的行为模式预测可能的学习结果,或及时获取学习者反馈,并基于此选择和制定问题解决方案
LV₅	提供过程性教学资源	能提供多元化的、动态的过程性教学资源和组织在线学习活动

与"监控支持"相比,"咨询建议"更注重对学生的学习过程进行宏观引导的能力。在解决具体学习问题的基础上,教师应当通过教学评价,对学生个体的学习偏好、思维方式、专业技能和价值倾向做出整体判断,并且制定学习发展规划,引导学生在完成学习任务的同时,形成较强的元认知能力和良好的思维习惯。这是远程教学实现"全面育人"目标的重要体现,而教师的育人理念、洞察力和感染力都有着关键性的作用,如表4-26所示。

表4-26 胜任力"咨询建议"的定义、行为等级及其描述

胜任力名称		咨询建议(consultation and recommendations,CR)
定义		具有敏锐的洞察力,能依据学习者个人特征提供针对性的学习建议、意见、个人发展计划等
关键特征		洞察力、计划的能力、建议的能力
行为等级	定义	行为表现
LV₁	解决具体学习问题	熟悉学科内容和有效的学习方法,能指导学习者解决具体的学习问题
LV₂	指导学业发展计划的制定	对学科领域发展以及远程教育人才培养有深刻的认识,能指导学习者制定个性化的学业发展计划
LV₃	激发认知潜能	能体察学习者的性格特征、认知特点和心理偏好,设计适宜的策略激发学习主动性和认知潜能

续表

行为等级	定义	行为表现
LV₄	指导价值观的树立	能结合学科专家及他人的成功范例,指导学习者树立正确的学科价值观和态度
LV₅	指导个人全面发展	能从自身的学术水平、个人魅力、成功及失败经验出发,为学习者的素质培养和全面发展提供指导

4.4.3 技术应用

技术应用维度包含远程教育教师在网络信息加工和教学媒体表达等方面的能力要求,包括信息素养和媒体表达两类胜任力。信息素养是包括理解信息的产生、对信息进行反思性评价以及利用信息创造新知识的行为、认知、情感及元认知在内的综合能力。[①] 它包含利用信息技术来理解、应用和评价数字信息的知识和技能,运用信息技术进行合作、交流和解决问题的能力,以及上述过程中的信息意识和信息伦理道德。随着人类迈入智能时代,信息素养的内涵正在不断演进,而获取信息、加工信息、表达信息和共享信息仍是信息素养的核心表现,如表4-27所示。

表4-27　胜任力"信息素养"的定义、行为等级及其描述

胜任力名称		信息素养(information literacy,IL)
定义		能够在网络环境中及时、快速和准确地获取、加工和表达信息
关键特征		分析性思维、独创性思考、评价与筛选、信息技能
行为等级	定义	行为表现
LV₁	确定信息类型、内容及获取途径	能够准确指出教学任务涉及的信息类型、内容和目标,确定可能的信息获取范围和优先顺序
LV₂	有效获取信息	能够灵活运用各种途径和手段获得需要的远程教学信息

---

① ASSOCIATION OF COLLEGE AND RESEARCH LIBRAIES. Framework for information literacy for higher education[EB/OL]. (2016-01-11)[2023-05-08]. https://www.ala.org/acrl/sites/ala.org.acrl/files/content/issues/infolit/framework1.pdf.

续表

行为等级	定义	行为表现
LV₃	阅读及评价信息	能够有效地阅读、筛选、评价获得的远程教学信息
LV₄	形成独创性成果	能够有效地整合信息阅读的结果,形成独创性的远程教学资源,并通过相适应的形式表达其内容
LV₅	共享独创性成果	能够利用各种途径传递或发布独创性的意见或远程教学资源

　　媒体表达是指设计、制作和传播网络多媒体资源的能力。其中不仅包含应用多媒体工具软件的能力,也包含设计和开发网络学习资源的能力。所制作的远程教学资源不仅要符合网络传播的技术标准,而且要符合视听心理和具有艺术感染力。这是教师在教学、技术、艺术能力上的综合体现,如表4-28所示。

表4-28　胜任力"媒体表达"的定义、行为等级及其描述

胜任力名称		媒体表达(media presentation,MP)
定义		能采用符合学习需要的多媒体表达方式传递学习信息,并使其符合视听心理规律、相关技术标准和富有艺术感染力
关键特征		媒体应用技能、素材制作技能、艺术创作力
行为等级	定义	行为表现
LV₁	教学内容再加工	能根据现有的技术条件选择适于多媒体展现的学习内容,并对其进行分解和整合
LV₂	合理的媒体表现形式	对目前的媒体表现方式有深入的了解,能依据学习需要选择具体的媒体表现形式
LV₃	视听规律与技术标准的应用	对视听心理规律及多媒体素材的技术标准有一定的认识,并能将其应用到多媒体资源的设计中
LV₄	教学素材的制作	能熟练应用各类多媒体软件工具获取、加工或制作需要的多媒体资源(如多媒体图文资料、动画资料、视频资料等)
LV₅	较强的艺术表现力	制作的多媒体资源形式丰富多样,并具有较高的艺术表现力和感染力

4.4.4 自我发展

自我发展维度包含远程教育教师在建立群体关系、完成自我觉知和实现自我价值等方面的能力要求,包括团队协作、自我效能和自我提升等胜任力。团队协作是通过团队完成某项制定的事件时所显现出来的自愿合作和协同努力的精神,如表4-29所示。远程教育教师间的协作首先需要建立明晰的角色定位,使成员的注意力保持在如何完成任务,而非如何分清权利范围或者如何保护自身利益上。其次,协作应当有良性的冲突,使不同的观念能够在理性的团队规则下得以调和,形成竞争与共生相互统一的生态系统。再次,协作应当面向集体效能,通过不断优化组织结构、群体规则、信任关系和资源配置提高团队的规模效益。

表4-29 胜任力"团队协作"的定义、行为等级及其描述

胜任力名称	团队协作(staff cooperation, SC)	
定义	能够与他人建立并保持良好的协作关系,从而获得他人的肯定性评价	
关键特征	团队意识、共享精神、责任感、自我控制	
行为等级	定义	行为表现
LV$_1$	准确的定位	能明确自身在远程教学合作中的定位及职责,明确与他人之间的关系以及协作的流程
LV$_2$	满足协作的要求	能够以最大热情参与团队的沟通与共享,并充分满足协作的要求
LV$_3$	妥善处理矛盾	在出现矛盾时保持冷静和克制,能通过合适的途径积极进行沟通,达成理解或谅解
LV$_4$	舍弃个人利益	能为他人的远程教学工作尽可能提供帮助而不计较个人在成绩、荣誉等方面的得失
LV$_5$	建设性意见	能够在公正评价他人的基础上为团队合作机制及管理方式提出建设性意见、策略或方案

班杜拉(Bandura)指出,自我效能是个体在特定的任务中表现出来的对自

我能力的信念与知觉评估①,是个体对于自己是否能够完成某件事请或达到某个目标的主观判断。大量的研究表明,自我效能对于个体的动机、行为和情绪能够产生正向作用。当教师认为自己能够成功完成某种远程教学行为,并且预判结果将有益于自己,就会激发对效能的期望,更加迫切和努力地完成这一行为。而当预期的良好结果出现时,教师的自我效能感会不断提升,从而强化对自身的信心。因此,自我效能是教师在远程教学中持续激发动机的源泉,也是其成就感、自信心和自我评价能力的重要体现,如表 4-30 所示。

表 4-30 胜任力"自我效能"的定义、行为等级及其描述

胜任力名称		自我效能(self efficacy, SE)
定义		能够充分发挥自身优势,获得自我肯定和工作成就感
关键特征		成就感、自我评价能力、自信心
行为等级	定义	行为表现
LV₁	成就感	对自身的知识、能力以及获得的远程教学经验有充分的认识和强烈的成就感
LV₂	积极的工作评价	能够正确评价自己对远程教学的贡献并指出成功的原因
LV₃	积极的他人评价	能预测远程教学团队中他人对自身的肯定性评价
LV₄	迎接挑战的信心	有强烈的信心能够完成有难度的远程教学任务并实现肯定的结果
LV₅	克服困难的信心	在远程教学出现困难或无法得到理解时,能够坚持自己的做法并坚信能得到肯定的结果

自我提升是个体在自我知觉过程中产生的积极自我认识,是个体在社会比较中努力保持和提升自尊的倾向,如表 4-31 所示。远程教学中的自我提升通常经由 3 条路径。其一是通过知觉自我与现实自我(通常是成绩、绩效等)的比较,发现实际能力中存在的缺点和改进方向。其二是通过自我认知与外在标准(如观察者、同伴等的评价)的比较,来考察自身的教学能力倾向。其三是通过自我认知与社会价值判断之间的比较,来确定自身能力与社会需求的一致性及

---

① BANDURA A. Self-efficacy: the exerecise of control[M]. New York: W H Freeman and Company, 1997.

其结合点。

表 4-31　胜任力"自我提升"的定义、行为等级及其描述

胜任力名称	自我提升(self improvement, SI)	
定义	能够将工作经验整合到自身知识体系中,并依据自身特点形成自我提高策略	
关键特征	分析性思维、改进的意愿、领域预测能力、计划能力	
行为等级	定义	行为表现
LV$_1$	强烈的愿望	对自身在知识、能力等方面的优势和缺点认识明确,即使面临较大的困难也能有强烈的愿望加以改进
LV$_2$	比较与反思	能在远程教学中不断地比较和反思,尽可能地完善工作方法和思维方式
LV$_3$	积极参与活动	能自觉关注并积极参与培训、进修、同行交流、伙伴互助等有助于提高远程教学水平或个人才干的活动
LV$_4$	建立短期计划	有明确的提高远程教学水平的目标,并建立短期计划
LV$_5$	长期职业发展计划	能预测远程教学未来的发展方向,并依此制定长期的职业发展计划

4.5　高校教师远程教学胜任力模型的实践应用

胜任力模型应当具备高度的现实相关性和结构弹性,符合高校远程教学教师的工作实际,真正体现与教学绩效的高度关联,并且支持不同发展水平的高校完成胜任力模型的自定义。高校教师远程教学胜任力模型超越了千差万别的管理体制,从工作绩效入手,涵盖了优秀远程教育教师区别于普通教师的所有知识、技能、态度和价值观,保证了胜任力研究成果的普适性和完整性。同时,胜任力模型包含了从必要等级到期望等级的行为描述。胜任力的最低行为等级是获得较高绩效的门槛要求,而最高行为等级描述的是理想化的状态,具有对未来能力发展的可预测性,其间的每个行为等级都是下一等级的阶段性目标。利用这种特性,不同的高校能够以16项胜任力为基本框架,自行设定各项

胜任力的行为等级作为现阶段的教师能力要求,并在未来根据教师职业发展的需求进行动态调整。

行为等级的设定主要依据是 3 个方面。第一是远程教学胜任力发展的目标。当目标设定为确保普通教师在远程教学中获得良好绩效,通常选取行为等级 1~3 级作为胜任力的目标水平。当面向培育优秀远程教育教师队伍或者在同类型远程教学活动中获得高绩效等竞争性目标时,通常需要将行为等级设定为 4~5 级。第二是远程教学工作的主要内容。如果高校开展的远程教学活动包含课程设计与开发、在线教学、学习支持服务和教学反思评价等复杂环节,则胜任力等级普遍设定在 2 级以上。如果在线课程设计开发或学习支持服务等某个教学环节并无明确要求,则相应维度胜任力以 1~2 级行为等级为主。第三是远程教学师资队伍分工。如果远程教学教师中明确设置了主讲教师与辅导教师的岗位,则对应的岗位胜任力应设定为 3~5 级。

以两所发展程度不同的高校为例。S 高校为一流本科建设高校,强调全体教师的远程教学胜任力发展。由于该校远程教学活动包含在校学生的线上 + 线下混合教学、SPOC 课程教学以及在线精品课程建设,涉及课程开发、教学实施、学习评价的全部环节,对教师的整体胜任力水平要求较高。同时,该校远程教学活动主要由授课教师负责,并没有主讲教师和辅导教师的明确划分,主讲教师往往同时承担学习支持服务的任务。因此,该校的胜任力等级水平普遍设定为 3~4 级,如表 4-32 所示。未来,伴随教师远程教学胜任力水平的普遍提升,该校计划提高胜任力(例如责任感、讲授技能、学习评价)的等级,以适应其全面推进远程教育质量的发展需求。

B 高校为省属本科院校,现阶段远程教学活动主要为网络精品课程和网络公开课建设,主要目标是加强优势学科在远程教育领域的竞争力,打造品牌和特色,同时培育远程教学的优秀师资队伍。参与远程教学的教师以团队形式开展工作,由团队负责人进行人员分工,通常会配备专门的课程助教和技术开发人员。因此,该校远程教学主讲教师在课程设计、交互、评价、团队协作和自我发展方面的胜任力行为等级为 3~4 级,在技术应用和学习支持服务方面的胜任力等级以 2~3 级为主。

表 4 - 32　S 高校与 B 高校主讲教师胜任力模型的对比

胜任力	S 高校 行为等级	B 高校 行为等级	胜任力	S 高校 行为等级	B 高校 行为等级
责任感	4	3	问题解决	3	3
特点认知	3	3	监控支持	3	2
创造性思维	3	3	咨询建议	3	2
学科素养	4	3	信息素养	4	3
讲授技能	3	4	媒体表达	4	2
课程设计	4	4	团队协作	3	3
教学交互	4	3	自我效能	3	3
学习评价	3	3	自我提升	3	4

第5章

高校教师远程教学胜任力培训体系的
设计与实践

　　真正的胜任力培训,需要满足以下5点要求。第一,胜任力必须经过严谨的筛选和确认,参与者具备的知识和技能也应当在培训之初进行界定,从而保证培训内容具有较强的科学性和针对性。第二,必须提供充足的时间和适当的练习方法,并且允许受训者自主决定培训的进度,从而支持复杂学习所需的自主学习过程。第三,群体学习方法、绩效技术、小组活动和个人学习活动应当灵活搭配和应用,从而确保必要的知识学习和技能训练都能够完成。第四,培训内容应当通过书面、音视频或者建模工具等多样化形式来呈现,从而增加培训的直观性和体验性。第五,培训者应当成为"学习促进者"而非"信息传递者",应当采取特定的培训内容、方法和策略,从而保持独有的面向绩效的特色。

　　本章基于复杂学习视角,首先提出 OSE 模型,用以描述高校教师远程教学胜任力培训的目标层次与等级水平。之后,基于4C/ID 设计模型和高校教师远程教学胜任力模型,阐释将胜任力转化为4C 成分(即学习任务、支持性信息、即时信息和子任务练习)的结果。最后,通过实践案例展示胜任力培训的目标设定、方案设计、网络原型开发及培训方案质量评估的详细过程。

5.1　高校教师远程教学胜任力培训的目标分析

　　胜任力模型能够为高校教师远程教学培训的需求分析提供宏观和微观层次的指导,这依赖于胜任力模型具有的灵活性。由于远程教学胜任力模型区分了通用胜任力和岗位序列胜任力,并且对每个胜任力的行为等级进行了划分,因此培训者可以根据现实需求,自主选择教师培训的目标层次和每项胜任力的具体培训要求。这种弹性的目标体系可以用图 5 - 1 所示的 OSE(ordinary - specific - excellent)模型来说明。

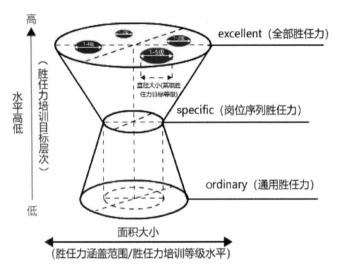

图 5 - 1　远程教学胜任力培训 OSE 模型

5.1.1　OSE 模型的纵轴:培训目标层次

OSE 模型中的纵轴表示胜任力培训的目标层次。O(ordinary)层对应通用胜任力,是所有从事远程教学的高校教师都应当具备的基础胜任力,因此处于模型的底部,也是胜任力培训中的基本目标。S(specific)层面向特定岗位的教师,对应岗位序列胜任力,通常对某类角色的专业性有较强的要求,因此处于模型的中间位置,属于培训的中级目标。E(excellent)层对应的是能够在远程教学中取得卓越绩效的专业人才,它不仅包含所有的胜任力,而且每项胜任力都要求达到较高的等级水平,因而处于模型的最高层,也是胜任力培训的最高目标。

实际上,并不是所有的高校都需要制定 O - S - E 的完整目标体系,而是可以自主地选择。即使仅仅将培训目标确定为提升普通教师的远程教学胜任力也无不可。只是此时,应当将 S 层的岗位序列胜任力设定为适宜的等级水平,并纳入 O 层之中(如图中 O 层的阴影部分),否则可能会缺失必要的胜任力要素。

5.1.2　OSE 模型的横轴：培训等级水平

OSE 模型中各个横截面的面积表示该层包含的胜任力的多少。S 层包含的胜任力最少，而 E 层包含的胜任力最多。此外，尽管胜任力模型中对每项胜任力都给出了 5 个等级，但并不是每个教师都必须达到最高的胜任力等级才能开展工作。高校应确立符合自身发展的胜任力等级，并随学校整体发展规划的调整而调整。因此，各层中包含的胜任力不仅数量不同，各项胜任力的直径大小也不同。较高等级的行为以下一等级的行为为基础，因此某项胜任力的目标等级越高，其直径也就越大。

5.2　高校教师远程教学胜任力培训的内容分析

高校教师远程教学胜任力培训模型是基于 4C/ID 设计模型构建的。围绕远程教学胜任力的行为构成和知能结构，能够对 4C/ID 模式的 4 种成分分别进行界定。由于胜任力模型中已有对各项胜任力及其等级的详尽描述，因此能够转化为 4C/ID 模型的学习任务，并且根据等级进行学习任务的排序。构建胜任力模型时通过行为事件访谈收集的信息，能够作为支持性信息中案例的主要来源。分解达到胜任力水平所需的知能和方法，能够完成即时信息和子任务练习的设计。

4C/ID 模型与复杂学习的 10 个步骤存在明确的对应关系。学习任务部分包含学习任务设计、按照任务类型排序，并对具体的学习目标进行设定。相关知能部分包括分解任务所涉及的知识技能、确定问题解决的心理模式以及认知策略，设计支持性信息呈现方式和程序。即时信息部分包含对各类基础性认知规则和前提知识的提取和呈现。子任务练习部分主要确定使必需技能达到自动化水平所需的操练过程与方法。本书基于胜任力模型与 4C/ID 模型的对应关系，对远程教学胜任力培训进行了整体设计，对其中的 4C 要素进行界定和分析。

5.2.1　学习任务的转化

4C/ID 模式要求学习任务必须是情境性的真实任务，并且要有难度上递增的可能。远程胜任力模型中定义的每项胜任力均由低到高设为 5 个行为等级。

每一等级都对所需完成的行为及其情境、目标、过程、对象和结果提出了详尽的要求，可视为一个完整的学习任务。行为等级 1 表示教师在远程教学情境下应当完成的最基本任务，等级 5 则是该种任务的最理想亦是最难的水平，上层等级的达到必须以下层等级的达到为基础。因此，胜任力行为等级从易到难的排序可视为复杂学习要求的从简到繁的学习任务序列。这使得胜任力行为等级向学习任务的转化变得合理和可行。例如，将胜任力"责任感"的等级 1 转化为学习任务 1：熟知自身工作岗位的特点、职责和具体要求；将等级 3 转化为学习任务 3：分析自身在远程教学中遇到的冲突、矛盾或有害事件，并指出制止此类事件的方法；将等级 5 转化为学习任务 5：针对假设的教学困难，说明自身的教学价值观和完成教学职责的行为列表。利用这样的方法，可以分别确定 16 项胜任力对应的各等级的学习任务，如表 5-1 到表 5-16 所示。

表 5-1 胜任力"责任感"的学习任务设定

胜任力名称		责任感（responsibility，RB）
定义		在面临各种困难时持续投入工作，并努力完成知识传授、技能提升、人格培养等职责
行为等级	定义	学习任务
LV₁	约束自身行为	熟知自身的远程教学岗位的特点、职责和具体要求
LV₂	勇于修正错误	①通过自我反思或他人反馈，鉴别正确和错误的工作方法，并分析错误产生的原因；②通过自我报告方式，评价自身在完成职责过程中的表现及应承担的后果
LV₃	抵制可能的侵害	分析自身在远程教学中遇到的冲突、矛盾或有害事件，并指出制止此类事件的方法
LV₄	坚持职责的信念	假设个人得失与工作得失存在矛盾，说明此时应对利益冲突的策略
LV₅	舍弃个人利益	针对假设的教学困难，说明自身的教学价值观和完成教学职责的行为列表

表 5 - 2　胜任力"特点认知"的学习任务设定

胜任力名称		特点认知（character awareness，CA）
定义		对所从事的远程教学的性质、特点、基本规律等有明确的认识，并能对其现状和发展进行分析、预测和评价
行为等级	定义	学习任务
LV$_1$	远程教学基本知识	理解并说明当前远程教学的定位、特点和基本规律
LV$_2$	整合经验体系	说明将远程教学规律与自己已有的教学经验整合的思路和基本方法
LV$_3$	明确自身定位	分析并指出自身在远程教学中承担的角色、地位以及所需的知识、技能、观念、态度等
LV$_4$	领域比较与评价	对本学科的远程教学发展现状进行分析和客观评价
LV$_5$	引导个人发展	对远程教学发展进行预测，并提出个人的职业发展规划

表 5 - 3　胜任力"创造性思维"的学习任务设定

胜任力名称		创新性思维（creative thinking，CT）
定义		勇于创新，能够创造性地思考问题和解决问题
行为等级	定义	学习任务
LV$_1$	灵活的教学方法	基于自身经验总结本学科在远程教学中常用的教学模式、方法和工具以及不同情境下整合应用的方式
LV$_2$	独特的观点	基于自身经验总结常用的远程教学模式和方法及其适应的学科教学内容或活动
LV$_3$	敏锐的感觉	说明自己所知的远程教学的新方法、新技术及其教育应用的设想
LV$_4$	独创的策略及方案	提出自身可能完成的远程教学创新及其行动方案
LV$_5$	习惯性的创新思维	说明提升自身远程教学创新能力的策略与方法

表 5 - 4　胜任力"学科素养"的学习任务设定

胜任力名称	学科素养(subject literacy, SL)	
定义	对所承担的学科教学内容融会贯通,并有独特的见解和一定的学术研究能力	
行为等级	定义	学习任务
LV₁	教学内容的融会贯通	说明或画出所教授的课程内容的知识和技能框架
LV₂	学科领域的全面认识	说明或画出自身具备的本学科的知识和技能框架
LV₃	学科知识结构的反思	对自身的知识和技能框架进行评价,指明优势与不足以及改进的策略
LV₄	学科领域的学术研究	说明自己所知的本学科领域的研究前沿与热点问题
LV₅	学科与远程教育的整合	分析将本学科研究前沿与远程教学方式结合而可能开展的研究选题

表 5 - 5　胜任力"讲授技能"的学习任务设定

胜任力名称	讲授技能(teaching ability, TA)	
定义	能在远程和网络环境中,将所需掌握的知识、技能和态度等内容准确和有效地传递给学习者	
行为等级	定义	学习任务
LV₁	教学资料的转换	根据自己承担的教学内容,列出对应的教学资源内容和讲授方式
LV₂	解决学习困难	说明自己所讲授内容的重难点、常见学习困难以及对应的资源内容和讲授方式

行为等级	定义	学习任务
LV$_3$	教学信息的有效传递	指出远程教学中常见的教学信息传递方式及其适宜的资源形式
LV$_4$	学习结果预测与处理	基于自身经验,说明远程教学的特定学习方式对学习行为及结果的影响及其应对策略
LV$_5$	提供动态的教学资料	结合自身条件,说明远程教学中动态提供的学习资源内容及其讲授方式

表 5 - 6　胜任力"课程设计"的学习任务设定

胜任力名称		课程设计(course design, CD)
定义		能采用教学设计的规范方法,制定有效的远程教学课程的整体实施方案
行为等级	定义	学习任务
LV$_1$	确定流程与方法	说明本学科远程教学课程的设计流程和方法
LV$_2$	形成完整设计方案	严格采用规范的课程设计流程和方法,形成完整的课程实施方案
LV$_3$	方案的适应性	对课程设计方案进行自评,说明方案依据教学情境变化进行调整的计划
LV$_4$	方案的有效性	掌握评价课程设计方案的基本方法,对课程设计方案的实施效果进行自评,并提出优化策略
LV$_5$	设计过程的反思	采用自我报告的方式,对课程设计的过程和结果进行评价和反思

表5-7　胜任力"教学交互"的学习任务设定

胜任力名称		教学交互（interaction ability，IA）
定义		能有效地利用网络技术手段，开展提问、反馈、讨论、咨询等教学交互活动，建立并保持良好的交流氛围
行为等级	定义	学习任务
LV₁	交互软件的应用	熟练使用QQ、邮件、论坛等常用网络交互软件，完成与学生的交流，如传送文件、回答提问、回复邮件等
LV₂	交互规律的掌握	说明远程教学交互的基本规则、心理规律和常见处理方法
LV₃	完整的交互过程	使用QQ、邮件、论坛等常用网络交互软件，针对学生的特点（情绪、个性、技术环境等）和教学的需要，选择恰当的交互软件实施包含提问、反馈在内的交互活动
LV₄	交互困难的解决	假设交互出现困难或阻滞，说出为推进交互持续进行所需采用的调整交互方式或情绪水平的方法
LV₅	交互氛围的建立	假如需要在交互中营造快乐的氛围，说出可以采用的协调、沟通、平衡的方法

表5-8　胜任力"学习评价"的学习任务设定

胜任力名称		学习评价（learning evaluation，LE）
定义		能依据教学目标，对学习过程和学习结果进行科学、公正和有效的评价，并采取相应的策略改进教学
行为等级	定义	学习任务
LV₁	熟悉远程学习评价的方法	基于自身认知，指出远程学习评价的基本流程和方法
LV₂	获取关键性学习信息	利用技术手段获取远程学习的过程性信息，并识别其中的关键性数据

续表

行为等级	定义	学习任务
LV₃	数据分析与 意见形成	利用软件工具开展数据分析,完成过程性评价和总结性评价
LV₄	诊断与策略制定	根据评价意见诊断学习问题,并说明相应的教学策略
LV₅	教学评价的反思	以自我报告的方式,对实施教学评价的过程和效果进行反思和评价

表 5 - 9　胜任力"问题解决"的学习任务设定

胜任力名称		问题解决(problem solving, PS)
定义		能准确地判断远程教学问题的实质和关键,并采取适当的策略或方案予以有效解决
行为等级	定义	学习任务
LV₁	深入的问题分析	指出自己面临的远程教学问题,并分析问题产生的原因
LV₂	有效的方案或策略	制定远程教学问题解决方案或策略,并分析其合理性与可行性
LV₃	解决新问题的能力	对比分析常见的问题解决策略,补充自己制定的问题解决方案
LV₄	经验的提升	归纳和总结本学科远程教学的主要问题及其解决流程或方法
LV₅	问题预测	反思并预测可能出现的远程教学问题,制定个性化的问题解决预案

表5-10 胜任力"监控支持"的学习任务设定

胜任力名称		监控支持(monitoring and supporting, MS)
定义		能对学习过程进行有效的目标监控,并及时提供必要的帮助和采取适宜的策略,以便促进学习过程的持续进行和学习目标的达成
行为等级	定义	学习任务
LV₁	目标及策略分析	基于自身经验,指出远程学习中常见的困难及其解决的策略或方案
LV₂	耐心细致的指导	通过答疑、辅导等形式与学生进行沟通和提供学习指导
LV₃	经常性的主动互动	主动利用群邮件、班级通告等与学习者做经常性的交互,并分析学习交互状况,优化交互效果
LV₄	制定问题解决方案	及时获取学习者反馈,并基于此选择和制定问题解决方案
LV₅	提供过程性教学资源	列出所承担课程的过程性教学资源和在线学习活动清单

表5-11 胜任力"咨询建议"的学习任务设定

胜任力名称		咨询建议(consultation and recommendations, CR)
定义		具有敏锐的洞察力,能依据学习者个人特征提供针对性的学习建议、意见、个人发展计划等
行为等级	定义	学习任务
LV₁	解决具体学习问题	基于自身经验,分析本学科教学内容及其对应的有效学习方法,说明常见的学习问题及其解决方法
LV₂	指导学业发展计划的制定	指导远程学习者制定个性化的学业发展计划
LV₃	激发认知潜能	制定基于学生性格特征、认知特点和心理偏好的咨询与指导方案

行为等级	定义	学习任务
LV₄	指导价值观的树立	提供他人开展远程学习的成功范例,总结在观念和方法上的成功规律,并基于此制定学习者指导方案
LV₅	指导个人全面发展	制定为学习者的素质培养和全面发展提供指导的计划和方法

表 5 - 12　胜任力"信息素养"的学习任务设定

胜任力名称	信息素养(information literacy, IL)
定义	能够在网络环境中及时、快速和准确地获取、加工和表达信息
行为等级	定义	学习任务
---	---	---
LV₁	确定信息类型、内容及获取途径	①掌握常见的网络信息类型、获取途径、方法和技巧;②熟练运用各种信息检索工具
LV₂	有效获取信息	熟练运用各种软件浏览、查询、下载网络信息
LV₃	阅读及评价信息	针对所获取的信息,评价信息内容的真实性、科学性和有效性,并筛选优质信息
LV₄	形成独创性成果	①整理、总结、归纳、组合信息阅读的结果,完成新的信息内容的设计和编写;②熟练运用各种多媒体工具制作文档、图片、音视频资料、动画、软件等远程教学资源
LV₅	共享独创性成果	熟练运用各种软件工具发布网络信息,共享远程教学资源

表5-13　胜任力"媒体表达"的学习任务设定

胜任力名称		媒体表达(media presentation,MP)
定义		能采用符合学习需要的多媒体表达方式传递学习信息，并使其符合视听心理规律、相关技术标准和富有艺术感染力
行为等级	定义	学习任务
LV$_1$	教学内容再加工	分析自身现有的技术条件、技术工具及适合呈现的学习内容
LV$_2$	合理的媒体表现形式	说明所承担的教学内容及其适宜的媒体表现形式
LV$_3$	视听规律与技术标准的应用	基于自身体验说明远程教学中的主要视听心理规律和技术标准
LV$_4$	教学素材的制作	应用各类多媒体软件工具获取、加工或制作需要的多媒体素材(如多媒体图文资料、动画资料、视频资料等)
LV$_5$	较强的艺术表现力	选择自行制作的多媒体素材，对其艺术表现力进行评价并指出优化的方法

表5-14　胜任力"团队协作"的学习任务设定

胜任力名称		团队协作(staff cooperation,SC)
定义		能够与他人建立并保持良好的协作关系，从而获得他人的肯定性评价
行为等级	定义	学习任务
LV$_1$	准确的定位	说明自身在远程教学合作中的定位、职责、与他人的关系以及团队协作的基本流程
LV$_2$	满足协作的要求	参与团队的沟通与共享活动并满足协作的要求
LV$_3$	妥善处理矛盾	假设团队协作中出现矛盾，说明此时进行沟通的具体途径和方法
LV$_4$	舍弃个人利益	假设他人的远程教学工作需要帮助，说明此时能够提供的帮助及其方式
LV$_5$	建设性意见	基于自身进行协作的体验，为团队合作机制及管理方式提出建设性意见、策略或方案

表 5 - 15　胜任力"自我效能"的学习任务设定

胜任力名称		自我效能(self efficacy, SE)
定义		能够充分发挥自身优势,获得自我肯定和工作成就感
行为等级	定义	学习任务
LV$_1$	成就感	指出自己在开展远程教学中的成功事件和获得的成就感
LV$_2$	积极的工作评价	评价自己对远程教学的贡献并指出成功的原因
LV$_3$	积极的他人评价	假如开展教师团队的成员互评,预测团队中他人对自身的肯定性评价
LV$_4$	迎接挑战的信心	假如遇到有难度的远程教学任务,说明此时的信心水平及其原因
LV$_5$	克服困难的信心	如果在远程教学出现困难或无法得到理解时,说明此时自己的做法与原因

表 5 - 16　胜任力"自我提升"的学习任务设定

胜任力名称		自我提升(self improvement, SI)
定义		能够将工作经验整合到自身知识体系中,并依据自身特点形成自我提高策略
行为等级	定义	学习任务
LV$_1$	强烈的愿望	分析自身在知识、能力等方面的优势和缺点,以及改进的计划
LV$_2$	比较与反思	对自身的远程教学进行反思,并完成自我报告
LV$_3$	积极参与活动	如果有机会参与培训或与同行交流,说明此时参与上述活动的计划
LV$_4$	建立短期计划	制定提高自身远程教学水平的短期计划
LV$_5$	长期职业发展计划	制定依托远程教学的个人长期职业发展计划

5.2.2 支持性信息的转化

支持性信息帮助学习者通过精细加工对旧的认知图式进行重构或改善，是带有情境特征的综合信息。如前所述，胜任力模型是在行为事件访谈的基础上得出的，并且特定行为必须在多个样本中反复出现才能进入后续的统计分析。换言之，围绕胜任力模型，研究者已经收集了许多来自真实情景的案例，并且每个案例所涉及的情境、原因、行为和结果等关键信息都相对完整。更重要的是，由于行为事件访谈特别强调由受访者对其内部心理过程进行挖掘和阐释，因此这些案例中包含的因果关系、思维模式和认知策略也能明确地解析出来。这使得案例分析成为胜任力培训设计模型中呈现支持性信息的主要方式。需要说明，在行为事件访谈中获取的案例通常包含多个胜任力，亦即是说，同一个案例可以作为多个胜任力的支持性信息。由于在构建胜任力模型时，研究者对于每个行为事件的胜任编码条目都进行频次统计。因此，应将行为事件案例优先用于频次较高的胜任力。此外，还可以将来自远程教学日志、视频、自我报告和纪实性文献中的实例析出，依据情境、原因、行为和结果加以梳理，再依据胜任力编码结果对应到频次较高的胜任力。

支持性信息的呈现贯穿于学习任务的全过程，分为4个阶段。第一阶段是案例展示，将在行为事件访谈中获得的案例信息完整呈现。第二阶段是认知建模，教师通过提问、讨论、模拟、独立探索等活动引导学习者完成如下任务：①总结事件的整体脉络；②总结事件情境特征；③总结关键行为、知能与策略；④分析事件中的因果关系；⑤总结情绪体验与经验。第三阶段是规则演绎，教师假定性地改变案例的某些要素，要求学习者说明可能的问题解决方案，如"假设你是事件的主人公，你会怎么做？"。第四阶段是认知反馈，将第三阶段产生的方案与案例事件进行对照，发现差异并进行归类分析，以便完善案例学习的认知效果。例如，在第四章中作为胜任力编码示例的行为事件（表4-10所示）能够转化为特点认知、责任感、问题解决、创造性思维和自我效能等胜任力的支持性信息，其呈现过程如表5-17所示。

表 5 – 17　行为事件转化为支持性信息的结果示例

第一阶段:案例展示
教师:A 事件:《桥梁工程》实验教学设计 过程: 　　该教师从事远程教学已经 5 年了,当时担任《桥梁工程》这门课程的教学。在传统的教学中,这门课属于实践性比较强的课程,学生对于能否有足够的实践机会也是比较在意的。所以他们系上购买了专门的实验软件系统,可以让学生在上面模拟观看一些桥梁的关键部件和经典桥梁的示范,并且可以 360 度地旋转和观看横切面等等。这个软件还允许学生模拟的搭建桥梁,系统会给出搭建的各种条件和用到的构件。学生搭建完成后,系统可以模拟给桥梁施加压力,然后看桥梁是不是能承重。这种教学方法在实践中的效果是很不错的。但是,在远程教学中,无法去完成这些实践操作……
第二阶段:认知建模
一、事件的整体脉络 　　①发现《桥梁工程》课程远程教学的实验教学环节无法采用传统方式进行;②与其他教师沟通,发现提供静态图片和使用已有的软件系统都存在问题,但获得开展虚拟实验的思路;③在学生的帮助下,寻找到可以嵌入网页的三维模型展示插件,解决桥梁构件展示的问题;④通过与学生的沟通,确立了游戏化教学的思路,在网络上找到能够支持桥梁搭建的 flash 小游戏,进一步丰富了实验教学的方式;⑤设计和实施桥梁搭建的比赛,录制桥梁搭建的指导视频,并采用了多种活动形式和评价方式,进一步解决实验教学的问题;⑥反思此次课设计的探索过程,获得了成就感、自信心和未来发展计划。 　二、事件情境特征 　(1)传统实验教学方法和实验条件均不适用; 　(2)必须突破实验教学的实践性与远程教学方式之间的矛盾,完成整合; 　(3)教师具有远程教学经验,对远程教学规律有一定的认识; 　(4)教师缺少开展远程实验教学的经验,且没有现成的实例可供参考。 　三、关键行为、知能与策略 　(1)教师具备的对远程教学特点和规律的认知; 　(2)与课程技术人员沟通,获得开展虚拟实验的思路; 　(3)寻求学生的帮助,找到可以嵌入网页的三维模型插件,并初步建立信心; 　(4)积极与学生沟通,产生游戏化学习的新思路; 　(5)利用线下举办活动的经验,开展在线桥梁搭建比赛。

四、事件中的因果关系

（1）教师对远程教学特点能够充分理解和尊重，因而没有在最初就放弃探索的努力；

（2）教师开展远程实验教学的责任心和坚持力，使其不懈地寻找可行的教学方法，不断深入探索并最终成功；

（3）教师善于与同事沟通和学生交流，从而能够获得帮助，不断产生新思路。

五、情绪体验与经验

（1）教师责任心、坚持力非常重要；

（2）教师的交互能力对于问题解决非常重要；

（3）教师能够在探索中获得成就感和自信心。

第三阶段 规则演绎

情境假设 1：

假设你是事件的主人公，你会怎么做？

情境假设 2：

假设在此次事件中，你无法找到可以帮助你的学生，你会怎么做？

情境假设 3：

假设你发现已经购买的实验软件系统可以与远程教学平台相互链接，你会怎样做？

第四阶段 认知反馈

将你在上阶段针对 3 种情境假设提出的行动方案与案例进行比较，并且说出两者在以下方面的不同：

（1）教学意识与态度：

（2）教学经验与素养：

（3）技术应用水平：

（4）自我评价与反思：

5.2.3　即时信息的确定

即时信息是帮助学习者获得再生性技能而提供的基础性信息，也就是完成某个学习任务所需的基础概念、原理、知识和技能。对于同一个胜任力而言，应当针对不同的学习任务提取所包含的起始知识和技能作为即时信息。例如，胜任力"信息素养"的学习任务 1 是"掌握常见的网络信息类型、获取途径、方法和技巧；熟练运用各种信息检索工具"。行为事件访谈结果显示，样本个体在完成这个任务时均经历了"确定信息需求→使用信息检索工具→选择信息类型→获取信息"4个阶段，而"使用信息检索工具"阶段包含了"掌握信息检索方法"和"熟悉常用信息来源"等若干子任务，子任务又涵盖"关键词表达"和"信息网站类型"等知识与规则。逐层分解并梳理相关知能，就得到了即时信息的主要内容。采用这一方法，对16项胜任力包含的即时信息进行了具体的界定，如表5-18所示。

5.2.4　子任务练习的设计

在学习任务开始的阶段，就需要借助子任务练习使学习者尽早地掌握即时信息，以便为减少其呈现频率提供可能。子任务练习通常采用"即学即练"的方式，按照"信息→练习→信息→练习"的序列交替进行。练习首先强调技能的准确度，如在学习完"信息检索的方法"后，立刻为学习者列出任务清单，要求其按照范例的标准流程完成所有常见素材的搜索（为保证过度学习，搜索任务通常在5~8项）。同时，提供矫正性反馈，在出现错误时及时向学习者提出建议以帮助其达标。在准确性得以保证之后，增加对任务速度的要求，要求学习者在规定时间内完成指定数量的搜索任务。当学习者能够快速并熟练完成素材的搜索（达到自动化水平）后，改变练习的条件参数，如更换不同的搜索引擎、规定搜索某种来源或容量大小的素材、完成搜索结果的特殊排序等。在此过程中，再次提供矫正性反馈，帮助学习者提升技能的情境适应性。表5-18中同时列出了16项胜任力对应的子任务练习清单。

表5-18　远程教学胜任力的即时信息内容与子任务练习清单

胜任力	即时信息内容	子任务练习清单
责任感	①远程教育教师的职责、特点、要求及其重要性（LV_1~LV_5）；②远程教学效果自我反思的方法（LV_2~LV_5）	①远程教育教师的职责的相应测试；②远程教学效果自我反思案例评价
特点认知	①远程教学的特点与基本规律（LV_1~LV_3）；②远程教育教师的能力要求（LV_1~LV_3）；③远程教学的现状与未来趋势（LV_4~LV_5）	①远程教学特点的相应测试；②教师远程教学能力自查报告

胜任力	即时信息内容	子任务练习清单
创造性思维	创造性思维的特点、影响因素与培养策略（$LV_1 \sim LV_5$）	创造性思维的相应测试
学科素养	学科内容与远程教学模式整合的主要方法（$LV_1 \sim LV_5$）	学科与远程教学整合的案例评价
讲授技能	远程教学的原理与方法（$LV_1 \sim LV_5$）	远程教学原理与方法的相关测试
课程设计	①远程教学课程设计的主要模式及其过程（$LV_1 \sim LV_3$）；②课程设计质量的主要评价方法（$LV_4 \sim LV_5$）	远程教学课程及其质量评价的方案设计
教学交互	①交互软件操作方法（LV_1）；②网络心理学基本知识（LV_2）；③网络交互的常见策略（$LV_3 \sim LV_5$）；④交互评价的规则（$LV_4 \sim LV_5$）	①交互软件操作练习；②网络心理相关测试；③网络交互策略以及交互评价方案设计
学习评价	①远程教学评价方法（LV_1）；②获取学习过程信息方法（LV_2）；③常见数据处理方法（$LV_3 \sim LV_5$）；④数据分析软件的基本操作（$LV_3 \sim LV_5$）	①远程学习评价方法的测试；②学习过程信息获取的操作练习；③数据处理软件的操作练习
问题解决	问题解决的科学流程与方法（$LV_1 \sim LV_5$）	问题解决方法的相关测试
监控支持	①网络交互的常见策略（$LV_1 \sim LV_5$）；②网络学习评价方法（$LV_1 \sim LV_5$）	①网络交互策略应用的案例评价；②网络学习评价的方案设计
咨询建议	①网络学习心理的基本知识（$LV_1 \sim LV_3$）；②学习指导策略（$LV_2 \sim LV_5$）	①网络学习心理的相关测试；②学习指导策略的相关测试
信息素养	①网络信息检索的基本知识（$LV_1 \sim LV_5$）；②常用检索软件的应用方法（$LV_1 \sim LV_5$）；③信息评价与信息加工的基本方法（$LV_1 \sim LV_5$）	①网络信息检索基本知识的测试；②检索软件的操作练习；③信息评价与信息加工的案例评价

胜任力	即时信息内容	子任务练习清单
媒体表达	①媒体选择基本技能($LV_1 \sim LV_2$);②视听心理的基本知识(LV_3);③多媒体素材技术标准(LV_3);④多媒体软件工具的应用($LV_4 \sim LV_5$)	①媒体选择原则的相关测试;②视听心理知识的相关测试;③多媒体软件工具的操作练习
团队协作	①团队协作的技巧($LV_1 \sim LV_3$);②组织行为学的基本知识($LV_4 \sim LV_5$)	①团队协作技巧的相关测试;②组织行为学的相关测试
自我效能	自我效能的基本知识、提升途径和方法($LV_1 \sim LV_5$)	自我效能知识与提升方法的相关测试
自我提升	个人职业发展的基本知识($LV_1 \sim LV_5$)	个人职业发展的案例评价

5.3　高校教师远程教学胜任力培训的实践应用

在远程教学胜任力培训的实践中,需要首先确定培训的目标层次和等级水平,进而确定相应的学习任务、支持性信息、即时信息以及子任务练习。为了加速设计的进程,往往借助专门的设计工具来完成细致而烦琐的工作。培训方案形成后,还需要先进行设计质量评估和效果检验,才能够较大规模地开展培训。因此,本书以 S 高校为例,详尽展示利用 4C/ID 模型设计和开发远程教学胜任力培训方案的过程,以期取得抛砖引玉之效。

5.3.1　培训目标层次和等级水平设定

S 高校确定培训目标和等级水平的依据一方面来自教师人力资源结构分析的结果,也就是对现有教师队伍的年龄结构和素质结构进行调查和分析。年龄结构主要影响到:①教学经验积累的丰富程度;②对远程教学特点的认知和接受程度;③信息素养、媒体表达和教学交互等技术应用水平;④学习和吸收新知识、新技术、新方法的能力;⑤从事远程教学研究和开展远程教学创新的意愿。素质结构分析结果能够表明教师现有的教学素质以及技术素养与应具备的知识技能(目标知识结构)之间的差异。这决定着学科素养、课程设计、学习评价、讲授技能、信息素养、教学交互等诸多胜任力的起始水平。S 高校曾经对从事远程教学的教师进行过简短的培训，其内容涉及远程教学基本理论、信息技术基础、媒体素材使用与制作、网络课程系统开发等内容，因此素质结构分析的难点在于如何确定教师的现有知能水平，所采用的方法是进行问卷调查或者前测。

确定培训目标和水平的另一依据是 S 高校远程教育发展的整体规划。该高校为教育部直属、世界一流学科建设高校，设立了专门的远程教育学院，制定了网络精品课程建设的规划，并已经完成部分网络课程的建设工作，因此对于教师从事远程教学有着较高的要求。同时，该校从事远程教学的方式主要包含三类，一是由教师主持开展的线上 + 线下混合式教学的课程改革项目，二是基于网络精品课程的资源建设项目，三是远程教育学院日常教学活动。此次培训的对象主要是从事以上三类教学任务的课程教师，他们可能同时承担主讲教师和辅导教师的职责。综上，S 高校将培训的目标层次定义为 O + S 层，即以普遍提升教师远程教学能力为主要目标，并将 5 项岗位序列胜任力同时投射到 O 层，纳入培训内容。同时，将 16 项胜任力的等级水平普遍定义在 3 ~ 4 级。

5.3.2　培训内容的选择

S 高校设定的胜任力培训等级水平如图 5 - 2 所示。据此可以在表 5 - 1 到表 5 - 18 中进一步确定 16 项胜任力对应的学习任务、即时信息以及子任务练习的内容。支持性信息按照案例展示、认知建模、规则演绎和认知反馈的环节设计，下文中进行了详尽的案例展示，此处不再赘述。

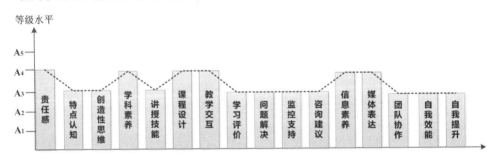

图 5 - 2　S 高校远程教学胜任力培训的等级水平

5.3.3　培训方案设计与实施

1. 培训方案设计

依据复杂学习的 10 个步骤（如 3.4.1 所述），制定高校教师远程教学胜任力培训的整体方案。本书以胜任力"教学交互"为例，展示方案形成的过程。

1) 设计学习任务、排序任务类别、设定学习目标

S 高校"教学交互"胜任力的培训等级水平为 4 级。如前所述,从易到难排列的 4 个行为等级可以分别对应为 4 个从简到繁的学习任务,涵盖远程教学交互时可能遇到的各种真实问题。设定学习目标从学习任务 4 开始,自繁至简逐层解析各学习任务包含的次级技能,直至最简任务 1。每个次级技能均由规则、知识和策略等组成,根据再生性技能和非再生性技能进行归类,按照树状结构加以组织。

根据向学习者提供的即时信息(再生性信息)的多少,可将学习任务的支持度分为低、中、高、满四个等级,如表 5 – 19 所示。任务 1 通常为基础性任务,需要提供充足的前提知识和示范性资料,因此即时信息的支持度为最高。当学习任务移至更高等级时,意味着学习者已经在一定程度上掌握了基本知能,其呈现频率应逐步降低,内容更多关注在任务的已知条件和目标状态,即时信息支持度也随之下降。

表 5 – 19　"教学交互"学习任务列表

学习任务	学习任务内容	再生性信息支持度	任务序列
学习任务 1	熟练使用 QQ、邮件、论坛等常用网络交互软件,完成与学生的交流,如传送文件、回答提问、回复邮件等	满	简
学习任务 2	说明远程教学交互的基本规则、心理规律和常见处理方法	高	
学习任务 3	使用 QQ、邮件、论坛等常用网络交互软件,针对学生的特点(情绪、个性、技术环境等)和教学的需要,选择恰当的交互软件实施包含提问、反馈在内的完整的交互活动	中	
学习任务 4	假设交互出现困难或阻滞,说出为推进交互持续进行所需采用的调整交互方式或情绪水平的方法	低	繁

2) 分解相关知能、确定心理模式、厘清认知策略

这一环节的工作是分析专家在完成各级学习任务时所需的相关知能和

所采用的认知图式，并且确定他们解决问题的具体过程、行为与策略。① 建议采用系统化问题解决方法，以线性图或流程图来表达分析的结果。对完成"教学交互"学习任务 4 所需的行为图式进行解析，可以获得图 5 - 3 所示的行为过程、心理模式和认知策略。整个行为包含 5 个主要环节和 3 个子任务环路。其一，在明确交互任务与对象时，需要组织交互的群体（如班级或小组）并且设计群体交互的任务。其二，在建立网络连接后，需要分析特定的交互需要（如分享文件、协作式写作等），并且根据需求选择最佳的交互软件。其三，在交互过程中，需要对交互结果进行过程性评价，当发现交互冲突或问题行为，应当调整交互方式或情绪水平，或者进一步对个别交互困难学生提供引导，开展后续的交互活动。

交互过程中的各类认知策略用虚线圆角矩形表示，是支持性信息的主要来源，主要包含学习分组策略、交互任务设计策略、交互需求分析策略、情绪调节策略和个别化指导策略。图中标注 * 的内容是即时信息的主要内容，包含与交互相关的规则、方法和操作技能。

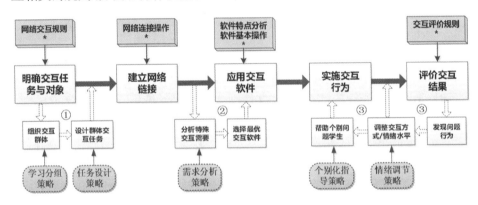

图 5 - 3 "教学交互"胜任力的行为过程、心理模式与认识策略

3）呈现支持性信息

以支持性信息"个别化指导策略"为例，其呈现过程包括 4 个主要阶段。第一阶段为案例展示。案例中，A 教师在论坛中浏览小组讨论帖时发现同学 B 在远程学习的小组讨论中从不发言。于是 A 教师向其他组员了解，得知 B 同学对参与小组活动态度消极，甚至公开表示不愿意参与讨论。A 教师通过邮件的方

---

① VAN MERRIENBOER J J G，CROOK M B M DE. Performance - based ISD：10 steps to complex learning[J]. Performance improvement，2002，41（7）：35 - 40.

式向 B 同学询问在小组活动中存在的困难或疑虑。但 B 同学在回复邮件时表示自己不擅长在大家面前公开表述观点,因此总是沉默。A 教师又进一步与 B 同学通过 QQ 音频的方式交流,了解该同学的学习情况、情绪状态和性格特点,向其讲述其他性格内向的同学如何调整自己,从而融入团体协作的案例,帮助 B 同学对自己的表达能力和观点的新颖性树立信心。之后,A 教师组织了新的小组讨论活动,并指定 B 同学作为主要发言人。B 同学通过此次活动,重新建立了协作的意愿,开始主动参与小组活动。

第二阶段为认知建模。学习者依据教师提供的问题清单,尝试归纳上述案例中知能、思维与策略应用过程,并在教师指导下逐步抽象出问题解决的一般规则。其中,问题清单包括:①事件发展的脉络是怎样的? ②发生此类事件的情境有什么特点? ③事件成功的关键步骤是哪些? 教师是如何调整自己的行为的? ④教师因为具有哪些态度和能力才取得了最终的成功? ⑤这个案例带给你怎样的感受? 你从中受到了什么启发? 这一阶段中,教师向学习者提供概念图、思维导图等可视化工具来帮助学生完成认知图式的构建。

第三阶段是规则演绎。由教师创设问题情境(该问题亦是在行为事件访谈中收集的真实事件),如向学习者提问:①如果该教师不懂得邮件以外的其他交流方式,事件的结果会怎样? ②假如学生没有回复邮件,你该如何应对这种情况? ③在类似情况下,是否有更好的做法? ④你认为这种方法还可以用来解决其他哪些问题? 之后,学习者在小组讨论基础上提交问题解决方案。第四阶段是认知反馈,教师将学习者提交的问题解决方案与真实案例进行对比分析,着重评价学习者特征分析策略和软件特征分析策略的应用效果。

4)明晰认知规则/程序、分析前提知识

"教学交互"涉及的即时信息主要包括网络交互规则、网络连接操作、交互软件操作规则及交互评价规则。以"交互评价规则"为例,对其所包含的概念、原理、规则或事实等前提性知识进行内容分析,可将其分解为分析交互类型、应用交互评价指标和处理交互评价结果,每项内容又包含若干具体的概念、原则或方法,如图 5-4 所示。呈现前提知识的方式是向学习者提供概念的实例、带有案例演示的文案和实际情境中的操作范例,以便促进即时信息的理解与迁移。例如,针对"处理评价结果"这一步骤,提供的文案包括:①Excel、Ucinet 等数据分析软件的简要说明文档;②各类软件操作手册;③应用各类软件完成数据处理的基本流程说明;④基于某案例给出的评价结论的范本。提供的操作范例则是以 Flash 格式呈现的各类软件的操作教程。这些资料在完成学习任务时以"提示"和"链接"的方式呈现出来，并提供完整的内容。

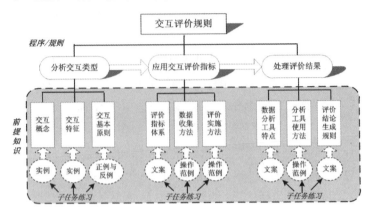

图 5-4 "交互评价规则"内容分析结果

5）设计子任务练习

子任务练习设计围绕即时信息中的关键规则和程序性知识提供变式练习，其中既包括概念变式练习，也包括规则变式练习和操作变式练习。所有变式练习都必须基于远程教学实践中的真实问题情境，简单规则通过重复操练的方式达到自动化水平，高级规则需要调整变式练习中问题情境的复杂程度来建立由简到难的练习顺序。针对"交互概念"的概念变式练习要求通过正反例准确辨识概念的含义，如在各种交互行为中筛选出异步交互。规则变式练习采用"正向推理→逆向推理"的顺序。例如对于"评价结论生成规则"的变式练习是要求教师先根据 Excel 的排序预测 A 学生在小组交互中的贡献度排名，再根据已知的 B 学生的小组交互贡献度反推应当采用 Excel 的何种操作。操作变式练习沿着再现/补全操作方案→完成单个/完整基本操作→完成单个/完整特殊操作的顺序进行。例如针对"分析工具使用方法"的操作变式练习是要求教师先写出在 Excel 中进行单个学生小组交互贡献度统计的步骤并完成操作，再利用函数完成小组成员交互贡献度排序并生成数据图表。

2. 网络原型开发

"教学交互"胜任力培训依托在线平台来实现。利用原型开发的方法，能够在较短周期内完成平台研发。AxureRP 是一种快速网页制作工具，可以省去繁杂的编码过程，支持设计者通过预设的控件、组件、动作和事件来实现各种复杂的网页交互操作，灵活地进行页面布局和素材组织，并能够自动生成 HTML 标记语言以便在其他的网络存储器上搭建平台。AxureRP 原型交互丰富且易于修改，对于培训设计方案的实施、检验、修订以及后续的平台开发都能起到非常重要的支撑作用。图 5-5 为本书搭建的"教学交互"胜任力在线培训平台的原型。

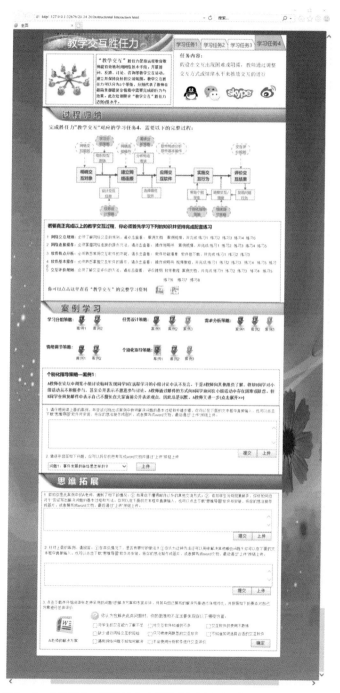

图 5-5　"教学交互"胜任力在线培训平台原型的用户界面(节选)

5.3.4 培训方案质量评估

1.设计有效性评估

邀请10位教育技术专家使用所开发的培训平台原型，并对培训设计方案的有效性进行评价。评价内容包括4个评价维度共15个评价指标：(1)学习任务：学习任务的完整性、学习任务的灵活性、学习任务的难度序列、学习任务的支持度；(2)支持性信息：支持性信息的内容选取、支持性信息的易获取性、支持性信息的呈现方式；(3)即时信息：即时信息的内容选取、即时信息的易获取性、即时信息的渐隐性、即时信息的呈现方式；(4)子任务练习：子任务练习的内容选取、子任务练习的方式、子任务练习的频度、子任务练习的难度序列。量表采用李克特5等级评分，等级从优到差依次赋值5至1分。

评估结果如表5–20所示，学习任务设计、支持性信息设计、即时信息设计均效果良好(得分均值4.0以上，标准差0.5以下)，子任务练习的设计效果相对较差。进一步分析子任务练习各评价子项的得分(如表5–21所示)，可知子任务练习的内容设计及练习方式设计效果相对较好，而子任务练习的频度和难度序列设置等方面需要完善。

表5–20　设计有效性评估结果

得分	评价维度			
	学习任务设计	支持性信息设计	即时信息设计	子任务练习
平均值	4.2	4.1	4.0	3.8
标准偏差	0.422	0.316	0.471	0.422

表5–21　子任务练习各评价子项有效性评估结果

得分	评价子项			
	子任务内容选取	子任务练习方式	子任务练习频度	子任务练习难度序列
平均值	4.0	3.9	3.8	3.6
标准偏差	0.471	0.568	0.422	0.516

2.培训有效性评估

胜任力培训的有效性评估共分2轮进行。首轮评估利用笔者所在高校新入职教师在岗培训以及校级开放课程建设培训等机会，先后邀请30位普通教师使用胜任力培训平台的原型。之后,依据国外学者沙利文(Sulliva)、麦金托什(Mcintosh)[①]所描述的胜任力培训项目的关键特征,构建了胜任力培训有效性的学习者评价量表。量表共涵盖 3 个维度 8 个项目:(1)内容:是否包含成功解决教学交互问题所需的关键知能;关键知能的呈现是否符合解决问题的思维习惯;关键知能是否以多媒体形式呈现;(2)活动:是否提供足够的时间与活动来支持深度思考;是否采用灵活的方式来支持个人或者小组学习;活动是否围绕如何解决问题来展开;(3)效果:是否有助于提高解决问题的能力;是否有助于提高实际工作绩效。量表仍采用李克特单向 5 等级评分方式,按照实现程度从高到低依次赋值 5 至 1 分。

结果如表 5 – 22 所示,学习者对培训内容的有效性(得分均值 4.13 以上,标准差 0.73 以下)和培训活动有效性(得分均值 4.07 以上,标准差 0.626 以下)评价较好。对于培训效果,13 位教师做出较高评价(两子项得分均在 4.0 及以上),17 位教师做出中性评价(至少一个子项得分为 3.0),整体有效性得分 3.5 以上,标准差小于 0.507。

表 5 – 22　培训方案有效性评估结果

得分	评价指标							
	培训内容子项 1	培训内容子项 2	培训内容子项 3	培训活动子项 1	培训活动子项 2	培训活动子项 3	培训效果子项 1	培训效果子项 2
平均值	4.23	4.23	4.13	4.33	4.07	4.43	3.90	3.53
标准偏差	0.568	0.504	0.730	0.606	0.450	0.626	0.481	0.507

第 2 轮评估则在 30 位受训者中随机选取 8 位教师构成实验组,另外选取 8 位接受普通面授培训的教师构成对照组,分别对 2 组被试进行“教学交互”胜任力的前测与后测。测评方式采用公文筐测试,即要求其采用提纲或者思维导图的方式完成交互设计方案,再由专家根据事先设计的评测要点量化打分(公文筐测试方法在第六章详尽论述)。组内对比显示(如表 5 – 23 所示),实验组前后测成绩配对样本 T 检验 Sig 值(双尾)小于 0.05,后测成绩均值高于前测成绩 0.864,说明胜任力培训对提升该项胜任力具有显著正向作用。组间对比显示,2 组被试前测成

① SULLIVAN R, MCINTOSH N. The competency – based approach to training[J]. Medical journal of Indonesia,1996,5(2):95 – 98.

绩无显著差异,而后测成绩独立样本 T 检验 Sig 值(双尾)小于 0.05,实验组后测成绩均值高于对照组 0.878,说明胜任力培训相比传统模式具有更高的效率。

表5-23　公文筐测试结果的组内及组间差异检验

差异源	平均值差值	T 值	自由度	Sig.(双尾)
实验组内配对样本 T 检验	0.864	8.847	7	0.000
组间独立样本后测得分 T 检验	0.878	9.079	14	0.000

3.培训方案修订

基于上述两类有效性评估结果,主要对设计方案进行了两方面的修订:(1)增加练习频度:保证简单规则有不少于 6 项变式练习,复杂规则不少于 8 项变式练习,且频度随即时信息呈现次数的减少而降低;(2)调整练习难度序列:将变式练习按照模仿完成(1 级)、独立完成(2 级)和创造完成(3 级)的难度等级重新排序,简单规则涉及 1~2 级练习,复杂规则包含 1~3 级练习。应当指出,文中效果评估的样本规模较小,尚需在较大规模的培训中验证效果及优化方案。

事实上,基于 4C/ID 模型制定的培训方案仅是微观层次对于培训内容和培训活动设计的初步思考,仍有许多细节问题有待考量。例如,复杂学习过程中,学习者的认知负荷将会伴随任务难度不断增大,如何在任务复杂度与认知负荷之间取得平衡? 有哪些工具可有效支持学习者的认知建模过程? 又如,高校教师远程教学胜任力模型包含了多个胜任力,所涉及的知能、认知图示和子任务练习均可能存在重叠,在培训设计时如何整合协调? 再如,培训方案实施,特别是培训的有效性评估需要什么样的外部环境和管理机制的支撑? 这些都需要在培训实践中不断优化和改良。

第6章

高校教师远程教学胜任力评估系统构建与应用

现代人才测评理论指出,能力评估体系应满足以下要求:①能明确指出要达成的行为标准;②能以数量化的证据衡量目标是否达成;③指标在现实条件和付出努力的情况下能够被执行;④能以多角度和多种方法完成。① 达到上述要求的首要前提是能力评估内容必须包含显性观测成分、具备多场景适应性以及具有量化分析的可能。

基于胜任力模型构建的评估系统在满足上述测评要求上具有独特的优势。本章阐释了高校教师远程教学胜任力评估系统构建与应用的 5 个关键环节。首先,基于胜任力模型确定评估指标及其含义,采用灰色聚类方法提取指标层次,从而确定 4 个一级指标和 16 个二级指标。其次,采用层次分析方法,确定各级指标的权重。再次,对高校教师远程教学胜任力评估所采用的模拟行为测试、公文筐测试和案例分析的具体内容和形式进行说明,建立远程教学胜任力的评价中心。之后,采用灰色关联分析方法和灰色综合评估方法,进行群体胜任力序列评估和等级评估,完成胜任力评估结果分析。最后,通过实践案例呈现高校教师远程教学胜任力评估(特别是情境性评估工具设计与胜任力测评报告分析)的具体过程。

6.1 高校教师远程教学胜任力评估指标体系构建

尽管高校教师远程教学胜任力模型界定了远程教育教师的 16 种胜任力,描述了每一项胜任力的含义、关键特征以及 1~5 级行为等级,却并未揭示胜任力之

---

① SHARMA R, BHATNAGAR J. Talent management – competency development: key to global leadership[J]. Industrial and commercial training, 2009,41(3):118 – 132.

间的比较关系。因此,胜任力评估体系的构建着力于确定评估指标的层级结构及各层指标的权重。

6.1.1 评估指标及其层级提取

1.评估指标及其含义

16项远程教学胜任力经过修订后,可初步划分为4个模块。第1模块包含对高校教师思维意识层面的要求。其中,"责任感"(X_1)关注教师在面临师生异地、网络异常、技术障碍等各种困难时持续投入教学的意识和努力程度。"特点认知"(X_2)关注教师是否能够完成对远程教学模式的性质、特点、规律、现状与发展的分析、预测和评价。"创造性思维"(X_3)则考察教师是否具备研究远程教学问题,建立远程教学的独特方式并进行创新性探索和应用的能力。

第2模块包含学科素养(X_4)、讲授技能(X_5)、课程设计(X_6)、教学交互(X_7)、学习评价(X_8)、问题解决(X_9)、监控支持(X_{10})和咨询建议(X_{11})等胜任力,并特别强调其在远程教学情境中的典型意义。例如,"学科素养"特别增加了对学科远程教学经验以及学习资源占有的要求,"课程设计"侧重考查能否制定有效的远程教学整体实施方案,"学习评价"则强调对采用个体或协作方式完成的远程学习过程与结果进行评价和预测的能力。鉴于远程教学依赖于基于内容的人机交互和基于关系的人际交互,因此,教师必须拥有利用技术手段建立和维持各类教学交互,帮助学生建立协作团队和社交网络的"教学交互"能力。同时,在远程教学中更容易产生学习沉淀、交互冷漠、技术阻塞等各种不良教学问题,需要教师诊断、分析与决策的"问题解决"能力,以及通过"监控支持"和"咨询建议"解决学习困难,制定个性化学习方案的能力。特别指出的是,尽管远程教学中讲授活动已相对弱化,然而无论是在网络课程、MOOC抑或是微课程中,教师授课视频都仍旧是重要的资源形式。因此,远程教育教师应当具备在远程环境中(特别是在无法对学生反应进行即时观察的录播室环境中),通过对节奏、时间、语言等的合理控制,有效阐释教学内容的"讲授技能"。

第3模块涵盖远程教学模式、机制和技术环境对教师技术能力的新要求。教师需要具备在网络环境中获取、加工和发布教学信息的"信息素养"(X_{12}),以及加工、制作多媒体教学资料,并使其符合远程教学规律、视听规律、技术标准和富有感染力的"媒体表达"(X_{13})能力。

第4模块关注教师的个人发展与社会化发展。远程教学要求教师在教学观念、教学方法、教学策略以及职业发展规划等方面做出适应,并以创新的姿态开展教学设计和教学研究。这是一项具有挑战性的工作,往往需要教师与网络技术人员、教学支持服务人员的"团队协作"(X_{14})来完成。同时,优秀的高校远程教育教师应当能够在远程教学中发挥自身优势,从而获得由观念、方法改进带来的"自我效能"(X_{15}),并且通过对远程教学知识管理和能力管理形成"自我提升"(X_{16})的长期策略。

2.评估指标层级提取 – 灰色聚类分析

上述对胜任力的分类是依据其基本定义而做的简单分类,并不是严格的聚类分析结果。在实施教学的过程中,一种胜任力可能会与多个胜任力存在不同程度的相关性。例如,"责任感"可能体现为在"课程设计"时基于对学习困难的预测而主动完成多种教学方案的设计,可以体现为在"学习评价"时坚持关注学习滞后者,也可以表现为在"问题解决"时持续的教学努力和技术尝试。因此,将胜任力模型简单转化为胜任力评估指标体系缺少科学依据,应当通过对评估指标相关性的量化分析,重新确定指标归类及其层级。

选择9位在构建胜任力模型时参与行为事件访谈的教师作为样本,由2位研究者对其16项远程教学胜任力进行测评(得分范围为 1 ~ 10 分)。当评分的归类一致性系数 $CA = 2D/(P_1 + P_2)$(D 为两者评分相同的个数,P_1、P_2 分别为两者评分的总个数)大于0.6或者评分信度系数 $R = (N \times CA)/[1 + (N - 1)CA]$($N$ 为评分者总人数)大于0.75时,取两者中的较低得分。当 CA 小于等于0.6或者 R 小于等于0.75时,以第3位评分者评分结果为准。得分统计结果如表 6 – 1 所示,记为矩阵。

表6 – 1　9位被试16项胜任力得分情况统计

胜任力	被试								
	No. 1	No. 2	No. 3	No. 4	No. 5	No. 6	No. 7	No. 8	No. 9
X_1	8	9	9	9	9	10	8	8	8
X_2	5	6	3	3	5	7	6	5	6
X_3	5	5	4	5	4	5	6	5	5
X_4	9	7	6	5	7	5	10	9	8
X_5	8	7	5	8	5	6	6	7	7
X_6	6	8	7	7	6	8	8	8	8

胜任力	被试								
	No. 1	No. 2	No. 3	No. 4	No. 5	No. 6	No. 7	No. 8	No. 9
X_7	7	7	8	8	5	5	6	7	8
X_8	6	7	9	6	5	9	9	7	9
X_9	7	8	8	6	7	6	7	8	7
X_{10}	7	8	7	8	6	5	5	7	8
X_{11}	7	7	7	8	9	5	5	8	7
X_{12}	7	6	6	8	6	8	7	8	8
X_{13}	6	7	5	5	6	7	5	5	5
X_{14}	8	7	7	7	6	7	8	8	8
X_{15}	4	4	3	5	3	4	3	5	4
X_{16}	5	6	3	3	5	7	6	5	6

先以 X_i 为特征序列,计算 $X_i^0 = (X_{i1} - X_{i1}, X_{i2} - X_{i1}, X_{i3} - X_{i1} \cdots X_{i9} - X_{i1})$,依次可得：

$$X_1^0 = (X_1^0(1), X_1^0(2), X_1^0(3), \cdots, X_1^0(9));$$

$$X_2^0 = (X_2^0(1), X_2^0(2), X_2^0(3), \cdots, X_2^0(9));$$

$$\cdots$$

$$X_{16}^0 = (X_{16}^0(1), X_{162}^0, X_{16}^0(3), \cdots, X_{16}^0(9));$$

由公式 $|s_i| = \left\{ \sum_{k=1}^{8} X_i^0(k) + \frac{1}{2} X_i^0(9) \right| (i = 1, 2, \cdots, 16)$,计算可得 $|s_1|$、$|s_2|$、$|s_3|$、$\cdots$、$|s_{16}|$,并计算出 $|s_2 - s_1|$、$|s_3 - s_1|$、$\cdots$、$|s_{16} - s_1|$。最后,由公式 $\varepsilon_{1,j} = \dfrac{1 + |s_i| + |s_1|}{1 + |s_i| + |s_1| + |s_i - s_1|} (i = 1, 2, \cdots, 16)$ 可以得到各指标序列与特征序列的灰色绝对关联度为 $\varepsilon_{1,2}$、$\varepsilon_{1,3}$、$\cdots$、$\varepsilon_{1,16}$。依次以 $X_i(i = 1, 2, \cdots, 16)$ 为特征序列,计算其他序列与特征序列的灰色绝对关联度,可得到表 6-2 所示的三角矩阵。

表6-2　16项评估指标的三角关联矩阵

胜任力	胜任力															
	X_1	X_2	X_3	X_4	X_5	X_6	X_7	X_8	X_9	X_{10}	X_{11}	X_{12}	X_{13}	X_{14}	X_{15}	X_{16}
X_1	1.000	0.577	0.733	0.717	0.750	0.783	0.654	0.771	0.808	0.731	0.692	0.654	0.731	0.923	0.615	0.577
X_2		1.000	0.700	0.533	0.539	0.544	0.750	0.542	0.625	0.667	0.700	0.750	0.667	0.591	0.833	0.987
X_3			1.000	0.550	0.558	0.565	0.750	0.563	0.688	0.750	0.714	0.775	0.750	0.636	0.833	0.833
X_4				1.000	0.933	0.883	0.600	0.900	0.633	0.600	0.617	0.533	0.600	0.683	0.550	0.533
X_5					1.000	0.942	0.615	0.962	0.654	0.615	0.635	0.539	0.615	0.712	0.558	0.539
X_6						1.000	0.630	0.979	0.674	0.630	0.652	0.544	0.630	0.739	0.565	0.544
X_7							1.000	0.625	0.775	0.943	0.929	0.833	0.981	0.773	0.750	0.667
X_8								1.000	0.667	0.625	0.646	0.542	0.625	0.729	0.563	0.542
X_9									1.000	0.750	0.714	0.625	0.750	0.808	0.688	0.625
X_{10}										1.000	0.929	0.667	0.979	0.731	0.750	0.667
X_{11}											1.000	0.643	0.929	0.769	0.714	0.643
X_{12}												1.000	0.983	0.731	0.667	0.667
X_{13}													1.000	0.773	0.750	0.667
X_{14}														1.000	0.636	0.591
X_{15}															1.000	0.833
X_{16}																1.000

在进行灰色聚类时,临界值 r 选取范围为 $[0,1]$,取值越大,分类越细,每类中包含的变量越少。此处取 $r=0.8$,凡符合该条件的评估指标认定为同一聚类, $r<0.5$ 时认为该指标与其他指标无明确聚类关系,应予以删略。由表6-2可知绝对关联度大于0.8的组合包括 $\varepsilon_{1,9}=0.808$, $\varepsilon_{1,14}=0.923$, $\varepsilon_{2,15}=0.833$, $\varepsilon_{2,16}=0.987$, $\varepsilon_{3,15}=0.833$, $\varepsilon_{3,16}=0.833$, $\varepsilon_{4,5}=0.933$, $\varepsilon_{4,6}=0.883$, $\varepsilon_{4,8}=0.900$, $\varepsilon_{5,6}=0.942$, $\varepsilon_{5,8}=0.962$, $\varepsilon_{6,8}=0.979$, $\varepsilon_{7,10}=0.943$, $\varepsilon_{7,11}=0.929$, $\varepsilon_{7,12}=0.833$, $\varepsilon_{7,13}=0.981$, $\varepsilon_{9,14}=0.808$, $\varepsilon_{10,11}=0.929$, $\varepsilon_{10,13}=0.979$, $\varepsilon_{11,13}=0.929$, $\varepsilon_{12,13}=0.983$, $\varepsilon_{15,16}=0.833$ 等22个组合,因此16项胜任力评估指标的最终聚类结果为 $\{X_1,X_9,X_{14}\}$, $\{X_2,X_3,X_{15},X_{16}\}$, $\{X_4,X_5,X_6,X_8\}$, $\{X_7,X_{10},X_{11},X_{12},X_{13}\}$ 。归纳可知,聚类 $\{X_4,X_5,X_6,X_8\}$ 主要针对远程教学设计、讲授、内容组织与评价等核心环节,定义为"教学

实施"。聚类 $\{X_7, X_{10}, X_{11}, X_{12}, X_{13}\}$ 涉及远程交互技术和数字媒体资源的应用、设计与开发，定义为"信息处理"。聚类 $\{X_1, X_9, X_{14}\}$ 集中于远程教学过程中的问题管理、控制与解决，定义为"过程管理"。聚类 $\{X_2, X_3, X_{15}, X_{16}\}$ 主要表征对远程教学规律的认知、效能感、创新与自我提升意愿，定义为"职业认知"。高校教师远程教学胜任力评估指标内容及层级结构如表6-4所示。

6.1.2　评估指标权重的确定

层次分析法(AHP)将经验认知与理性分析相互结合，利用思维过程的数量化大大降低主观因素对结论的影响。

1. 构造模糊判断矩阵

构造模糊判断矩阵就是比较：(1)各一级指标之间的相对重要性；(2)某一级指标的各二级指标之间的相对重要性。采用标度量表，通过电子邮件方式，请8位远程教育专家分别对高校教师远程教学胜任力的一级指标和二级指标进行重要性评判，详见胜任力评估指标重要性评判专家调查问卷(附录4)。重要程度用1~9及其倒数来标度。其中，标度1表示两者同等重要，标度3表示前者较后者稍微重要，标度5表示前者较后者明显重要，标度7表示前者较后者强烈重要，标度9表示前者较后者极端重要。若后者较前者重要，则分别用1/3、1/5、1/7、1/9表示。标度2、4、6、8或1/2、1/4、1/6、1/8表示相邻两标度的中间值。最终获得1组(8个)一级指标判断矩阵和4组(32个)二级指标判断矩阵。例如，对"职业认知"包含的4个二级指标两两进行重要性评判，第X位专家的评判结果如表6-3所示。

表6-3　模糊判断矩阵及其一致性(专家X)

	B_{41}	B_{42}	B_{43}	B_{44}
B_{41}	1	3	4	5
B_{42}	1/3	1	2	3
B_{43}	1/4	1/2	1	2
B_{44}	1/5	1/3	1/2	1

2. 层次单排序一致性检验

由于客观事物的复杂性以及个体对事物判断的多样性，在进行指标的两两重要性评判时，要求模糊判断矩阵具有大体的一致性，从而避免"A 比 B 明显重要,B 比 C 明显重要,而 C 又比 A 明显重要"这样的逻辑悖论。因此,在对单层次指标进行排序权向量计算时,必须进行一致性检验。一致性比例 $CR = CI/RI$,其中,一致性指标 $CI = (\lambda_{\max} - n)/(n-1)$（$\lambda_{\max}$ 为得分矩阵的最大特征根）,平均随机一致性指标 RI 在判断矩阵为二阶、三阶、四阶和五阶时分别取值 0、0.52、0.89、1.12。当 $CR < 0.1$ 时,认为该矩阵具有满意的一致性,否则需要对评判结果进行修订。对 8 位专家的模糊评判矩阵分别进行一致性检验,最终可得到评估指标 A_4 "职业认知"所含二级指标的 8 个判断矩阵:

$$\boldsymbol{B}_{4(1)} = \begin{bmatrix} 1 & 3 & 4 & 4 \\ 1/3 & 1 & 2 & 2 \\ 1/4 & 1/2 & 1 & 1 \\ 1/4 & 1/2 & 1 & 1 \end{bmatrix} \quad \boldsymbol{B}_{4(2)} = \begin{bmatrix} 1 & 2 & 3 & 3 \\ 1/2 & 1 & 2 & 2 \\ 1/3 & 1/2 & 1 & 1 \\ 1/3 & 1/2 & 1 & 1 \end{bmatrix}$$

$$\boldsymbol{B}_{4(3)} = \begin{bmatrix} 1 & 3 & 2 & 3 \\ 1/3 & 1 & 2 & 1 \\ 1/2 & 1/2 & 1 & 1/2 \\ 1/3 & 1 & 2 & 1 \end{bmatrix} \quad \boldsymbol{B}_{4(4)} = \begin{bmatrix} 1 & 3 & 4 & 5 \\ 1/3 & 1 & 2 & 3 \\ 1/4 & 1/2 & 1 & 2 \\ 1/5 & 1/3 & 1/2 & 1 \end{bmatrix}$$

$$\boldsymbol{B}_{4(5)} = \begin{bmatrix} 1 & 2 & 4 & 3 \\ 1/2 & 1 & 3 & 2 \\ 1/4 & 1/3 & 1 & 1/2 \\ 1/3 & 1/2 & 2 & 1 \end{bmatrix} \quad \boldsymbol{B}_{4(6)} = \begin{bmatrix} 1 & 2 & 4 & 2 \\ 1/2 & 1 & 2 & 1 \\ 1/4 & 1/2 & 1 & 1/3 \\ 1/2 & 1 & 3 & 1 \end{bmatrix}$$

$$\boldsymbol{B}_{4(7)} = \begin{bmatrix} 1 & 2 & 3 & 5 \\ 1/2 & 1 & 2 & 3 \\ 1/3 & 1/2 & 1 & 2 \\ 1/5 & 1/3 & 1/2 & 1 \end{bmatrix} \quad \boldsymbol{B}_{4(8)} = \begin{bmatrix} 1 & 2 & 3 & 4 \\ 1/2 & 1 & 2 & 3 \\ 1/3 & 1/2 & 1 & 1/2 \\ 1/4 & 1/3 & 2 & 1 \end{bmatrix}$$

其合成矩阵为: $\overline{\boldsymbol{B}}_4 = \begin{bmatrix} 1.000 & 2.375 & 3.375 & 3.625 \\ 0.437 & 1.000 & 2.125 & 2.125 \\ 0.312 & 0.4791 & 1.000 & 0.979 \\ 0.300 & 0.5624 & 1.500 & 1.000 \end{bmatrix}$

对该合成矩阵进行一致性检验可得 $CR_{(\overline{B}_4)} = 0.083$,具有满意的一致性,可用以进行单层次排序。以此类推,可以得到其他二级指标的合成矩阵 $\overline{B}_1$、$\overline{B}_2$、$\overline{B}_3$ 并确保其一致性符合要求。

3. 层次单排序与指标单一权重

二级指标权重的计算即是对判断矩阵的最大特征根及其对应的特征向量的求解过程，通常求解方法包括幂法、方根法、和积法。本书采用和积法对各二级指标的合成矩阵进行特征向量计算，其过程为：将矩阵的每一列进行正规化（即矩阵中每个数据与所在列数据之和的比值），然后将正规化后的数据按行相加，之后求解特征向量（即矩阵每行数据之和与所有行之和的比值）。对合成矩阵 $\overline{B}_4$ 进行上述运算，可得其二级指标单一权重集为 $\boldsymbol{\omega}_{(\overline{B}_4)} = (0.479, 0.245, 0.128, 0.148)$。以此类推，对合成矩阵 $\overline{B}_1$、$\overline{B}_2$、$\overline{B}_3$ 求解，获得的 $\boldsymbol{\omega}_{(\overline{B}_1)} = (0.259, 0.389, 0.137, 0.215)$，$\boldsymbol{\omega}_{(\overline{B}_2)} = (0.191, 0.276, 0.202, 0.173, 0.158)$，$\boldsymbol{\omega}_{(\overline{B}_3)} = (0.470, 0.303, 0.227)$。一级指标模糊判断矩阵的合成矩阵经一致性检验后，求解可得其单一权重集为：$\boldsymbol{\omega}_A = (0.300, 0.280, 0.230, 0.190)$。

4. 指标组合权重与总排序一致性检验

针对末端指标，单一权重仅显示该指标相对其上一层某因素的分离权重，若要获得该指标相对总目标的权重，则需计算其组合权重。令 A 层对总目标 U 的权重向量为 $W_{U \to A}$，B 层各指标对 A 层的权重向量为 $W_{A \to B}$，则 B 层各指标对总目标的组合权重为 $W_{U \to B} = W_{U \to A} W_{A \to B}$。通过向量计算，可得到各二级指标的组合权重。

尽管在进行层次单排序时，已经分别对一级指标和二级指标的判断矩阵进行过一致性检验，然而在逐层计算权重的过程中，非一致性也可能会累加起来，造成最终结果的非一致。因此，还需要检验二级指标层次总排序（即二级指标组合权重）的一致性。已知二级指标合成矩阵的一致性指标分别 $CI_{(\overline{B}_1)} = 0.018$，$CI_{(\overline{B}_2)} = 0.053$，$CI_{(\overline{B}_3)} = 0.075$，$CI_{(\overline{B}_4)} = 0.081$，平均随机一致性指标分别为 $RI_{(\overline{B}_1)} = RI_{(\overline{B}_4)} = 0.89$，$RI_{(\overline{B}_2)} = 1.12$，$RI_{(\overline{B}_3)} = 0.52$，一级指标的权重系数分别为 $\boldsymbol{\omega}_{(A_1)} = 0.300$，$\boldsymbol{\omega}_{(A_2)} = 0.280$，$\boldsymbol{\omega}_{(A_3)} = 0.230$，$\boldsymbol{\omega}_{(A_4)} = 0.190$，则二级指标的总排序一致比例为：

$$CR_{(B)} = \frac{\boldsymbol{\omega}_{(A_1)} CI_{(\overline{B}_1)} + \boldsymbol{\omega}_{(A_2)} CI_{(\overline{B}_2)} + \boldsymbol{\omega}_{(A_3)} CI_{(\overline{B}_3)} + \boldsymbol{\omega}_{(A_4)} CI_{(\overline{B}_4)}}{\boldsymbol{\omega}_{(A_1)} RI_{(\overline{B}_1)} + \boldsymbol{\omega}_{(A_2)} RI_{(\overline{B}_2)} + \boldsymbol{\omega}_{(A_3)} RI_{(\overline{B}_3)} + \boldsymbol{\omega}_{(A_4)} RI_{(\overline{B}_4)}} = 0.061 < 0.1$$

说明层次总排序结果及组合权重具有满意的一致性，评估指标权重分布符合统计学要求。至此，高校教师远程教学胜任力评估指标层级、含义、单一权重和组合权重最终确定如表 6 – 4 所示。实际应用中，可以通过 16 项二级指标得分的加权和（采用组合权重）直接计算出胜任力总得分，也可以先通过同一指标下的二级指标加权和（采用单一权重）计算出对应的一级指标的得分，再通过一级指标的加权和计算出胜任力总得分。

表6-4 高校教师远程教学胜任力评估指标体系

目标层	一级指标	二级指标	指标基本含义	单一权重	组合权重
高校教师远程教学胜任力	教学实施 0.30	课程设计	能采用教学设计的规范方法,制定有效的远程教学课程的整体实施方案	0.259	0.078
		学习评价	能依据目标对按照个体或协作方式完成的远程学习过程与结果进行动态评价,完成学习预测并采取相应的策略改进教学	0.389	0.117
		学科素养	对所承担的学科教学内容融会贯通,并有独特的见解、学科教学经验以及丰富的学科资源	0.137	0.042
		讲授技能	能在远程环境中,通过对节奏、时间、语言等的合理控制,完成对知识、技能和态度等内容的有效阐释	0.215	0.065
	信息处理 0.28	信息素养	能够在网络环境中及时、快速和准确地获取、加工和表达教学信息	0.191	0.053
		教学交互	能有效利用网络技术手段建立和维持各类远程教学交互,帮助学生建立有效的协作团队和良好的社交网络	0.276	0.077
		媒体表达	能获取、加工或自主制作多媒体教学资料,并使其符合远程教学规律、视听规律、技术标准和富有感染力	0.202	0.056
		监控支持	能对学习过程进行有效的目标监控,并及时提供必要的帮助和采取适宜的策略以促进学习过程的持续进行和学习目标的达成	0.173	0.048
		咨询建议	具有敏锐的洞察力,能依据学习者个人特征提供针对性的学习建议、意见、个人发展计划等	0.158	0.044

目标层	一级指标	二级指标	指标基本含义	单一权重	组合权重
高校教师远程教学胜任力	过程管理 0.23	责任感	能够在面临师生异地、网络异常、技术障碍等各种困难时继续投入工作，并努力完成传授知识、提高素质、培养情操等方面的职责	0.470	0.108
		问题解决	能准确判断远程教学不良问题的实质，并在教学、技术等方面采取适当策略，达到问题的有效解决	0.303	0.070
		团队协作	能够与其他远程教学人员建立并保持良好的协作关系，实现远程教学目标的顺利达成	0.227	0.052
	职业认知 0.19	特点认知	对远程教学模式的性质、特点、基本规律等有明确的认识，并能对其现状和发展进行分析、预测和评价；	0.479	0.091
		创造性思维	能够创造性地思考远程教学问题，构建远程教学的独特方式并进行创新的探索和应用	0.245	0.047
		自我效能	能够在远程教学中发挥自身优势，获得由观念、方法改进带来的自我肯定和教学成就感	0.128	0.024
		自我提升	能够整合远程教学经验，并通过知识管理和能力管理形成自我提高的长期策略	0.148	0.028

6.2 高校教师远程教学胜任力评价中心的建立

胜任力评估遵循以下原则来进行测评工具的组合。第一，聚焦原则。为了提高评估效度，对同一胜任力采用2～3种测评工具进行测评。① 第二，成本最

---

① 丁秀玲.基于胜任力的人才招聘与选拔[J].南开学报(哲学社会科学版),2008(2)：134－140.

小化原则。任何测试都要投入时间、人员和资金。一般先实施花费较少的测评进行初步胜任力考核,再通过花费较高的测评进行深度考核,从而获得较高的投入产出比。本书选取模拟行为测试、公文筐测试和案例分析等 3 种工具,完成高校教师远程教学胜任力的测评。

6.2.1　模拟行为测试

模拟行为测试是利用高度情境化的测试题目,由被测者预测自己在某个特定情况下最有可能完成的行为,从而判断其知识、技能和态度水平。如前所述,构建胜任力模型时所采用的行为事件访谈要求高绩效教师回顾自身曾经面临的挑战性的远程教学事件,分析当时的情境、任务、行为表现以及反思,即是从具体工作情境中提炼能力及态度的过程。如果采用逆向思维,将行为事件访谈时收集的典型事件进行筛选、组合、修订,提炼出一套模拟情景的问题,将行为等级作为各种可能的行为选择,就能够得到符合远程教学实际并且有代表性的行为测试题目。

例如,针对"问题解决"胜任力的测试题可以设计为:"如果在远程教学过程中,由于突发的技术问题导致教学无法顺利进行,此时您最有可能会_____?"5 个备选项分别为:A. 暂停教学,分析原因,通知并静待相关人员解决问题;B. 尽可能完成目前能进行的教学活动,其余部分静待相关人员处理;C. 尽可能利用其他方式开展一些替代性的教学活动,在技术人员到来后主动配合解决问题;D. 在相关人员到来前积极尝试其他技术手段来完成预设的教学活动,并向相关人员提出解决问题的建设性意见;E. 积极尝试解决问题的各种技术手段和教学方案,尽快做出合理调整,并且吸纳经验,做出应对此类教学问题的预案。若被评者选择 A,则认为其该项胜任力行为等级为 1 级;若选择 E,则行为等级为 5 级。模拟行为测试能够完成对 16 项胜任力的全面测评,可以借助网络平台或者客户端软件来支持教师自测,实施过程简单快捷,适合于较大规模的群体评估或者为胜任力培训需求分析而进行的前测。

6.2.2　公文筐测试

公文筐是向教师提供远程教学岗位需要处理的典型文件,要求其在规定时间内给出处理意见,并解释处理的理由和标准。① 公文筐可以同时测评多种胜任力指标,其关键是提供何种公文材料。对于远程教育教师而言,最典型的公文筐是针对某个知识主题提出的教学设计方案。施测者向被测者提供有代表性的教学设计方案,要求其围绕评价提纲进行分析,并提出具体点评意见。之后,施测者针对被测者的点评意见,再根据事先设定的观测点展开分析,从而确定被测者的胜任力得分。表6-5列出了公文筐测试的胜任力观测点清单。

需要说明的是,考察教师教学能力的一种常用方法是要求教师基于模拟的情境进行教学设计,提供完整的设计方案和教学材料。而这正好是进行公文筐测试的良好素材。在实际测试中,施测者可以首先要求被测者撰写模拟情境下的教学设计方案,然后围绕表6-5中所列的胜任力观测点对设计方案进行评估。之后,再将设计方案交换到其他的被测者进行公文筐测试,并按照表6-5所示的胜任力观测点进一步得出公文筐测试结果。这样,能够将设计型任务与公文筐测试结合起来,对被测教师的胜任力水平进行双向测评。同时,由于公文筐测评需要施测者接受专门训练,加之并非所有的胜任力都能通过公文筐测定,因此可以作为模拟行为测试的补充手段,用于小规模的个体评估或个案分析(如教师甄选或评优)。

表6-5 教学设计方案公文筐测试的观测点清单

胜任力	观测点	得分
课程设计	能对方案设计流程的完整性与规范性提出明确评判意见	1~5分
	能说出设计方案在同类方案中所处的水平	1~5分
	能列举出他人完成的优秀设计案例来证明评价的准确性	1~5分
特点认知	能指出方案如何体现远程教学特色与规律	1~5分
	对不利于远程教学的设计提出改进的意见并解释原因	1~5分
媒体表达	能对方案使用的教材资源是否符合视听心理规律作出明确判断并解释原因	1~5分
	能对教材资源是否符合技术规范作出明确判断并解释原因	1~5分
	能对不恰当的教学资源提出新的技术改进方法	1~5分

---

① 殷雷.评价中心的基本特点与发展趋势[J].心理科学,2007(5):1276-1279.

胜任力	观测点	得分
学习评价	能对方案中学习评价设计提出明确评判意见并解释原因	1～5 分
	能对设计不良的部分提出改进意见并解释原因	1～5 分
教学交互	能对方案中交互方式、活动的必要性和重要性进行明确判断并解释原因	1～5 分
	能对不合理的交互形式或者交互活动提出改进建议并说明理由	1～5 分
监控支持	能对方案提供的过程性监控环节和学习支持服务的形式与质量进行明确判断并解释原因	1～5 分
	能对监控与支持环节的设计提出改进建议	1～5 分
问题解决	能对方案中学习问题的预测及应对方案的合理性进行明确判断并解释原因	1～5 分
	针对学习问题的解决策略提出优化或补充建议	1～5 分
创造性思维	能指出设计方案的创新点并解释原因	1～5 分
	能针对方案的现有不足提出独创和建设性意见	1～5 分
自我效能	能够明确说出在方案评价中获得的自身感受和教学反思结果	1～5 分
	能结合自身感受说明远程教学设计的原则与关键问题	1～5 分
自我提升	能够从对方案的评价中分析出自身的不足或值得借鉴的经验	1～5 分
	能够针对不足或经验提出自身的改进计划	1～5 分

注：得分分值以各观测点得分的平均值为准，得分分值 1～5 分别对应胜任力等级 1～5 级。

6.2.3　案例分析

案例分析是为教师创建典型的远程教学情境，要求其对情境中的关键问题提出解决方案。案例分析与模拟行为测试相似，均是以行为事件访谈中梳理和整合的典型事件作为案例的蓝本。然而，两者的区别在于前者利用不同的题目分别测试各项胜任力，后者则关注在综合事件处理中体现的胜任力结构。案例分析与胜任力培训中在"支持性信息的转化"部分(5.2.2 支持性信息的转化)提及的"案例展示"和"认知建模"的方法也存在相似之处。但是,前者更强调被测者在分析过程中表现出的思维意识倾向和教学技能水平,目的是诊断被测者整合不同胜任力以便解决问题的偏好和风格。后两者则更注重认知框架的指导作用,关注分析者是否能通过信息的整合和理解来获得事件的关键要素,从而形成问题解决的策略和规则。

一个案例分析通常围绕一个或两个胜任力维度,侧重于 3~6 项胜任力的考察。案例分析也需要预先设计行为观测量表及评分标准(如表6-6所示),不同的案例可能对应不同的观测量表。案例分析的准确度依赖精心创设的问题情境以及对问题解决方案的专业评判,适合于对个体胜任力的深层次评估。值得注意的是,由于公文筐测试和案例分析的结果仍是基于施测者的主观判断,因此必须对不同评价者的评分归类一致性系数和信度系数进行检验。若采用多种方法测评同一项胜任力,则应当以各类测评方法所得分数的平均值作为最终得分。

表6-6 案例分析测试的观测点清单

胜任力	观测点	得分
特点认知	能指出案例中反映的远程教学特色与规律	1~5 分
媒体表达	能从案例中总结在线教学资源的视听心理规律并作出正确的解释 能从案例中总结在线教学资源制作的技术要求和基本技巧	1~5 分 1~5 分
信息素养	能指出案例中教师信息素养的主要体现 能说明教师信息素养对远程教学的重要性	1~5 分 1~5 分
责任感	能指出案例中教师责任感的主要体现	1~5 分
问题解决	能够明确说出通过案例获得的解决问题的经验、体验和启发	1~5 分
自我提升	能够通过案例分析作出自我反思 能够做出契合自身的远程教学提升计划	1~5 分 1~5 分

注:得分分值以各观测点得分的平均值为准,得分分值 1~5 分别对应胜任力等级 1~5 级。

值得关注的是,工作绩效都是在一定的环境中通过交织在一起的各种行为形成的。对胜任力的评价不能脱离环境,也不能从单一的维度进行。评价中心技术借助模拟情境,将各种不同的测评方法加以整合,使得施测者和被测者都能够对胜任力建立全面和清晰的认知。它还可以同时对多个对象进行测评,评价效率高于其他单一的测评方式。

然而,评价中心技术也存在着两个主要问题。首先,评价中心会将多种测评技术融入一次测评中,花费的时间会高于单一的测评技术,也需要相对更多的资金支持。其次,评价中心技术的情境模拟和实际情况之间可能存在误差。情景模拟所设置的测试情境来源于实际工作中的经典案例,并且经过相关的技术处理和加工。然而不同的测试目的需要设计不同的情境,这增加了情境设计的难度。当情境中的重要特征被忽略时,测试的要求很容易与实际工作产生偏差,降低测评准确性。

解决第一个问题的有效方法是建立远程教学胜任力测试平台来优化测评过程。测试平台应具有以下基本功能:①建立模拟行为测试试题库,提供组卷功能,支持管理者集中测评或教师自评;②建立公文筐测试和案例分析的样本库,根据用户选择的胜任力标签推送相应的测试内容;③支持公文筐测试及案例分析结果的专家评估与同伴评估;④收集多名施测者的测评结果,针对同一胜任力按照权重计算评估结果;⑤收集对评价中心的问题反馈和改进意见。解决第二个问题的方法是利用虚拟现实技术创设更为逼真的模拟情境,将文字呈现的行为描述变成视觉场景,从而激发被测试者的心理体验,增强评价中心对内隐要素的测评效度。

6.3　高校教师远程教学胜任力评估结果的分析

通过情境化测评工具获得的胜任力原始得分,能够对教师各项胜任力的等级做出基本判断,并且获知个体的胜任力等级分布的大体情况。然而对高校而言,还需要确切了解教师群体的胜任力水平,如群体内胜任力总排序、针对某个特定胜任力的群体内排序以及群体胜任力等级。因此,采用灰色系统分析方法,对评估结果进行多元综合评价。由于涉及的数据运算复杂,此处选择 5 位参评教师为例,展示评估结果的分析过程。

6.3.1 群体胜任力序列评估 – 灰色关联分析

5 位教师对于一级指标"职业认知"下属 4 个二级指标的原始得分矩阵为:

$$X_{ij} = \begin{bmatrix} 3.0 & 4.0 & 3.5 & 4.0 & 2.0 \\ 3.5 & 3.0 & 2.5 & 3.5 & 4.0 \\ 2.5 & 4.0 & 3.0 & 2.5 & 4.0 \\ 2.0 & 3.5 & 4.0 & 2.5 & 3.0 \end{bmatrix}$$

采用最大值方法,即 $x_{ij} = X_{ij}/\max(X_{ij})$,对得分矩阵进行无量纲化,使分值离散地分布在 $(0,1)$ 之间,得到规格化矩阵。从规格化矩阵中选取各二级指标的最佳值,可以得到高校教师胜任力在"职业认知"指标上的最佳参考向量 $\boldsymbol{G} = (g_1, g_2, g_3, g_4, g_5) = (x_{11} \vee x_{12} \vee x_{13} \vee x_{14}, \cdots, x_{51} \vee x_{52} \vee x_{53} \vee x_{54})$($\vee$ 表示取最大值)$= (1,1,1,1)$。根据公式 $\Delta x_{ij} = |g_i - x_{ij}|$ 可以得到差矩阵为:

$$\Delta x_{ij} = \begin{bmatrix} 0.250 & 0.000 & 0.125 & 0.000 & 0.500 \\ 0.125 & 0.250 & 0.375 & 0.125 & 0.000 \\ 0.375 & 0.000 & 0.250 & 0.375 & 0.000 \\ 0.500 & 0.125 & 0.000 & 0.375 & 0.250 \end{bmatrix}$$

取差矩阵最大值 $\Delta x_{\max} = 0.5$,最小值 $\Delta x_{\min} = 0$,设分辨系数 $\rho = 0.5$,根据关联系数计算公式 $R_{ij} = (\Delta x_{\min} + \rho \Delta x_{\max})/(\Delta x_{ij} + \rho \Delta x_{\max})$,可以得到关联系数矩阵为:

$$R_{ij} = \begin{bmatrix} 0.500 & 1.000 & 0.677 & 1.000 & 0.333 \\ 0.667 & 0.500 & 0.400 & 0.667 & 1.000 \\ 0.400 & 1.000 & 0.500 & 0.400 & 1.000 \\ 0.333 & 0.667 & 1.000 & 0.400 & 0.500 \end{bmatrix}$$

已知"职业认知"下属各二级指标的权重为 $\boldsymbol{\omega}_{\overline{B}_4} = (0.479, 0.245, 0.128, 0.148)$,则通过公式 $r_{ij} = \boldsymbol{\omega}_i \cdot \boldsymbol{R}_{ij}$ 可以求得高校教师胜任力在"教学认知"指标上的关联度 $r_{A_4} = (0.503, 0.828, 0.629, 0.753, 0.607)$。同理计算可得高校教师胜任力在其他一级指标的关联度 $r_{A_1}, r_{A_2}, r_{A_3}$。由矩阵 $[r_{A_1}, r_{A_2}, r_{A_3}, r_{A_4}]$ 及一级指标权重,可进一步求得高校教师胜任力的总关联度,如表 6–7 所示。

通过一级指标的关联度,可以清晰地看出针对同一胜任力 5 位教师的排序结果(如表 6–7 所示)。如针对"职业认知"胜任力,第 2 位教师水平最高,第 1 位教师水平最低。亦可以看出某个被测者的各项胜任力排序情况,如第 5 位教师各项胜任力水平较为平均,其中"信息处理"胜任力最强,"职业认知"胜任力最弱。根据总关联度,也可以分析出被测群体内部的胜任力排序结果。例如,第2位教师的胜任力总体排名最高,第1位教师排名最低。

表6-7　各一级指标灰色关联度及总关联度

被测者	No.1	No.2	No.3	No.4	No.5
教学实施	0.494	0.799	0.647	0.703	0.623
信息处理	0.580	0.630	0.601	0.688	0.664
过程管理	0.592	0.653	0.610	0.679	0.642
职业认知	0.503	0.828	0.629	0.753	0.607
总关联度	0.542	0.726	0.623	0.704	0.638

6.3.2　群体胜任力等级评估–灰色综合评估

仍以上例中5位教师的"职业认知"指标原始得分矩阵 X_{ij} 为例。胜任力得分的5个等级看作是评价灰类,分别赋值1、2、3、4、5,则相应的白化权函数分别为

$$f_{(1)} = \begin{cases} 1, 0 \leq x_{ij} < 1 \\ \dfrac{1}{4}(5-x), 1 \leq x_{ij} \leq 5 \end{cases} \qquad f_{(2)} = \begin{cases} \dfrac{1}{2}x, 0 \leq x_{ij} < 2 \\ \dfrac{1}{3}(5-x), 2 \leq x_{ij} \leq 5 \end{cases}$$

$$f_{(3)} = \begin{cases} \dfrac{1}{3}x, 0 \leq x_{ij} < 3 \\ \dfrac{1}{2}(5-x), 3 \leq x_{ij} \leq 5 \end{cases} \qquad f_{(4)} = \begin{cases} \dfrac{1}{4}x, 0 \leq x_{ij} < 4 \\ 5-x, 4 \leq x_{ij} \leq 5 \end{cases}$$

$$f_{(5)} = \begin{cases} \dfrac{1}{5}x, 0 \leq x_{ij} < 5 \\ 1, x_{ij} \geq 5 \end{cases}$$

令第 k 位教师在第 i 个一级指标的第 j 个二级指标 B_{ij} 的得分为 d_{kj}^i ,依据白化权函数可分别求得 d_{kj}^i 对于第 e 个灰类的评价值 $f_e(d_{kj}^i)$ (如表6-8所示)。

表 6-8　指标"职业认知"灰色评价权

灰类	得分					$P_{ej}^{(i)}$	$r_{ej}^{(i)}$
	3	4	3.5	4	2		
灰类 1 $f_{1(x)}$	0.500	0.250	0.375	0.250	0.750	2.125	0.135
灰类 2 $f_{2(x)}$	0.667	0.333	0.500	0.333	1.000	2.833	0.179
灰类 3 $f_{3(x)}$	1.000	0.500	0.750	0.500	0.667	3.417	0.216
灰类 4 $f_{4(x)}$	0.750	1.000	0.875	1.000	0.500	4.125	0.261
灰类 5 $f_{5(x)}$	0.600	0.800	0.700	0.800	0.400	3.300	0.209
$G_{(i)\,ej}$	/	/	/	/	/	15.800	/

令 $P_{ej}^i = \sum_{k=1}^{5} f_e(d_{kj}^i)\ (e=1,2,3,4,5)$，$G_{ej}^i = \sum_{e=1}^{5} P_{ej}^i$，则 d_{kj}^i 的灰色评价权 $r_{ej}^i = P_{ej}^i / G_j^i$。根据 5 位教师的得分矩阵，可求得二级指标 B_{41}、B_{42}、B_{43}、B_{44} 的灰色评价权，共同构成一级指标"职业认知" A_4 的灰色评价权矩阵：

$$r_{A_4} = \begin{bmatrix} \boldsymbol{r}_{(B_{41})} \\ \boldsymbol{r}_{(B_{42})} \\ \boldsymbol{r}_{(B_{43})} \\ \boldsymbol{r}_{(B_{44})} \end{bmatrix} = \begin{bmatrix} 0.135 & 0.179 & 0.216 & 0.261 & 0.209 \\ 0.131 & 0.175 & 0.236 & 0.254 & 0.204 \\ 0.139 & 0.186 & 0.228 & 0.248 & 0.199 \\ 0.153 & 0.204 & 0.229 & 0.230 & 0.184 \end{bmatrix}$$

已知一级指标 A_4 所含二级指标的权重集为 $\boldsymbol{\omega}_{\overline{B}_4} = (0.479, 0.245, 0.128, 0.148)$，则一级指标 A_4 的综合评价权向量 $\boldsymbol{R}_{\overline{A}_4} = \boldsymbol{\omega}_{\overline{B}_4} \cdot r_{A_4} = (0.137, 0.187, 0.225, 0.253, 0.203)$。同理求出其他一级指标的综合评价向量，构成矩阵：

$$r_A = \begin{bmatrix} \boldsymbol{r}_{(A_1)} \\ \boldsymbol{r}_{(A_2)} \\ \boldsymbol{r}_{(A_3)} \\ \boldsymbol{r}_{(A_4)} \end{bmatrix} = \begin{bmatrix} 0.137 & 0.187 & 0.225 & 0.253 & 0.203 \\ 0.165 & 0.217 & 0.198 & 0.228 & 0.209 \\ 0.138 & 0.184 & 0.226 & 0.251 & 0.201 \\ 0.174 & 0.262 & 0.248 & 0.225 & 0.208 \end{bmatrix}$$

已知胜任力 U 所含各一级指标的权重集为 $\boldsymbol{\omega}_A = (0.300, 0.280, 0.230, 0.190)$，则胜任力 U 的综合评价权向量 $r_U = \boldsymbol{\omega}_A \cdot r_A = (0.154, 0.212, 0.224, 0.239, 0.205)$。由于各灰类的阈值依次为 1，2，3，4，5，因此胜任力 U 的灰色综合评价值为：

$$\boldsymbol{R}_U = r_u \cdot (1,2,3,4,5) = 0.154 \times 1 + 0.212 \times 2 + 0.224 \times 3 + 0.239 \times 4 + 0.205 \times 5 = 3.231$$

由 $f_{1(R_U)} = 0.443, f_{2(R_U)} = 0.590, f_{3(R_U)} = 0.885, f_{4(R_U)} = 0.807, f_{5(R_U)} = 0.646$，可见 $\boldsymbol{R}_U$ 在第3个灰类的权最大，因此可以判定5位教师构成的群体的胜任力等级为3级。

至此，高校教师远程教学胜任力评估结果的分析基本完成。灰色系统分析对于处理"胜任力"这样的信息系统有着显著的优势，但其建模和计算方法的部分细节不尽完美。例如，计算灰色关联度时分辨系数的取值不同（通常选择经验值0.5），会出现不同的关联序列，分析结果不具有唯一性。又如，灰类的白化权函数通常确定为一次函数，这使得白化函数值具有常值增长率，但在现实中事物可能会在达到阈值后就不再增长。目前，一些学者从不同的角度对改进灰色分析方法提出建议[1][2]，这显然应当成为未来优化远程教学胜任力测评技术的重要内容。

此外，远程教学胜任力评估结果的应用场域需要不断拓展。横向维度上，应积极探索高校教师远程教学胜任力常模的建立。建立足够规模的高校教师样本，利用评估体系和情境化测试工具，测定全部样本的个体胜任力等级以及群体胜任力的等级与排序，并且对评估结果进行导出规则的界定和平均数、标准差计算，从而为高校比较和解释评估结果提供参照分数标准。纵向维度上，建立基于诊断的胜任力培训体系。依据胜任力测评报告，分析被测者的个性化培训需求，并为其推送相应的培训内容。其中，胜任力诊断结果与培训资源的匹配关系是研究的核心。

6.4　高校教师远程教学胜任力评估的实践应用

2018年，S高校进行了为期3个月的胜任力评估工作，主要完成四方面的任务。第一，明确评价中心的应用目的。面向人员考核、人员选拔、人员培训和职业发展管理的评价中心，在模拟情境设置、被测者行为观察内容和评估标准上均有所不同。该校此次的胜任力评估以教师考核为主要目的，旨在确定当前教师远程教学胜任力水平，判断是否符合该校胜任力模型的等级要求。由于此

① 东亚斌，段志善. 灰色关联度分辨系数的一种新的确定方法[J]. 西安建筑科技大学学报（自然科学版），2008，40（4）：589－592.

② 王永刚，胡开元. 一种基于改进灰色聚类分析的综合评价方法[J]. 中国民航大学学报，2010，28（1）：48－51.

次参加评估的教师在实施远程教学时均同时承担主讲教师和辅导教师的职责，因此将 11 项通用胜任力和 5 项岗位序列胜任力均纳入评估指标。第二，确定需要评估的胜任力项目。由于该校已经基于自身发展需求构建了胜任力模型（如 4.5 所述），因此直接采用表 6-4 所示的胜任力评估指标体系。第三，评估工具的设计。遵循成本最小和效果最优原则，选择和组合不同的胜任力评估工具，并且对每一类测评工具的内容、方式和评价标准进行设定。最后，评估报告形成。整合各种评估工具的评价结果，完成对被测者胜任力水平、等级的系统化评估，并提出改进建议和培训需求。本节主要论述此次胜任力评估工具设计和评估报告形成的过程。

6.4.1　情境性评估工具设计

由于 S 高校拥有远程教育专门机构，长期开展网络学历教育和非学历教育，远程教学管理队伍经验较为充足，具备同时实施多种评估活动的基础。因此，选择模拟行为测试、公文筐测试和案例分析作为评估工具，并分别对其内容进行了设计。同时，考虑到同一胜任力可能经由不同评估方式反复测试，特别设定了三种评估结果间的比例关系。其中，模拟行为测试适合胜任力的基础性评估，占评估成绩的 50%。公文筐测试适合课程设计等 6 种胜任力的小规模评估，案例分析适合不同胜任力类群的评估，两者各占评估成绩的 25%。

1. 模拟行为测试内容设计

选择 S 高校共 30 名参与远程教学（如开发线上 + 线下混合式课程、网络精品课程、MOOC 课程等）的教师参加模拟行为测试，测试试题样例如下所示。测试内容共包含 16 道题目，每道题目对应 1 项胜任力。5 个选项分别对应每项胜任力的 5 个行为等级，要求教师根据题干所列情境选择最有可能完成的行为。选项 A~E 分别赋值 1~5 分，各题得分按照权重 0.5 计入对应胜任力评估总分。

模拟行为测试试题样例：

高校教师远程教学胜任力模拟行为测试

尊敬的老师：

您好！以下内容是为高校教师远程教学胜任力测评而设计的模拟行为测试题目。请您根据对模拟情境的理解，选择您最有可能完成的行为，并在对应选项前的括号处打钩。

---

1. 如果您负责某个课程的远程教学设计,在组织和安排课程内容时,您认为最重要的是(　　)。

　　A. 梳理自己对课程知识内容的理解,并且理清知识间的关系和结构

　　B. 理清本门课程的内容结构,并且在必要时说明某些知识点与本学科其他课程内容间的关系

　　C. 理清自己的知识结构,抓紧完善自身在知识上的遗漏或不足,再对课程内容进行重组

　　D. 重组课程的内容结构,关注本课程知识的发展动态和前沿,引入相关的研究性内容

　　E. 考虑远程教学的规律和要求,思考如何将课程内容与远程环境进行合理的结合

2. 如果您现在需要完成一门课程的远程教学设计,您认为自己能达到的目标是(　　)。

　　A. 能充分认识远程教学的特点,并且掌握在线课程设计的基本方法

　　B. 能采用规范的方法,形成一个完整的教学设计方案

　　C. 设计方案能适应远程教学的情境,并且能有机会进行动态调整

　　D. 设计方案能适合教学实践,并且取得良好的效果

　　E. 能对所设计的方案进行反思评价,并逐步提高设计质量

3. 如果您需要录制远程教学视频,学生主要依靠视频完成课程内容的学习,您认为最大的困难是(　　)。

　　A. 如何将课堂讲授所使用的内容转化为适合视频形式的内容

　　B. 如何在师生不见面的情况下,将内容的重难点讲解清楚

　　C. 如何调整和安排视频的拍摄过程(如镜头、画面等),使学生能够清晰和快速地观看视频内容

　　D. 如何预测学生可能存在的学习障碍,并且事先提供一些补充学习资料

　　E. 如何能在远程环境下获知学生的学习状态,并且及时地提供学习建议和补充学习资料

4. 如果有学生反馈说目前远程教学的考核方式不合理,您计划改变教学评价的方式,您认为最应当关注什么工作来提高评价的质量?(　　)

　　A. 充分了解和熟悉远程教学评价的方法和流程,并且合理地应用到自己的教学中

B. 熟悉获取学习信息的手段和方法，并且确定哪些数据是可以反映学习效果的关键数据

C. 熟练操作数据分析软件来得到形成性评价和总结性评价的结论

D. 通过收集数据来准确地诊断学生的学习问题，并且调整教学，从而发挥评价的作用

E. 评价和反思自身以往的评价方式，并且提出改进的策略建议

5. 远程教学中会用到许多的信息技术，而每位老师的信息技术水平不同，您认为您最多可以完成以下的哪种操作？（　　　）

A. 能明确地指出远程教学中涉及的各类信息类型、内容特征和技术形式

B. 能通过各种技术手段搜索和获取到自己需要的远程教学资源（例如信息检索、素材下载等）

C. 不仅能收集到所需的资源，还能够对资源进行组合、整理、筛选和评价（例如加工网页文字、处理网页图片等）

D. 能够对所获得的资源进行重组和改造，形成独特的远程教学资源，并用合适的技术方式呈现（如制作多媒体教学素材、发布网页、编辑教学视频等）

E. 能够运用多种技术方法和工具软件，设计和开发出原创性的远程教学资源（例如制作网络课件、开发交互式界面等）

6. 远程教学中需要进行大量的教学交互，如果您发现与学生的交互存在困难（例如个别学生不进行交互），此时您最有可能会（　　　）。

A. 更换交互的工具或者方法，吸引学生来参与交互

B. 了解学生进行在线交互的基本心态和情绪习惯，然后改进交互的方式

C. 改变交互的主题或者时机，并且及时给予学生反馈，吸引学生持续地进行交流

D. 与不积极交互的学生进行专门交流，了解原因，然后设计适合他的交互活动或者任务

E. 发挥自己的个人魅力和协调能力，为学生创造良好的交流氛围，形成交互文化

7. 如果您的远程教学需要制作多媒体学习资源来展示某个操作过程或者实践案例，并且提供给学生在线观看或者下载，此时您最多可以做到（　　　）。

A. 根据要呈现的内容，选择一种合适的多媒体形式，并且根据技术要求对内容进行调整

B. 根据各种媒体形式的优势,用不同的形式来呈现内容的不同方面,并相互配合

C. 考虑视听心理和远程学习心理的规律,并且运用到媒体选择和素材制作中

D. 运用多种软件工具来加工素材,并且制作有特色、符合心理规律且适合内容的完整学习资源

E. 制作出独特、适合内容、符合心理规律的多媒体资源,并且具有比较高的艺术感染力

8. 如果您发现部分学生在远程学习中存在困难,但又无法及时得到帮助,您此时最有可能会(　　)。

A. 加强对学生学习状态的了解,分析学生出现学习问题的原因,并及时进行指导

B. 耐心和细致地为学生进行指导,并且尽可能满足学生的学习需求

C. 经常与学生交流,及时了解学习情况,并且安排专门的交流环节,对普遍性的学习问题进行引导和纠正

D. 建立学习进度反馈机制,根据反馈情况及时给学生提供指导和补充学习资料

E. 预测学生需要的学习支持服务,并且提供相应的学习资源或组织专门的学习活动

9. 如果在您开展远程教学的过程中,有学生向您咨询他的课程学习计划是否合理,您此时最有可能会(　　)。

A. 针对学生自己制定的课程学习计划,提出适合的建议

B. 基于自己对远程学习和课程学习的总体认识,指导学生制定富有个性的课程学习计划

C. 了解学生的性格特点、心理偏好和职业规划,指导学生制定能够激发其潜力的课程学习计划

D. 向学生提供他人的学习成功范例,启发和帮助学生建立个人的专业发展计划而非仅仅是课程学习计划

E. 以自身对专业的理解以及人生经验,启发和帮助学生建立基于专业学习的自我成长的长远计划

10. 如果您发现部分学生在远程学习中存在困难,导致成绩不理想,但是他们并没有寻求您的帮助,您此时最有可能会(　　)。

A. 主动与学生联系,询问是否有学习困难,如果学生回应,则对其进行指导

B. 主动与学生联系，一起分析学习困难产生的原因，并且对自己的教学方法和策略做出适当的调整

C. 追踪和关注问题学生，告知其远程学习的基本规则，在进行指导的同时纠正其不良学习习惯

D. 始终关注问题学生，即使是在观念发生冲突时，仍能够以其他方式对其劝诫和纠正

E. 即使会占用大量的时间和精力，仍然坚持付出额外的努力，对问题学生进行单独指导

11. 如果在远程教学过程中，由于突发的技术问题导致教学无法顺利进行，您最有可能会（　　）。

A. 暂停教学，分析原因，通知并静待相关人员解决问题

B. 尽可能完成目前能进行的教学活动，其余部分静待相关人员处理

C. 尽可能利用其他方式开展一些替代性的教学活动，在技术人员到来后主动配合解决问题

D. 在相关人员到来前积极尝试其他技术手段来完成预设的教学活动，并向相关人员提出解决问题的建设性意见

E. 积极尝试解决问题的各种技术手段和教学方案，尽快做出合理调整，并且吸纳经验，做出应对此类教学问题的预案

12. 如果您与其他老师一起组建了远程教学的团队，但是在一次教学设计的讨论中与其他老师产生了分歧，此时您最有可能会（　　）。

A. 明确自己作为团队成员的职责和在团队中的角色，积极调整与对方的关系

B. 保持参与团队的热情，与其他成员积极沟通，调整自己与他人协作的方式

C. 积极与对方沟通，进行深入的沟通和观点分享，建立和谐的合作关系

D. 不在乎对错和面子，积极地了解对方观点的依据，并且向对方提供自己观点的理由

E. 公正地评价对方的观点，建立和谐的氛围，并且为团队建设提出有益的建议

13. 如果有人认为您开展的远程教学非常成功，希望能向您请教关键经验，此时您最有可能会（　　）。

A. 向他强调掌握远程教学特点和规律的重要性

B. 向他列举自己的一些故事和经验，帮助他改善远程教学的方法

C. 从自己的经验出发,帮助他建立远程教学所需的知识结构和能力体系

D. 发表自己对远程教学现状和未来发展的看法,帮助他对远程教学建立更深刻的认识

E. 结合自己对远程教学的独特见解,帮助他建立基于远程教学发展的自我发展规划

14. 如果您已经开展了一段时间的远程教学,现在想要为教学增加特色和亮点,此时您最有可能会(   )。

A. 分析自己在教学和技术上的优势,完善教学方法,优化教学不足

B. 反思教学过程和教学策略,打造有特色的教学内容、策略和活动

C. 了解远程教学领域的新思想和新方法,并引入自己的教学中

D. 参考远程教学领域的创新实践案例,形成前沿性的教学设计方案,全面更新设计思想

E. 对远程教学保持强烈的研究热情,定期开展研究活动,不断提出创新的教学方法和策略

15. 如果您所在团队正在开展远程教学的改革,而您有一些新的想法,此时您最有可能会(   )。

A. 认为自己对于远程教学有一定的经验积累,自己的想法是有新意和独创性的

B. 认为自己对于团队开展远程教学有所贡献,并且贡献是基于自己的能力和经验的

C. 认为鉴于自己的能力和以往表现,自己的想法一定能得到其他成员的认可

D. 相信自己的想法能解决之前的难题,并且取得不错的效果

E. 坚信即使新想法短期内可能无法收到好的效果,将来也一定能起到明显的积极作用

16. 如果您发现自己的远程教学效果不甚理想,决定要提升远程教学设计的质量,您认为此时最有效的方法是(   )。

A. 认真地分析自身的优势和不足,并且坚定提升自身水平的决心

B. 认真反思自己的远程教学设计思想、过程和方法,制定后期完善的规划

C. 参与一些远程教学的交流活动,寻找同行建立团队,相互助力来共同进步

D. 在反思自我的基础上,制定明确的目标和短期计划,通过自学、交流等各种方式提升自己

E. 将自己的专业特色与远程教学结合起来,寻找未来的职业发展方向,制定长期的发展规划

2.公文筐测试内容设计

公文筐测试的样本主要来自 S 高校教师在开展线上 + 线下混合式教学、MOOC 教学和网络课程设计时提供的教学设计方案，以及远程教学设计的实证研究文献（如学术论文、硕博士学位论文中描述的教学实践案例）。公文筐测试样例如下所示。测试内容涵盖表 6 – 5 所示的 10 项胜任力，要求教师以文字描述或录音的方式完成。文字及音频资料经过整理、转录后，由两名评估专家根据观测点清单进行评分，并计算两者评分结果的一致性。当评分差距大于 0.5 时，由第三人进行仲裁。各项胜任力评估结果按照权重 0.25 计入总分。

基于远程教学设计方案的公文筐测试样例：

高校教师远程教学胜任力公文筐测试

尊敬的老师：

您好！以下内容是为完成高校教师远程教学胜任力测评而进行的公文筐测试。所谓公文筐，就是在远程教学的实际工作中最为核心的公文材料。在此次测试中，我们选用远程教学设计方案作为公文筐，请您根据提纲，对所提供的设计方案进行详尽分析，并做出具体说明。学校相关评价机构将根据您的分析结果进行胜任力测评，测评结果将以测评报告的形式反馈给您。感谢您的配合！

（1）测试内容

请您根据自己的特点，在所列的远程教学设计方案中选择一个，仔细阅读，并按照提纲完成分析。

①《专业学科导引》远程教学设计方案（全文）；

②《学科研究方法与论文写作》远程教学设计方案（全文）；

③《学科发展前沿专题》远程教学设计方案（全文）；

④《大学生职业生涯规划》远程教学设计方案（全文）。

（2）分析提纲

① 方案能否体现远程教学特点，是否符合远程教学规律？请写出具体的理由并提出改进建议。

② 方案能否满足在线课程设计的要求，在同类课程中处于什么水平？请写出具体的理由并提出改进建议。

③ 方案计划使用的学习资源是否符合远程学习规律和技术规范？请写出具体的理由并提出改进建议。

④ 方案使用的学习评价方法是否合理和有效？请写出具体的理由并提出改进建议。

---

⑤ 方案中的教学交互设计是否合理和充分？请写出具体的理由并提出改进建议。

⑥ 方案中为学生提供的过程性监控、学习支持是否恰当和充分？请写出具体的理由并提出改进建议。

⑦ 方案中是否对可能出现的学习困难做出了预测和应对策略？预测和应对策略是否合理和完善？请写出具体的理由并提出改进建议。

⑧ 方案的整体设计是否具有创新性和亮点？请写出具体的创新点并提出改进建议。

⑨ 您在评价该方案的过程中，获得了怎样的体验和感受？与其相比，您的远程教学设计有什么优势和不足？请写出具体的体验和比较结果。

⑩ 您认为远程教学设计的成功关键是什么？未来您将如何更好地开展远程教学设计？请写出具体的观点和未来规划。

3. 案例分析内容设计

案例分析的样本来自在构建高校教师远程教学胜任力模型时采集的行为事件。案例分析测评的胜任力与当时从行为事件中提取的胜任力相对应。案例分析测试的样例如下所示。所评估的胜任力包括特点认知、媒体表达、信息素养、责任感、问题解决、自我提升等。评估得分仍由 2～3 名评估专家给出，按照 0.25 的权重计入总分。

案例分析测试的样例：

高校教师远程教学胜任力案例分析测试

尊敬的老师：

您好！以下内容是为完成高校教师远程教学胜任力测评而进行的案例分析测试。请您根据提纲，对所提供的远程教学案例进行详尽分析，并做出具体说明。学校相关评价机构将根据您的分析结果进行胜任力测评，测评结果将以测评报告的形式反馈给您。感谢您的配合！

（1）测试内容

请您仔细阅读案例内容，并按照提纲完成分析：

某老师在《工程制图》课程中，采用了教学视频的方式来展现制图的基本过程，完成课程的核心技能训练目标。他最初的方法是自己展示制图的过程，让家人使用手机在旁边拍摄。但是发现拍摄的效果不佳，画面有抖动。因此，他改进了方法，使用了三脚架来拍摄，画面抖动的问题得到了解决。于是，他将教学视频发送给部分学生，来听取他们的意见。学生反馈指出视频虽然拍摄清晰，但是存在几个主要问题。首先，在制图过程中有许多细节需要展示,需要近距离观察,但是镜头始终固定,无法推拉画面,也不能调整拍摄角度。其次,老师主要依赖语言讲解,但是一些术语学生较为陌生,可能会影响理解,需要字幕的配合。此外,视频录制的时间较长,学生在线观看或者下载的速度都比较慢,需要长时间的等待。老师对这些意见高度重视,在网上搜寻了各种视频录制软件,找到了相对便捷的配置字幕的方法。他还学习了视频编辑软件的操作方法,将长视频剪切为10分钟左右的短视频,并且注意了各个视频间的衔接关系。由于三脚架在拍摄过程中是无法移动的,因此,他通过不同的角度和距离反复拍摄同一个制图的过程,同时配合人工拍摄,然后通过视频镜头剪切的方式,实现镜头的推拉摇移。他将新的视频再次发送给学生,在确定视频能够满足学生的学习需求后,将视频发送到课程平台供学生播放或下载。

(2)分析提纲

① 案例中反映出的远程教学规律是什么?请具体说明。

② 案例中体现出的远程教学资源制作的要求和注意事项有哪些?请具体说明。

③ 案例中的教师具备怎样的信息素养?起到了怎样的关键性作用?请具体说明。

④ 案例中的教师是否富有责任感?是如何表现的?请具体说明。

⑤ 案例中的教师在远程教学中遇到了哪些问题?他解决问题的思路和策略是什么?请具体说明。

⑥ 您从案例中获得了怎样的经验和启发?您打算如何将这些经验和启发用在自己未来的远程教学中?请写出具体的体验和未来规划。

6.4.2　胜任力测评报告分析

采用灰色关联分析和灰色综合评价方法获得胜任力的各项评估结果后,需要进一步诊断被测者及其群体的胜任力达标情况。诊断的依据有两个:一是效标参照,即同类教师的平均胜任力水平,是一种相对基准;二是标准参照,即S高校在5个胜任力等级中设定的达标标准,并且根据需要进行动态调整。测评的最后应当形成胜任力测评报告,向高校管理者和教师告知目前在哪些教学任务中能够获得优异绩效。测评报告最终呈现:(1)教师各项胜任力得分及达标情况;(2)教师各项胜任力的排序;(3)教师所属群体的胜任力等级水平及与达标水平的差距;(4)教师各项胜任力在所属群体中的排名。

教师 X 的胜任力测评报告如下所示。分析可知,该教师具有较高的学科素养和信息素养,能够制作符合标准的多媒体教学素材,并且善于与学生建立互动关系,提供监控、支持和咨询等学习服务。同时,该教师有着强烈的责任感,能够通过创造性思维解决远程学习中的问题,并借此获得较强的教学成就感与专业发展动力。但是该教师对远程教学的特点和基本规律认识尚待完善,远程教学经验有所欠缺,因而远程讲授以及远程学习评价能力相对较弱。与其他教师相比,该教师胜任力总体处于中等偏上水平,信息处理与过程管理能力较强,职业认知和教学实施能力偏弱,需要进一步提升。

教师 X 的胜任力测评报告:

远程教学胜任力测评报告

个体胜任力测评结果(教师:X)

一级指标	二级指标	实测分值	标准分值	平均分值	二级指标	实测分值	标准分值	平均分值
教学实施	学科素养	4.6	4.0	4.3	课程设计	4.4	4.0	4.3
	讲授技能	3.3	3.0	3.8	学习评价	3.7	3.0	4.1
信息处理	教学交互	4.7	4.0	4.3	信息素养	4.6	4.0	4.3
	监控支持	3.9	3.0	3.4	媒体表达	4.5	4.0	4.4
	咨询建议	3.8	3.0	3.3				
过程管理	责任感	4.7	4.0	4.4	问题解决	4.0	3.0	3.8
	团队协作	3.4	3.0	3.4				
职业认知	特点认知	3.4	3.0	4.3	自我效能	4.0	3.0	3.3
	自我提升	4.2	3.0	3.6	创造性思维	3.8	3.0	3.6

个人胜任力达标结果:均达标

个人胜任力排序结果:信息处理 > 过程管理 > 职业认知 > 教学实施

群体胜任力测评结果(包括 X 在内共6人)

胜任力	胜任力	教学实施	信息处理	过程管理	职业认知	综合
序列评估	排序结果	BDCXAE	DXEBAC	DXBECA	BDCXEA	DBXECA
群体胜任力等级水平:3	评估达标等级:3					

综合评价：

①您的各项胜任力均达到所在单位设定的基本要求，其排序为：信息处理＞过程管理＞职业认知＞教学实施；其中学科素养、教学交互、监控支持、咨询建议、信息素养、责任感、问题解决、自我效能、自我提升、创造性思维高于同类教师平均水平，特点认识、讲授技能与学习评价低于同类教师平均水平，其余胜任力与评价水平基本相当（差值＜0.2）；②您所在的教师群体的等级水平为3，达到所在单位设定的基本要求；③您的胜任力综合水平在同类教师（共6人）中排名第3，其中信息处理和过程管理排名第2，职业认知和教学实施排名第4。

培训学习建议：

建议您进入高校教师远程教学胜任力培训系统，学习：

① 远程教学的特点与基本规律；

② 远程教育教师的能力要求；

③ 远程教学的原理与方法；

④ 远程教学评价方法；

⑤ 获取学习过程性信息的方法；

⑥ 常见数据处理方法。

S高校能够通过胜任力测试报告得知教师群体是否胜任远程教学岗位，并且依据这些信息动态调整教师远程教学培训规划。例如，被测6位教师的群体等级评估结果为3，而预先设定的标准等级为3，说明该教师群体能够基本胜任。根据胜任力序列评估结果，排名靠后者教师A应引起注意评测机构的特别关注。此外，尽管教师X的各项胜任力均达标，但其他教师的评估报告显示，教师C的"信息素养"与"媒体表达"两项胜任力等级均低于达标等级，且有3名教师的"监控支持"胜任力未能达标，说明这3项胜任力应当成为后续胜任力培训和下一轮评估的重点内容。

第 7 章

高校教师远程教学胜任力研究的未来发展

正如绩效技术的引入为教育技术的评价研究打开了方法之门,胜任力理论及其技术亦能够为教师能力研究开启一扇新窗。目前,国外教育领域已经积累了大量的研究成果,美国哈佛大学(Harvard University)、加拿大女王大学(Queen's University)、英国文化协会(British Council)新加坡分部等许多高校和教育机构都制定了适合自身的胜任力词典用于教师管理。因此,胜任力模型在国内教育领域的广泛研究与应用,是可以预测的。

将胜任力模型引入国内高校教师远程教学能力研究,尚有大量的主题有待探索。例如,如何使通过回顾过去而建立起来的胜任力模型能够保持对现在或未来不断变化的远程教学情景的适应性? 在远程教学实际中对胜任力产生影响的主要因素有哪些? 如何为教师教育管理机构动态调整胜任力行为等级提供合理的原则或策略? 如何对远程教学胜任力培训内容进行优化,从而使其与胜任力行为等级水平要求的变化有效呼应? 针对远程教学胜任力评价所产生的不完全、甚至不明确的信息,是否有更为合理的评价方式? 如何设计与开发智能化的胜任力评估工具,提升管理效能? 上述问题,都会成为未来高校教师远程教学胜任力研究的主要课题。

目前,许多学者都在开展教师胜任力的深层次研究。未来,远程教学胜任力研究的发展依赖于胜任力理论及其技术的整体进步,这将聚焦在两个方面:胜任力理论研究的发展和胜任力应用实践的推进。

7.1 胜任力理论研究的发展

已有的胜任力理论研究主要侧重胜任力概念及其内涵解析、胜任力特征表征、胜任力模型构建、胜任力培训与测评框架构建等。未来的胜任力理论研究将着力于胜任力模型优化以及胜任力评估体系构建的理论和方法革新。

7.1.1 胜任力模型构建的理论拓展

尽管有相当一部分学者或者咨询机构都在从事胜任力的研究，并且人力资源管理领域也对胜任力的概念和技术予以高度的认同，然而我们对于胜任力发展的理论基础以及胜任力模型的逻辑合理性，仍所知甚少。这导致胜任力模型的完整度不高、实践指导力偏低和情境特异性不足。

如前所述，胜任力模型是以"冰山模型"和"洋葱模型"为理论参考的。其中，洋葱模型十分注重对层次的划分，强调通过胜任力要素的维度以及层层递进的关系来反映个体之间不同特质的差异，这使得模型具有较好的稳定性。但是，洋葱模型越靠外的特质越容易进行测评与调整，而越靠近内核的特质就越难以挖掘。此外，洋葱模型的核心需要在不断整合外层特质的基础上完成优化，而外层胜任力指标的确定与描述需要更多经验判断与工具测验来保障。同理，冰山模型中"冰山以下"部分是决定个体能力的关键因素，这些潜在和深层次要素也依赖于外层指标的不断内化、整合和更新。因此，未来胜任力模型构建应当首先吸纳更为先进的要素分析技术，提高胜任力要素的完备性。例如，依据"洋葱模型"的胜任特质分类划分不同维度，运用扎根理论将相关胜任力要素进行汇总，实现模型的高覆盖面和不同情境的适应性。[1] 再如，基于"冰山模型"，采用数据挖掘与数据分析方法，通过分析外显能力指标确定深层次要素，构建完备的胜任力要素矩阵，提升胜任力模型的代表性与普适性。

其次，从人力资源系统的发展框架出发，提高胜任力模型在理论与实践层面的整合度。德沃斯（De Vos）、德奥夫（De Hauw）和威廉姆斯（Willemse）[2]的研究指出，胜任力发展过程与组织战略应当达到垂直整合，而胜任力发展过程与人力资源实践则应保持水平一致。法兰德斯（Flanders）政府的案例则进一步证明利用上述的垂直和水平关系能够实现胜任力模型在理论和实践上的互融。

---

① 文继英.中小学教师在线教学胜任力模型构建及应用研究[D].大连:辽宁师范大学,2021.

② DE VOS A, DE HAUW S, WILLEMSE I. An integrative model for competency development in organizations:the Flemish case[J]. The international journal of human resource management, 2015,26(20):2543 – 2568.

他们鼓励员工重视自身的岗位胜任力,以便适应企业倡导的竞争文化。同时,基于劳动力供需设计和组织各种能力发展项目,帮助员工完成职业管理,确保个人的"职业安全"。① 这些经验能够为基于组织发展与胜任力发展的相互关系来优化胜任力模型的研究提供新路向。

再次,丰富胜任力的研究视角,拓宽胜任力模型的应用场域。目前,已有学者先后提出了情绪胜任力、逆境胜任力和团队胜任力等富有特色的研究视角。情绪胜任力被描述为在工作中与个人绩效相关的情绪智力,它能够创造承诺环境,使参与者根据适应性和技术情况,运用情绪特质完成组织活动。② 逆境胜任力指某一工作中能够改变逆境、实现成功的卓越领导者所具备的个体深层次特质。③ 团队胜任力是个体通过促进集体协作,使团队取得成功的潜在深层次特质的组合。④ 未来,针对上述胜任力进行建模将会是有价值的工作,而更为新颖的视角也会不断出现,提升胜任力模型对特定情境的适应性。

7.1.2　胜任力模型建构的方法优化

胜任力模型的构建可以归纳为自上而下的演绎和自下而上的归纳两类过程。无论哪种过程,都需要采用特定的数据采集方法。然而,常用的方法本身都或多或少地存在缺陷,需要审慎使用和不断优化。例如,行为事件访谈法作为胜任力建模最主要的方法,对研究者的要求很高。只有经过专业培训的访谈者才能通过不断地有效追问,获得目标能力相关的完整事件描述。此外,行为事件访谈在实施中还会面临以下困难。其一,精确区分出绩效优异群体和绩效普通群体存在困难,这直接影响到访谈样本的代表性。其二,访谈需要一定数量的有效样本,而一般的机构可能无法提供。即使样本量足够,也需要付出大量的人力、财力和物力,回报率并不令人满意。因此,有学者采用行为事件访谈

---

① VAN DER HEIJDE CM,VAN DER HEIJDE B I J M. A competence – based and multidimensional operationalization and measurement of employability human resource management[J]. Human resource management,2006,45(3):449 – 476.

② GOLEMAN D, BOYATZIS R E, MCKEE A. Primal leadership:Unleashing the power of emotional intelligence[M]. Boston,MA:Harvard Business Press, 2013.

③ 马新建,顾阳. 塑造企业领导者的逆境胜任力[J]. 中国人力资源开发,2009(6):50 – 53.

④ BRANCO C K. Predicting individual team member performance:The role of team competency, cognitive ability, and personality[D]. Halifax,NS:Saint Mary's University,2003.

法的简化模式，保留访谈的信息收集方法，从而提高数据获取的效率，但这会影响访谈数据的系统性，进而影响胜任力操作定义和行为描述的准确性。

再如，除行为事件访谈外，胜任力建模也常常使用扎根理论，对样本资料进行开放性编码、主轴性编码和选择性三级编码，从中获取胜任力的概念、范畴、主范畴和核心范畴，进而提取胜任力要素。然而，采用此方法所形成的理论通常在普适性上升到微观层次后就会达到饱和状态，继续吸料来扩大理论的普适性极为困难，最多只能到达"中观"理论层面。同时，将访谈文本数据作为扎根理论研究数据的做法仍饱受争议。有学者认为，扎根理论的被访谈对象可能会受主观因素影响，提供失实的数据。① 扎根理论的数据要进行主观、事后的分析，也必然导致可信性的缺乏，并不适用于严密的理论演绎过程或者对理论可信度要求较高的情形。此外，扎根理论对于研究者自身素质的依赖过强，难以在资料的客观性和研究者的主观涉入之间取得很好的平衡。此时，研究者通常仅能发展概念，却很难真正形成理论。

同样，问卷调查法也会受其固有属性的影响。问卷调查法的结果完全取决于被调查者的合作态度和实事求是的科学精神，而这在匿名状态下并不可控。由于局限于书面文字，问卷调查对样本对象的文化程度有一定的要求。对象无法正确理解调查的问题，往往成为获取有效数据的障碍。此外，针对动机、思想、观念、价值等内隐要素，问卷调查往往无法获得直接和生动的数据信息。

破解上述问题的关键是在进行方法整合的同时，积极地进行胜任力建模的方法创新。第一种思路是将传统的归纳法与演绎法进行改良，从而形成新的胜任力建模方法。曾双喜②将胜任力建模方法分为基于归纳的传统建模方法、归纳为主兼顾演绎的经典建模方法、基于演绎的敏捷建模方法以及演绎为主兼顾归纳的共创建模方法。其中，敏捷建模一般利用机构中成熟的胜任力词典库，通过简单访谈、小组研讨和工作分析，梳理和整合胜任力要求，从而提高模型建构的效率。共创建模以战略文化为导向，通过行为学习促动技术的引导，由建模对象自己来完成胜任力模型的构建，加深个体对自身职责的理解，促成对胜任力标准的统一认识，在确保效果的同时兼顾效率。

---

① 王庆娟，朱征，张金成，等.晋升公平概念及效用机制的探索：一项质性研究[J].南开管理评论，2023，26(5)：157-169.

② 曾双喜.构建胜任力模型的四种方法[J].人力资源，2021(23)：78-79.

第二种思路是从问题出发,采用基于证据的方法来分析胜任力的内涵、层次、基础、机制和环境等要素。例如,罗生全、赵佳丽[1]注意到"教研员胜任力"多基于经验分析或理论构想,缺乏实证研究支持,因而确定了数理循证的研究思路:面向研究提出问题与假设,在教育实证研究范式指引下,采用混合研究和循证研究方法探究胜任力发展模态。

第三种思路是通过提炼目标领域的文化元素来进行胜任力模型构建。社会文化是教师解决任何外部生存以及任何内部共同生活的哲学,它决定了教师对各种事物的偏好。社会文化必须转化成教师心中的价值和理念,才能真正发挥作用。因此,在挖掘教师胜任力的深层次要素时,必须考量社会文化的要求,将其作为职业素养的组成部分加以关注。例如,帕里克(Paric)、凯赫拉伦(Kaihlanen)和赫波尼埃米(Heponiemi)等[2]将跨文化要素引入教师胜任力培训的内容体系之中,通过开展跨文化能力和循证教学法的相关培训,实现教师对于多元文化的充分理解和适度应用。

7.1.3　胜任力评估体系的完善

当前,部分研究仅仅通过专家咨询、主观推测等简单方法提炼胜任力的评估指标,缺乏对不同层级指标之间关系合理性的分析,从而导致内涵重复、逻辑关联性差、实践指导力弱等问题。因此,胜任力评估体系的完善应首先致力于提升评估指标及其维度划分的科学性。

评估指标的科学性建立在完备性的基础上。目前胜任力评估指标中的内隐要素多集中于可测量的思维或态度,如职业投入度、自我效能感、创新思维等。随着教学问题和教学情境复杂度的不断提高,一些新的评估要素应当被吸纳和关注。例如,伦理反思是反映教学整体价值观和教师道德水平的重要指标,对其进行评估不仅可以改变以往教学伦理意识薄弱的问题,还有利于促进

---

① 罗生全,赵佳丽.教研员胜任力探究:多结构水平模型建构与运用[J].华东师范大学学报(教育科学版),2021,39(5):68-84.

② PARIC M, KAIHLANEN A M, HEPONIEMI T, et al. Nurse teacher's perceptions on teaching cultural competence to students in Finland:a descriptive qualitative study[J]. Nurse education today,2021(99):1-7.

教学公平。① 此外,一些学者提出将特定时代中受评估者的个人特质作为评估胜任力的新指标。例如,张养力、沈小琴和吴琼②将智能时代背景下人格影响力作为学校首席信息官胜任力的一级指标,尝试通过人格影响力来提升教师人格魅力与教学的文化软氛围。

与此同时,胜任力评估能否真正起到作用,在很大程度上取决于评价主体的多元性。然而许多评估机构仍采用专家视角的德尔菲法来确定评估内容,表现出单一、狭隘和孤立的评估立场。尽管教师是实现高质量评估的重要因素,但针对教师的胜任力评估通常由学校管理层和外部控制机构全权负责,教师并不能参与评估内容和评估方法的决策。许多教师认为如果使用不被他们认可的测量工具来进行评估,自己会对评估质量有一定程度的怀疑和排斥。学习者作为远程教学的受众,其评价结果亦被认为是反映教学绩效的直接指标,具有高质量的反馈功能。可见,提高师生在胜任力评估体系构建与应用过程中的参与度,对于提升评估效果至关重要。

在荷兰,教师既是教学主导者,也是评价的主体。教师需要参与评估标准开发的讨论,并定期反馈评估的实施效果,以确保评估标准的合理化与可行性。事实证明,保障教师的评估标准决策权,能够帮助教师建立教学评估的自信心,有利于完善评估标准的细则。③ 学习者参与评估决策的可行方法之一是在确定评估指标时使用最佳-最差量表。不同于传统的陈述式问答或简单评级的方法,最佳-最差量表要求学生权衡每个胜任力评估指标的相对重要性,辅以定性数据进行扩充,从而提供更丰富的反馈信息,平衡评价指标间的差异与共性。

① TALAUEF, KIM M, LIN L. Teaching competency for business educators: a framework for quality assessment within higher education institutions in ASEAN[C]//The 1st workshop on multimedia education, learning, assessment and its implementation in game and gamification in conjunction with COMDEV. European Alliance for Innovation(EAI),2019.

② 张养力,沈小琴,吴琼.学校首席信息官胜任力评价指标体系构建[J].现代远程教育研究,2021,33(4):104-112.

③ BAARTMAN L K J, BASTIAENS T J, KIRSCHNER P A, et al. Teachers' opinions on quality criteria for competency assessment programs[J]. Teaching and teacher education, 2007, 23(6):857-867.

7.2　胜任力应用实践的推进

胜任力研究应当以推动应用实践作为最终目标。这依赖于建立胜任力研究专门机构,开发优质的胜任力培训项目和创设胜任力发展的生态环境。

7.2.1　建立胜任力研究专门机构

胜任力研究机构以具有特定知识、技能以及人格特点的职业人员为对象,致力于胜任力模型开发、培训规划、评估认证等工作,承担着胜任力研究成果质量保障和应用推广的重要职能。目前,已有许多国际组织、高校和学术机构向社会各界提供胜任力服务。例如,2009 年联合国发布了包括核心价值观、核心胜任力和管理胜任力三维结构的未来胜任力模型,从而更有效、更有针对性地向国际组织输送人才。[①] 哈佛大学职场发展中心(Harvard's Center for Workplace Development,HCWD)为教师提供各类培训服务,旨在促进教师沟通能力、生产力、管理能力以及职业生涯的发展。[②] 东盟大学联盟(ASEAN University Network,AUN)成立了工作小组,对东盟成员国开展的高校教师胜任力培训项目展开评估,为优化教师胜任力提升策略作出了巨大努力。[③] 威斯康辛大学麦迪逊分校(University of Wisconsin – Madison)面向师范生开设了"全球视野"证书项目,激励学生积极提升教学胜任力。[④] 西班牙、葡萄牙、英国的三所大学以及国内西南大学、西北师范大学和北京师范大学共同发布了教师国际胜任力的框

---

① UN. OFFICE OF HUMAN RESOURCES MANAGEMENT. United Nations competencies for the future[EB/OL]. (2009 – 11 – 01)[2023 – 05 – 02]. https://digitallibrary. un. org/record/699801.

② HARVARD UNIVERSITY. Center for Workplace Development[EB/OL]. (2006 – 02 – 15)[2023 – 05 – 02]. https://hr. harvard. edu/center – workplace – development – department.

③ TALAUE F, KIM M, LIN L. Teaching competency for business educators:a framework for quality assessment within higher education institutions in ASEAN[C]//The 1st workshop on multimedia education, learning, assessment and its implementation in game and gamification in conjunction with COMDEV. European Alliance for Innovation (EAI),2019.

④ UNIVERSITY OF WISCONSIN – MADISON. New certificate program:global perspectives[EB/OL]. (2008 – 08 – 21)[2023 – 05 – 02]. https://international. wisc. edu/new – certificate – program – global – perspectives/.

架,并运用胜任力框架对中国教师的核心胜任力以及基于胜任力的培训方法进行了界定。[①] 华东政法大学与联合国训练研究所(United Nations Institute for Training and Research,UNITAR)联合设立了"全球培训网络上海国际组织胜任力研训中心",开展全球语言能力研训、治理能力研训和法律服务研训,为国际组织培养管理人才。[②] 另外,威尔克斯大学(Wilkes University)、圭尔夫大学(University of Guelph)、女王大学(Queen's University)、英国文化协会(British Council)等高校和机构也对教师胜任力进行了系统研究。

未来,高质量的胜任力研究机构应当强化以下的服务功能。第一,提供面向不同群体的胜任力模型、培训方案/项目、评估标准/工具等,为胜任力研究提供研究范例和直接成果,发挥专业示范作用。第二,增强跨机构、跨部门的沟通,帮助机构间开展多领域合作,提高胜任力模型的通用性以及现实适应性,推动胜任力的实践应用。第三,帮助实践者准确辨别胜任力模型应用情境的潜在差异,高效地应用胜任力模型完成人员招聘、选拔、培训和绩效评估,开展人力资源管理,挖掘人力资本的潜力。

7.2.2　开发优质胜任力培训项目

集中培训是提高教师胜任力的最主要也最常见的方式。然而,缺乏良好设计的、单纯重复的集中训练并不能取得良好的效果,反而会导致教师的抵触和逆反心理。因此,未来应当从现实的岗位职能和职业发展的目标出发,开展教师胜任力培训项目的系统化设计,避免当前培训中存在的盲目、短视的现象。

"运用全球教师胜任力框架提升中国教师关键胜任力"(Building up Chinese Teachers' Key Competences through a Global Competence – Based Framework,TKcom)项目是欧洲"伊拉斯姆斯 +"(Erasmus +)计划高等教育建设项目资助的教师培训项目,旨在基于全球教师核心能力框架,开发出适合培养中国未来全

---

① 北京师范大学.基于胜任力途径的教师教育:从 理 论 到 实 践[EB/OL]. (2020 – 09 – 25)[2023 – 05 – 03]. https://psych. bnu. edu. cn/attachments/4e03ac369c85434a89140ddc 065a51df. pdf.

② 中国新闻网."全球培训网络上海国际组织胜任力研训中心"上海成立[EB/OL]. (2021 – 10 – 26)[2023 – 05 – 03]. http://www. sh. chinanews. com. cn/kjjy/2021 – 10 – 26/ 92460. shtml.

科小学教师胜任力的培训方法和课程,最终用于提升中国小学教师的胜任力。[①] 美国亚洲协会(Asia Society of America)与哥伦比亚大学(Columbia University)共同开发设计的美国全球胜任力证书项目(Global Competence Certificate,GCC)是首个以提高基础教育阶段教师的"全球胜任力"教学水平为目的的在线课程,建立"认知 – 情感 – 实践"三位一体的学习目标体系,开设专业教育课程、通识教育课程和实践教育课程,构建涵盖加深全球胜任力专业知识学习、理解或解决实际全球性问题和提升自身实践能力的课程体系。[②] 美国阿波罗教育集团建立了"师徒制"的胜任力培训模式,由教学经验丰富的教师对跨地区的高校青年教师进行培训、管理和评估,取得了良好的效果。[③] 学科教师咨询(Musyanarah Guru Mata Pelajaran,MGMP)项目为教师提供各类胜任力培训活动,促进教师间跨地区、多学科协作,帮助教师提升学科知识技能、学习工具开发技能和学习绩效评估技能。[④]

经验显示,单一的校本培训无法使教师完整地掌握专业前沿以及解决实际教学问题的新技术、新方法,构建校际合作培训是实现教师在同一领域相互支持的重要途径之一。[⑤] 因此,未来胜任力培训项目成功的关键之一是采用跨区域联合培训的组织形式。通过跨校合作,能够为教师提供更多学习机会,创新教学实践环节,在教学实施、资源开发、环境创设等方面实现优势互补,实现胜任力的提升。

培训内容设计是开发胜任力培训项目的另一个关键。当前多数培训内容并未真正有效地提升教师胜任力,缺乏针对性。[⑥] 实现培训、在职学习和职业生

[①] 北京师范大学. 运用全球教师胜任力框架提升中国教师关键胜任力项目培训招募说明[EB/OL]. (2018 – 04 – 01)[2023 – 05 – 04]. https://psych. bnu. edu. cn/attachments/efa584d569134965a87b3aab9eb69311. pdf.

[②] 张沿沿,赵丽,张舒予. 美国"全球胜任力"教师教育课程体系及其启示[J]. 比较教育研究. 2017,39(10):90 – 96.

[③] 魏志慧,黄复生. 美国远程教育:阿波罗模式—访阿波罗国际公司前中国区营运总裁胡继旋博士[J]. 开放教育研究,2006(5):4 – 8.

[④] RAMLAN R, FARIZAWATI F, HASRUL S. The effectiveness of implementation of the MGMP revitalization program as a media increasing english teacher competency in pidie district[J]. Budapest international research and critics institute(BIRCI – Journal),2020,3(1):95 – 103.

[⑤] 季丽春. 英语教师跨校合作的意义及可行性分析[J]. 教育探索,2011(4):61 – 62.

[⑥] 华东地区高校教师培训专题研究课题组. 华东地区高校教师培训现状调查[J]. 教师教育研究,2005(2):33 – 37.

涯管理有机结合,是突破困境的有效路径。培训需求的分析必须综合考量教学改革实践、学校发展规划和个人职业发展目标,实现宏观方向与微观诉求之间的动态平衡。注重发挥职业期望、价值体认和生活信念等教师人格因素的积极作用,将培训变为所需、所能的教师自我成长行为。培训活动的设计必须考虑教师的起点水平和工学矛盾,采用 TPACK 游戏、项目式学习、研究性学习等新型培训方式,将培训从单纯的教学论讲授和新技术推广变成面向融合应用的探究过程。

7.3　创设胜任力发展的生态环境

胜任力发展需要良好的生态环境,这依赖于文化、技术和制度等因素的协同效应。首先,应当构建面向绩效的文化环境。胜任力开发的最大价值在于能够摒弃传统能力开发"理想化"的弊端,真正面向岗位职能和工作绩效。绩效是远程教学过程与结果的综合反映,是教师对远程教学贡献程度的真实体现。面向绩效的管理使得对教师的评估与培养不再受制于管理者的意志和认知,能够将教师的个人努力与高校发展的整体目标连接在一起,从而激发出教师的工作潜力。在此意义上,以绩效作为逻辑基础的胜任力开发更能够体现对教师主体地位的尊重和强调,而"以人为本"正是现代人力资源管理和教师教育应然的价值取向。

其次,应当创设面向数据智能的技术环境。近年来,利用人工智能技术助推远程教育教师能力发展已经成为新热点。智能技术能够为远程教学提供强大的技术支撑,将教师从技术应用的困境中解放出来,大胆地开展远程教学改革和创新,提升经验水平和实践效能。利用智能分析技术,管理者能够主动采集教师开展远程教学与研究的数据,并在高校间形成大数据,通过数据挖掘明晰教师远程教学胜任力发展的现状与需求,从而优化教师服务和改进教师管理。

再次,应当构建面向职业发展的制度环境。胜任力开发是包含胜任力界定、培训和评估在内的系统化工程,其根本目的是满足教师的职业发展需要。职业发展是探索和建立个人职业道路,并取得成功和成就的终身职业活动。这不仅包含教师的个人努力,还包含高校帮助教师获得知识和技能的长期规划和组织行为。因此,高校应当充分协调教师自身发展和学校整体发展之间的关系,建立灵活务实的胜任力发展目标,通过完善的胜任力评估制度诊断问题,帮助教师做好职业决策。同时,通过建立职业扶助制度,针对远程教学中的技术瓶颈、职业倦怠和能力弱化等问题提供职业咨询和职业道路引导,实现迷茫→适应→塑造→沉淀→开拓的能力蜕变。

参考文献

[1]程智.对网络教育概念的探讨[J].电化教育研究,2003(7):25-28.

[2]丁兴富.远程教育学基本概念与研究对象之我见[J].开放教育研究,2005(1):32-41.

[3]丁兴富.远程教育学[M].北京:北京师范大学出版社,2009.

[4]CIQA联盟.全国高校线上教学状况及质量分析报告:来自86所各类高校的调研综合报告(一)[EB/OL].(2020-03-26)[2023-03-28].https://mp.weixin.qq.com/s/BgWRV9BXeSgOTDgR7kvSgA.

[5]CIQA联盟.全国高校线上教学状况及质量分析报告:来自86所各类高校的调研综合报告(续)[EB/OL].(2020-03-30)[2023-03-28].https://mp.weixin.qq.com/s/oONDWn39LgatS1dnEVTbQQ.

[6]冯立国,刘颖.开放大学教师教学能力标准研究[J].中国远程教育,2017(6):64-72.

[7]李爽,陈丽.中国远程教育关键专业角色能力需求和现状调查研究[J].中国电化教育,2009(2):35-40.

[8]岳丽娜,聂怀勇.教育信息化2.0视域下高校教师信息化教学能力现状调查与分析[J].华北理工大学学报(社会科学版),2021,21(4):108-114.

[9]杨素娟,刘选.扎根理论指导下的远程教育教师能力要素研究[J].中国电化教育,2009(10):34-38.

[10]翁朱华.现代远程教育教师专业素养研究[J].中国电化教育,2012(2):71-77.

[11]李志河,刘芷秀,聂建文.高校在线教师教学学术能力的评价指标体系构建[J].远程教育杂志,2020,38(5):81-89.

[12]教育部,关于政协十三届全国委员会第三次会议第2807号(教育类

260 号)提案答复的函[EB/OL].(2020 – 11 – 23)[2023 – 04 – 18].http://www.moe.gov.cn/jyb_xxgk/xxgk_jyta/jyta_gaojiaosi/202011/t20201123_501341.html.

[13]中国网.2020 中国远程与继续教育大会召开[EB/OL].(2020 – 10 – 22)[2023 – 04 – 26].https://edu.china.com.cn/2020 – 10/22/content_76833028.htm.

[14]搜狐网.中兴协力"双师型"师资团队协助高校共建线上教学云阵地[EB/OL](2022 – 04 – 26)[2023 – 04 – 28].https://learning.sohu.com/a/541315320_121346752.

[15]全国高校教师培训中心.关于实施 2022 年上半年全国高校教师网络培训计划在线点播培训的通知[EB/OL].(2022 – 03 – 11)[2023 – 04 – 28].https://www.enetedu.com/Notice/NoticeDetails? id = 5390.

[16]中华网.2021 中国远程与继续教育大会:弘成智慧继教打造教育信息化新生态[EB/OL].(2021 – 10 – 22)[2023 – 04 – 28].https://hea.china.com/article/20211022/102021_903817.htm.

[17]SPENCER L M,SPENCER S M.Competence at work:models for superior performance[M].New York:John Wiley & Sons,1993.

[18]黄艳.中国"80 后"大学教师胜任力评价研究[M].北京:中国社会科学出版社,2013.

[19]陈悦,陈超美,刘则渊,等.CiteSpace 知识图谱的方法论功能[J].科学学研究,2015,33(2):242 – 253.

[20]许安国,叶龙,郭名.研究型大学教师胜任素质模型构建研究[J].中国高教研究,2012(12):65 – 68.

[21]贾建锋,王文娟,段锦云.研究型大学教师胜任特征与创新绩效:感知创新战略的调节效应[J].东北大学学报(社会科学版),2015,17(6):579 – 586.

[22]王益宇.应用型高校教师胜任力指标体系构建的研究[J].教育评论,2014(6):50 – 52.

[23]谢晔,周军.民办高校教师胜任力模型及胜任力综合评价[J].高教发展与评估,2010,26(4):80 – 86,123.

[24]赵伯格.民族高校管理类教师胜任力结构研究:基于扎根理论的分析[J].民族教育研究,2020,31(6):150 – 156.

[25]刘映海.高校体育教师胜任特征跨校类别恒等性研究[J].北京体育大学学报,2017,40(1):65-70,77.

[26]黄翔.大学英语教师胜任力现状及其提升路径:以温州市高校为例[J].教育理论与实践,2015,35(15):44-46.

[27]陈鸿雁.高校思想政治理论课教师胜任力研究[J].教育与职业,2011(2):57-59.

[28]郝兆杰,潘林.高校教师翻转课堂教学胜任力模型构建研究:兼及"人工智能+"背景下的教学新思考[J].远程教育杂志,2017,35(6):66-75.

[29]廖宏建,张倩苇.高校教师SPOC混合教学胜任力模型:基于行为事件访谈研究[J].开放教育研究,2017,23(5):84-93.

[30]颜正恕.高校教师慕课教学胜任力模型构建研究[J].开放教育研究,2015,21(6):104-111.

[31]赵忠君,郑晴.智慧学习环境下高校教师胜任力关键要素识别研究[J].湘潭大学学报(哲学社会科学版),2020,44(4):118-122.

[32]方向阳.高职专业教师岗位胜任力的政策文本分析[J].教育与职业,2011(27):74-75.

[33]方向阳.高职院校专业教师胜任力模型研究[J].职业技术教育,2011,32(25):73-77.

[34]邵建平,隋汝梅.高校辅导员胜任特征模型研究[J].江苏高教,2009(6):123-125.

[35]范晓云,许佳跃.高校辅导员胜任力培训体系研究[J].思想教育研究,2015(1):86-89.

[36]李圆圆,徐兴林,张宗元.基于胜任力模型的民办高校辅导员职业能力提升[J].教育与职业,2018(12):82-87.

[37]潘锦全,程荣晖.基于胜任力的高校辅导员职业发展策略研究[J].中国人力资源开发,2011(10):98-100.

[38]杨继平,顾倩.大学辅导员胜任力的初步研究[J].山西大学学报(哲学社会科学版),2004(6):56-58.

[39]黄雪琼.高等职业院校教师胜任力发展研究[J].继续教育研究,2009(12):98-99.

[40]刘先锋.高校教师胜任力及发展策略初探[J].中国成人教育,2008

(2):93 - 94.

[41]杨琰.高校教师科研胜任力模型的构建研究[J].科技管理研究,2021,41(3):69 - 75.

[42]汤舒俊,刘亚,郭永玉.高校教师胜任力模型研究[J].教育研究与实验,2010(6):78 - 81.

[43]景晶,程晓勇.高校图书馆馆长胜任力评价体系研究[J].图书情报工作,2010,54(23):51 - 55.

[44]刘敏,万晓雪.新时期高职院校辅导员胜任力问题研究:以重庆市高职院校为例[J].职业技术教育,2020,41(14):76 - 80.

[45]牛端,张敏强.高校教师职位 O^*NET 工作分析研究[J].心理科学,2008(5):1205 - 1208.

[46]牛端,张敏强.高校教师胜任特征模型的构建与验证[J].心理科学,2012,35(5):1240 - 1246.

[47]蔡晓军.高校教师胜任力模型分析综述[J].教育与职业,2009(15):165 - 166.

[48]徐木兴.基于教师胜任力的高校绩效管理策略[J].继续教育研究,2010(7):123 - 125.

[49]盛艳燕.教师胜任力研究的取向与态势:基于核心期刊的文献计量分析[J].高教探索,2017(1):105 - 112.

[50]王成.多元学术观下应用型本科高校教师胜任力研究[J].教育评论,2017(1):48 - 51.

[51]张沿沿,赵丽,张舒予.美国"全球胜任力"教师教育课程体系及其启示[J].比较教育研究,2017,39(10):90 - 96.

[52]王昱,戴良铁,熊科.高校教师胜任特征的结构维度[J].高教探索,2006(4):84 - 86.

[53]何齐宗,熊思鹏.高校教师教学胜任力模型构建研究[J].高等教育研究,2015,36(7):60 - 67.

[54]谢幼如,黄瑜玲,黎佳,等.融合创新,有效提升"金课"建设质量[J].中国电化教育,2019(11):9 - 16.

[55]蔡爱丽.高职院校专业课教师课程思政胜任力双螺旋模型构建[J].中国职业技术教育,2021(8):79 - 84.

[56]胡丽园.教师胜任力评价的影响因素与指标体系构建[J].中国成人教育,2017(9):36-39.

[57]刘叶云,李雪.我国高校教师胜任力评价指标体系的构建[J].湖南师范大学教育科学学报,2010,9(2):89-94.

[58]姚桐.基于TOPSIS方法的高校体育教师胜任力研究[J].数学的实践与认识,2016,46(20):289-296.

[59]曾卫明,肖瑶,安沛旺.基于胜任力的高校人力资源管理研究[J].黑龙江高教研究,2010(8):42-44.

[60]陈专.高等职业院校数学教师胜任评价分析[J].教育与职业,2009(27):66-67.

[61]涂云海.基于胜任力的高职院校教师招聘选拔研究[J].教育与职业,2010(27):39-40.

[62]乔花云.评价中心技术在高校教师招聘中的应用[J].科技管理研究,2011,31(22):99-103.

[63]吴树勤.层次分析法在高校教师招聘胜任力模型建构中的应用[J].科技管理研究,2011,31(3):159-161.

[64]陈德明,王创.基于胜任力:高校职业指导课教师培训的新视角[J].高教探索,2009(4):93-96.

[65]涂云海.基于胜任力的高职院校教师培训体系构建[J].职业技术教育,2010,31(22):56-59.

[66]黎凤环.基于胜任特征的高职心理健康教育教师的培训[J].职教论坛,2012(29):74-76.

[67]曾练武.高校教师人力资源绩效管理存在的问题与优化对策分析[J].现代大学教育,2010(3):107-109.

[68]陈植乔.民办高校教师胜任力与工作绩效关系研究[J].中国成人教育,2012(9):75-78.

[69]贾建锋,王露,闫佳祺,等.研究型大学教师胜任特征与工作绩效:人力资源管理强度的调节效应[J].软科学,2016,30(11):105-108.

[70]王齐女奉.高职院校辅导员胜任力的提升途径和方法[J].求实,2010(S2):265-266.

[71]郑洁,陈莹.我国高校青年教师胜任力发展的困境与提升路径[J].现

代教育管理,2013(6):82-86.

[72]蒋馨岚.西部地区本科高校青年教师胜任力的调查与思考[J].重庆高教研究,2019,7(1):47-58.

[73]李保勤.高职院校青年教师胜任力校本培训研究[J].中国成人教育,2011(4):109-111.

[74]陈悦,陈超美,胡志刚.引文空间分析原理与应用:CiteSpace 实用指南[M].北京:科学出版社,2014.

[75]余新丽,沈延兵.胜任力:高校就业指导教师研究的新视角[J].高等工程教育研究,2007(1):70-72.

[76]陈建文,汪祝华.高校辅导员胜任特征结构模型的实证研究[J].高等教育研究,2009,30(1):84-89.

[77]姚凯,韩英.高校辅导员胜任力模型分析及其应用[J].复旦教育论坛,2013,11(3):70-75.

[78]孙成梦雪.面向未来的全球胜任力教育:回顾与反思[J].重庆高教研究,2021,9(4):118-127.

[79]SWANK J M, HOUSEKNECHT A. Teaching competencies in counselor education:a Delphi study[J]. Counselor education and supervision, 2019, 58(3):162-176.

[80]SRINIVASAN M, LI S T T, MEYERS F J, et al. "Teaching as a competency": competencies for medical educators[J]. Academic medicine, 2011, 86(10):1211-1220.

[81]GUZMAN A, NUSSBAUM M. Teaching competencies for technology integration in the classroom[J]. Journal of computer assisted learning, 2010, 25(5):453-469.

[82]FUENTES A, LÓPEZ J, POZO S. Analysis of the digital teaching competence:key factor in the performance of active pedagogies with augmented reality[J]. REICE. Revista Iberoamericana sobre calidad, eficacia y cambio en educación, 2019,17(2):27-42.

[83]GUASCH T, ALVAREZ I, ESPASA A. University teacher competencies in a virtual teaching/learning environment:analysis of a teacher training experience[J]. Teaching and teacher education an international journal of research and studies,

2010,26（2）:199 - 206.

[84] HUDA M, MASELENO A, SHAHRILL M, et al. Exploring adaptive teaching competencies in big data era[J]. International journal of emerging technologies in learning, 2017, 12(3):68 - 83

[85] KOICHU B, PINTO A. Developing education research competencies in mathematics teachers through TRAIL: teacher - researcher alliance for investigating learning[J]. Canadian journal of science mathematics and technology education, 2018, 18(1):1 - 18.

[86] MCCLOSKEY E M. Global teachers: a model for building teachers' intercultural competence online[J]. Comunicar, 2012, 19(38):41 - 49.

[87] TOOM A, PYHALTO K, PIETARINEN J, et al. Professional agency for learning as a key for developing teachers' competencies? [J]. Education sciences, 2021, 11(7):324.

[88] MINIC V L, JOVANOVIC M M. Education and training of teachers in Serbia in the second half of the past century[J]. Nasledje kragujevac, 2017, 14 (38):67 - 80.

[89] CARRIL P C M, SANMAMED M G, SELLÉS N H. Pedagogical roles and competencies of university teachers practicing in the e - learning environment[J]. International review of research in open and distance learning,2013,14(3):461 -487.

[90] JENNINGS P A, GREENBERG M T. The prosocial classroom: teacher social and emotional competence in relation to student and classroom outcomes[J]. Review of educational research, 2009, 79(1):491 - 525.

[91] MOLENAAR W M, ZANTING A, VAN BEUKELEN P, et al. A framework of teaching competencies across the medical education continuum[J]. Medical teacher, 2009,31(5):390 - 396.

[92] ABDOUS M. A process - oriented framework for acquiring online teaching competencies[J]. Journal of computing in higher education, 2011,21(1):60 - 77.

[93] DAMSA C, LANGFORD M, UEHARA D, et al. Teachers' agency and online education in times of crisis [J]. Computers in human behavior, 2021, 121:106793.

[94] KIM B H, KIM J. Development and validation of evaluation indicators for

teaching competency in STEAM education in Korea[J]. Eurasia journal of mathematics science and technology education, 2016, 12(7):1909 – 1924.

[95]BEKERMAN Z, ZEMBYLAS M. Some reflections on the links between teacher education and peace education:interrogating the ontology of normative epistemological premises[J]. Teaching and teacher education, 2014, 41:52 – 59.

[96]CATANO V M, HARVEY S. Student perception of teaching effectiveness: development and validation of the Evaluation of Teaching Competencies Scale (ETCS) [J]. Assessment and evaluation in higher education,2011,36(6):701 – 717.

[97]HOL D, AKTAS S. An evaluation of competency perceptions of non – native English instructors[J]. Procedia – social and behavioral sciences, 2013, 70: 1163 – 1173.

[98]ION G, CANO E. University's teachers training towards assessment by competences[J]. Educación XX1,2012,15(2):249 – 270.

[99]PANTIC N, WUBBELS T. Teacher competencies as a basis for teacher education:views of Serbian teachers and teacher educators[J]. Teaching and teacher education, 2010, 26(3):694 – 703.

[100]ANTONIOU P, KYRIAKIDES L. A dynamic integrated approach to teacher professional development:impact and sustainability of the effects on improving teacher behavior and student outcomes[J]. Teaching and teacher education, 2013, 29:1 – 12.

[101]VOORHEES R A. Competency – based learning models:a necessary future [J]. New directions for institutional research, 2001(110):5 – 13.

[102]DREJER A. Illustrating competence development[J]. Measuring business excellence, 2001,5(3):6 – 10.

[103]CAMPBELL R H. Developing a competency – based organization:applying the navy's uniformed human capital concept to the civilian workforce[J]. Defense AT&L, 2006, 6:34 – 36.

[104]KELLAGHAN T, STUFFLEBEAM D L. International handbook of educational evaluation[M]. Dordrecht:Kluwer Academic Publishers, 2003.

[105]BONDAR S, DEMINA O. Competency – based training system for teachers and administration and support staff[M]. Ulyanovsk/Russia: Ulyanovsk State

Technical University,2005.

[106]丁兴富.远程教育、远程教学和远程学习的新定义:对远程教育和开放学习基本概念的探讨(3)[J].中国电化教育,2000(7):47-49.

[107]温雪梅.远程高等教育教师能力评价体系:基于改良的德尔菲指标权重法[J].大学教育科学,2012(1):71-74.

[108]李金艳.现代远程教育教师移动教学能力提升策略研究[J].中国成人教育,2017(20):127-130.

[109]孙传远,李爱铭,董丽敏.开放大学教师学术职业发展的困境与出路[J].中国远程教育,2021(1):27-36.

[110]冯晓英,冯立国,于晶.开放大学教师专业发展需求模型:基于扎根理论的研究[J].开放教育研究,2017,23(2):83-91.

[111]杨程.高校教师在线教学能力提升:历程、困境及展望[J].高等工程教育研究,2021(3):152-157.

[112]冯晓英,吴怡君,庞晓阳,等.混合式教学改革:教师准备好了吗:教师混合式教学改革发展框架及准备度研究[J].中国电化教育,2021(1):110-117.

[113]李颖.高校外语翻转课堂中的教师教学能力研究[J].中国外语,2015,12(6):19-26.

[114]黄丹,张梅琳.残疾人远程教育辅导教师的能力素质结构[J].中国远程教育,2012(9):56-59,96.

[115]刘选,杨素娟.网络远程教育教师能力框架实证研究:学习者视角[J].开放教育研究,2012,18(2):75-79.

[116]李力.论远程教师的三维能力结构与职能转换[J].电化教育研究,2000(8):20-24.

[117]李爽,陈丽.中国远程教育关键专业角色的工作分析研究[J].中国电化教育,2008(12):38-43.

[118]马维和.现代远程教育中的教师定位研究[J].黑龙江高教研究,2008(9):64-66.

[119]覃丹.基于高校远程教育的教师角色转变[J].中国成人教育,2008(20):76-77.

[120]翁朱华.我国远程教育教师角色与专业发展[J].开放教育研究,2012,18(1):98-105.

[121]周素萍.开放大学教师角色定位与能力建设研究[J].教育学术月刊,2012(10):77-79.

[122]刘宁,刘永权.实践性知识视域下教师在线教育能力模型建构[J].中国远程教育,2021(8):40-50.

[123]刘岚,何高大.大学英语在线考试视域下的教师教学能力创新构建[J].外语电化教学,2019(6):59-66.

[124]董锐.远程教育辅导教师职责与能力探析[J].中国远程教育,2012(9):60-64.

[125]吴志华,左博雯,李白桦.基于映射理论的教师教学能力培养MIR-DC模型应用效果的实证研究[J].电化教育研究,2016,37(4):114-120,128.

[126]衷克定,王慧敏.基于在线平台数据分析的教师教学能力发展阶段探究[J].现代远程教育研究,2019,31(3):49-56.

[127]陈念年,何波,万嵩.提升远程教学教师素养的实证研究[J].现代教育技术,2009,19(11):105-107.

[128]戴心来,严雪松,郭莹.网络教研的采纳行为与教师教学能力提升的关系研究[J].电化教育研究,2014,35(10):114-120.

[129]冯立国.远程教育教师网络研修项目的设计与实施[J].中国远程教育,2017(8):64-71.

[130]武丽志,白月飞.教师工作坊主持能力评价指标体系构建[J].中国电化教育,2019(12):123-128.

[131]COSTA-ROCHA P E, VEADO P M, VERSUTI A C. Limits and contradictions of teacher professionalization to act in distance education[J]. Revista edapeci-educacao a distancia e praticas educativas comunicacionais e interculturais, 2017, 17(1):37-54.

[132]TAS Y, EMINOGLU S, ATILA G, et al. Teachers' self-efficacy beliefs and opinions about distance education during the COVID-19 pandemic[J]. Turkish online journal of distance education(TOJDE),2021, 22(4):229-253.

[133]PEÑA-CORDERO W, MONTERO-JARA K, ZÚÑIGA-OROZCO A, et al. Distance education model for the teaching of agronomy engineering in Costa Rica[J]. Electronic journal quality in higher education, 2020, 11(2):135-157.

[134]ZALPURI I, LIU H Y, STUBBE D, et al. Social media and networking

competencies for psychiatric education：skills，teaching methods，and implications [J]. Academic psychiatry，2018，42(6)：808 −817.

[135]MARTIN F，RITZHAUPT A，KUMAR S，et al. Award −winning faculty online teaching practices：course design，assessment and evaluation，and facilitation [J]. The internet and higher education，2019，42：34 −43.

[136]BERGE Z L. The role of the online instructor/facilitator[J]. Educational technology，1995，35(1)：22 −30.

[137]BERGE Z L. Changing instructor's roles in virtual worlds[J]. Quarterly review of distance education，2008，9(4)：407 −414.

[138]GOODYEAR P，SALMON G，SPECTOR J M，et al. Competences for online teaching：a special report[J]. Educational technology research and development，2001，49(1)：65 −72.

[139]DENIS B，WATLAND P，PIROTTE S，et al. Roles and competencies of the e −tutor[C]// Banks S，Goodyear P，Hodgson V，et al (eds). Networked learning 2004：a research based conference on networked learning and lifelong learning：proceedings of the fourth international conference. Bailrigg：Lancaster Universtiy，2004：150 −157.

[140]AYDIN C H. Turkish mentors' perception of roles，competencies and resources for online teaching[J]. Turkish online journal of distance education，2005，6(3)：58 −80.

[141]ALVAREZ I，GUASCH T，ESPASA A. University teacher roles and competencies in online learning environments：a theoretical analysis of teaching and learning practices[J]. European journal of teacher education，2009，32(3)：321 −336.

[142]WILLIAMS P E. Roles and competencies for distance education programs in higher education institutions[J]. The American journal of distance education，2003，17(1)：45 −57.

[143]EGAN T M，AKDERE M. Clarifying distance education roles and competencies：exploring similarities and differences between professional and student −practitioner perspectives[J]. The American journal of distance education，2005，19(2)：87 −103.

[144]ARINTO P B. A framework for developing competencies in open and dis-

tance learning[J]. International review of research in open and distributed learning, 2013, 14(1):167 – 185.

[145]SERRANO E L, VILLAFAÑA A D H. Development of an online teaching competency assessment questionnaire [J]. Iberoamerican journal of distance education, 2020, 23(2):307 – 328.

[146]MARTIN F, BUDHRANI K, WANG C. Examining faculty perception of their readiness to teach online[J]. Online learning, 2019, 23(3):97 – 119.

[147]MOORHOUSE B L. Beginning teaching during COVID – 19:newly qualified Hong Kong teachers' preparedness for online teaching[J]. Educational studies, 2021(9):1 – 17.

[148]SARFARAZ S, AHMED N, ABBASI M S, et al. Self – perceived competency of the medical faculty for E – teaching during the COVID – 19 pandemic [J]. Work, 2020,64(4):791 – 798.

[149]RICALDE E E, GONZALEZ R A. Evaluating competencies for online teachers of a literary virtual training program[J]. Teacher – curriculum and teacher training magazine, 2018, 22(1):599 – 623.

[150]LEAL W, PRICE E, WALL T, et al. COVID – 19:the impact of a global crisis on sustainable development teaching[J]. Environment, development and sustainability, 2021,23(8):11257 – 11278.

[151]BADIOZAMAN I F A, SEGAR A R. Exploring online teaching competence in the context of the COVID – 19 pandemic:insights from Sarawak, Malaysia [J]. Journal of further and higher education, 2021,46(6):766 – 779.

[152]DANJOU P E. Distance teaching of organic chemistry tutorials during the COVID – 19 pandemic:focus on the use of videos and social media[J]. Journal of chemical education, 2020, 97(9):3168 – 3171.

[153]LAPITAN JR L D S, TIANGCO C E, SUMALINOG D A G, et al. An effective blended online teaching and learning strategy during the COVID – 19 pandemic[J]. Education for chemical engineers, 2021, 35:116 – 131.

[154] MUELLER J, DELLA PERUTA M R, DEL GIUDICE M. Social media platforms and technology education:Facebook on the way to graduate school[J]. International journal of technology management,2014, 66(4):358 – 370.

［155］WIDIASTUTI I A M S，MANTRA I B N，SUKOCO H，et al. Online assessment strategies to enhance EFL students' competence and their implementational challenges［J］. Journal of English educators society，2021，6（2）：245－251.

［156］LEBLANC J M，PRUCHNICKI M C，ROHDIECK S V，et al. An instructional seminar for online case－based discussions［J］. American journal of pharmaceutical education，2007，71（3）：42.

［157］HEATHER M L，COPELAND C A，AISHA H. Accessing abilities：creating innovation accessible online learning environments and putting quality into practice［J］. Education for information，2016，32（1）：27－33.

［158］RAMIREZ－MONTOYA M S，MENA J，RODRIGUEZ－ARROYO J A. In－service teachers' self－perceptions of digital competence and OER use as determined by a XMOOC training course［J］. Computer in human behavior，2007，17：356－364.

［159］ADNAN M，KALELIOLU F，GÜLBAHAR Y. Assessment of a multinational online faculty development program on online teaching：reflections of candidate e－tutors［J］. Turkish online journal of distance education，2017，18（1）：22－38.

［160］RHODE J，RICHTER S，MILLER T. Designing personalized online teaching professional development through self－assessment［J］. TechTrends，2017，61（5）：1－8.

［161］罗洪兰，杨亭亭.远程教育专职教师胜任力的研究［J］.中国电化教育，2008（9）：32－35.

［162］王正东.远程教师的胜任力模型及其应用意义研究［J］.电化教育研究，2008（10）：69－73.

［163］ZDONEK I，PODGÓRSKA M，HYSA B. The competence for project team members in the conditions of remote working［J］. Foundations of management，2017，9（1）：213－224.

［164］ALLY M. Competency profile of the digital and online teacher in future education［J］. The international review of research in open and distributed learning，2019，20（2）：1－18.

［165］慈琳.高校教师网络教学胜任力模型构建研究［D］.长春：东北师范大学，2012.

[166]CALISKAN S, KURBANOV R A, PLATONOVA R I, et al. Lecturers views of online instructors about distance education and adobe connect[J]. International journal of emerging technologies in learning, 2020, 15(23):145 – 157.

[167]BAWANE J, SPECTOR J M. Prioritization of online instructor roles:implications for competency – based teacher education programs[J]. Distance education, 2009, 30(3):383 – 397.

[168]THOMAS J E, GRAHAM C R. Online teaching competencies in observational rubrics:what are institutions evaluating? [J]. Distance education, 2019,40(1):114 – 132.

[169]BIGATEL P M, RAGAN L C, KENNAN S, et al. The identification of competencies for online teaching success[J]. Journal of asynchronous learning networks, 2012,16(1):59 – 77.

[170]周榕,谢百治.远程教育人力资源管理研究现状评述[J].中国医学教育技术,2011,25(6):579 – 582.

[171]韦斯林,王巧丽,贾远娥,等.教师学科教学能力模型的建构:基于扎根理论的10位特级教师的深度访谈[J].教师教育研究.2017,29(4):84 – 91.

[172]魏非,肖立志.教师远程培训中的学习评价设计:现状问题、内涵意义及优化策略[J].中国电化教育,2016(11):94 – 99.

[173]丁新,穆肃,张芸.远程教育试点网络学院人力资源管理研究[J].现代远程教育研究,2007(5):9 – 13,71.

[174]TAYLOR F. W. The principles of scientific management[M]. New York, NY: Harper & Brothers,1911.

[175]FLANAGAN J. C. The critical incident technique[J]. Psychological bulletin,1954,51(4):327 – 358.

[176]MCCLELLAND D C. Testing for competence rather than for " intelligence"[J]. American psychologist, 1973, 28(1):1 – 14

[177]TIGELAAR D E H, DOLMANS D H J M, Wolfhagen I H A P, et al. The development and validation of a framework for teaching competencies in higher education[J]. Higher education, 2004, 48(2):253 – 268.

[178]OLSEN C O, WYETT J L. Teachers need affective competencies[J]. Education, 2000, 120(4):741 – 743.

[179]罗小兰.中学教师胜任力模型探究[J].教育理论与实践,2010,30(34):50-53.

[180]徐建平.教师胜任力模型与测评研究[D].北京:北京师范大学,2004.

[181]DHARMANEGARA I B A, SITIARI N W, WIRAYUDHA I. Job competency and work environment:the effect on job satisfaction and job performance among SMEs worker[J].Iosr journal of business and management (IOSR-JBM), 2016, 18(1):19-26.

[182]王亚萍.大数据视角下高校教师岗位胜任力的评价体系构建[J].中国高等教育,2018(18):54-56.

[183]TEN B L L, BAKKER A B. A resource perspective on the work-home interface:the work-home resources model[J]. American psychologist, 2012, 67(7):545.

[184]ARTHUR M B, CLAMAN P H, DEFILLIPPI R J. Intelligent enterprise, intelligent careers[J]. Academy of management perspectives, 1995, 9(4):7-20.

[185]RIYANTI B P D, SANDROTO C W,DW M T W. Soft skill competencies, hard skill competencies, and intention to become enterpreneur of vocational graduates [J]. International research journal of business studies,2016,9(2):119-132.

[186]徐锋.基于胜任力模型的高校教师信息化管理研究[D].南京:南京师范大学,2008.

[187]唐玉凤,廖翼,何尚英.国内外关于"胜任力"研究综述[J].中小企业管理与科技,2009(9):63-65.

[188]宁虹.教师能力标准理论模型[J].教育研究,2010,370(11):77-82,94.

[189]薛琴,林竹.胜任力研究溯源与概念变迁[J].商业时代,2007,31:4-5,61.

[190]耿骞,毛妮娜,王凤暄,等.公共图书馆馆员胜任力模型构建研究[J].图书情报工作,2016,60(7):25-33.

[191]VATHANOPHAS V. Competency requirements for effective job performance in Thai public sector [J]. Contemporary management research, 2007, 3(1):45-70.

［192］WIBOWO T S, BADI'ATI A Q, ANNISA A A, et al. Effect of hard skills, soft skills, organizational learning and innovation capability on Islamic university lecturers' performance［J］. Systematic reviews in pharmacy, 2020, 11(7): 556－569.

［193］伍新春,王莹,张宜培.科技场馆教师胜任特征模型的构建［J］.教师教育研究,2017,29(4):31－38.

［194］克莱因,斯佩克特,格拉波夫斯基,等.教师能力标准:面对面、在线及混合情境［M］.顾小清,译.上海:华东师范大学出版社,2007.

［195］MARRELLI A F, TONDORA J, HOGE M A. Strategies for developing competency models［J］. Administration and policy in mental health and mental, 2005,32(5):533－561.

［196］CAMPION M A, FINK A A, RUGGEBERG B J, et al. Doing competencies well:best practices in competency modeling ［J］. Personnel psychology, 2011, 64(1):225－262.

［197］赵忠君,郑晴,张伟伟.智慧学习环境下高校教师胜任力模型构建的实证研究［J］.中国电化教育. 2019(2):43－50,65.

［198］ROTHUWELL W J, ARHESON J, NAUGHTON J. ASTD competency study: the training & development profession redefined［M］. Alexandria, VA:ASTD Press,2013.

［199］AL－HUNAIYYAN A, AL－SHARHAN S, AL－SHARHAN H. A new instructional competency model towards an effective e－learning system and environment［J］. International journal of information technology & computer science, 2012, 5:94－103.

［200］刘莉莉.中小学校长胜任特征的元分析研究［J］.华东师范大学学报(教育科学版),2015,33(4):36－40.

［201］郝永林.研究型大学教师教学胜任力建模:基于41份文本分析的理论构建［J］.高教探索,2015(8):76－81.

［202］MECLELLAND D. Assessing competencies:use of behavioral event interview to assess compentencies assocciated with executive success［M］. Boston, MA:Hay/Mcber,1996.

［203］HARVARD UNIVERSITY. Harvard university competency dictionary.

[EB/OL]. (2018 - 6 - 20)[2023 - 04 - 29]. https://hms. harvard. edu/sites/default/files/assets/Sites/HR/files/Harvard% 20University% 20Competency% 20Dictionary% 20FY14% 20 - % 20final. pdf.

[204]HAYASHIGUCHI E, ENDOU O, IMPAGLIAZZO J. The "I Competency Dictionary" framework for IT engineering education[C]//2018 IEEE world engineering education conference (EDUNINE). Buenos Aires, Argentina: IEEE, 2018: 1 - 6.

[205]陈丽,李爽,冯晓英.中国远程教育领域从业人员分类和能力需求的研究[J].中国远程教育,2004(21):27 - 30.

[206]任秀华,邵延峰.基于绩效的企业培训中的教学设计过程模式[J].电化教育研究, 2007(8):85 - 88,96.

[207]温珍玉,雷洋,焦宝聪,等.基于绩效技术的中小学教师教育技术培训探析[J].现代教育技术,2009,19(6):65 - 68,31.

[208]宋国学.基于胜任特征的培训模式[J].心理科学进展,2010,18(1): 144 - 150.

[209]官巍,马力,王瑞.信息网络环境复杂学习模型设计与实证研究[J].中国电化教育,2013(3):12 - 18.

[210]VAN MERRIENBOER J J G, SWELLER J. Cognitive load theory and complex learning: recent developments and future directions [J]. Educational psychology review, 2005,17(2):147 - 178.

[211]VAN MERRIENBOER J J G. Complex learning[J]. Encyclopedia of the sciences of learning,2012:681 - 682.

[212]韩姗姗.面向复杂学习的网络教学环境研究[J].远程教育杂志, 2014,32(5):97 - 103.

[213]GAGNE R M, MERRILL M D. Integrative goals for instructional design [J]. Educational technology research and development, 1990, 38(1):23 - 30.

[214]盛群力,马兰.面向完整任务教学,设计复杂学习过程:冯曼利伯论四元培训与教学设计模式[J].远程教育杂志,2010,28(4):51 - 61.

[215]曹贤中,何仁生,王锋,等.基于认知弹性理论的教学设计模式[J].电化教育研究,2008(1):80 - 84.

[216]徐顺.面向复杂学习的整体性教学设计模式研究[D].武汉:华中师

范大学,2013.

[217]BLOOM J W. Systems thinking, pattern thinking, and abductive thinking as the key elements of complex learning[M]. Tomsk, Russia:National Research Tomsk State University,2010.

[218] VAN MERRIENBOER J J G, CLARK R E, CROOCK M B M DE. Blueprints for complex learning:the 4C/ID – model[J]. Educational technology research and development, 2002, 50(2):39 – 64.

[219] VAN MERRIENBOER J J G, CROOCK M B M DE. Performance – based ISD:10 steps to complex learning[J]. Performance improvement,2002,41(7):35 – 40.

[220]PECK A C, DETWEILER M C. Training concurrent multistep procedural tasks[J]. Human factors,2000,4(23):381 – 388.

[219]BLOMBERG G, SHERIN M G, RENKL A, et al. Understanding video as a tool for teacher education:investigating instructional strategies to promote reflection[J]. Instructional science,2014,42(3):443 – 463.

[220]LIM J, PARK S. Instructional design guidelines facilitating pre – service teachers' acquisition of complex skills[C]// SITTEI 2007:Proceedings of society for information technology & teacher education international conference. San Antonio, VA:Association for the Advancement of Computing in Education, 2007:1584 – 1587.

[221]STOYANOV S, SLOEP P, BIE M D, et al. Teacher – training, ICT, creativity, MOOC, Moodle – what pedagogy? [C]// EDULEARN14 Proceedings: 6th International conference on education and new learning technologies. Barcelona, Spain:IATED Academy,2014:5678 – 5686.

[222]RENSHAW R L. Development of a new O&M clinical competency evaluation tool and examination of validity and reliability evidence[M]. Ann Arbor :ProQuest Dissertations Publishing, 2010.

[223]刘思峰,等. 灰色系统理论及其应用[M]. 8 版. 北京:科学出版社,2017.

[224]胡传双,马永梅,江军. 内在因素对学生学习成绩影响的实证研究[J]. 牡丹江师范学院学报(自然科学版),2021(2):71 – 76.

[225]邱殿明,张连峰.科技期刊影响因子与其相关评价指标关系研究:灰色关联分析视角[J].情报科学,2020,38(9):116-120.

[226]陈莉娟.考研培训机构混合竞争力评价研究:基于改进组合权的灰色模糊综合评价模型[D].南昌:江西财经大学,2020.

[227]许树柏.实用决策方法:层次分析法原理[M].天津:天津大学出版社,1988.

[228]SAATY T L. The modern science of multicriteria decision making and its practical applications:the AHP/ANP approach[J]. Operations research, 2013,61(5):1101-1118.

[229]OZDEMIR A. Determining the competencies of educational administrators in Turkish education system and these competency degrees by multi-criteria decision making[J]. Education and science, 2020,45(204):251-301.

[230]SAATY T L. The analytic hierarchy process:priority setting, resource allocation[M]. New York:McGraw-Hill,1980.

[231]HO W. Integrated analytic hierarchy process and its applications:a literature review[J]. European journal of operational research, 2008,186(1):211-228.

[232]周芸,张明亲.基于胜任力的企业人力资源经理模糊综合评价与实证研究[J].科技管理研究,2009,29(8):490-493.

[233]祁俊菊,刘善丽.基于灰色系统分析构建延续护理人员职业能力评估体系[J].中国卫生事业管理,2020,37(3):180-183.

[234]王恒.基于模糊层次分析法和灰色关联分析法的高校教师评价研究[D].济南:山东大学,2011.

[235]聂燕飞.基于层次分析法和灰色关联分析的油田科技人才评价模型研究[D].上海:上海交通大学,2011.

[236]萧鸣政.人员测评与选拔[M].上海:复旦大学出版社,2005.

[237]张利岩,郑艳芳,高歌,等.现代人才科学评价工程:评价中心技术[J].武警医学,2008,19(12):1136-1138.

[238]DUNBAR S B,KORETZ D M,HOOVER H D. Quality control in the development and use of performance assessments[J]. Applied measurement in education,1991,4(4):289-303.

[239][中]肖鸣政,[英]库克.人员素质测评[M].3版.北京:高等教育出

版社,2013.

[240]杜薇妮.评价中心的9大实施要点[C]//胡宏峻.人才评估.上海:上海交通大学出版社,2004:51-72.

[241]卞卉.基于岗位素质模型的评价中心的构建与实施[D].南京:河海大学:2007.

[242]JOINER, D A. Guidelines and ethical considerations for assessment center operations international task force on assessment center guidelines[J]. Public personnel management,2000,29(3):315-331.

[243]刘远我.评价中心技术刍议[J].中国人力资源开发,2007(5):57-59,94.

[244]樊宏,韩卫兵.构建基于胜任力模型的评价中心[J].科学学与科学技术管理,2005(10):110-113.

[245]单从凯.论网络教育中的教师群体[J].山西广播电视大学学报,2001(3):11-13.

[246]孟亚玲,魏继宗,李劲松.远程教育教师专业发展研究[J].现代远距离教育,2008(6):18-21.

[247]庞英智.论现代远程教育模式下教师角色的转换[J].黑龙江高教研究,2010(4):76-77.

[248]BRINTHAUPT T M, FISHER L S, GARDNER J G, et al. What the best online teachers should do[J]. Journal of online learning and teaching, 2011,7(4):515-524.

[249]ANDERSON T, LIAM R, GARRISON D R, et al. Assessing teaching presence in a computer conferencing context[J]. Journal of asynchronous learning networks, 2001,5(2):1-17.

[250]PHIPPS R, MERISOTIS J. Quality on the line:benchmarks for success in internet-based distance education[R]. Washington DC:The Institute For Higher Education Policy,2000.

[251]LEWIS C C, ABDUL:HAMID H. Implementing effective online teaching practices:voices of exemplary faculty[J]. Innovative higher education, 2006,31(2):83-98.

[252]VARVEL V E J. Master online teacher competencies[J]. Online journal

of distance learning administration, 2007,10(1):1 - 36.

[253]杨亭亭,罗洪兰.中国远程教育师资质量标准初探[J].中国电化教育,2004(5):34 - 37.

[254]刘永权,武丽娜,邓长胜.我国开放大学师资队伍建设研究:基于教师分类与角色定位的视角[J].中国远程教育,2015(2):45 - 55,79.

[255]冯立国,刘颖.开放大学教师专业化发展的若干问题:定位、角色和职责与职业发展[J].中国远程教育,2016(8):72 - 78.

[256]李爽,陈丽.中国远程教育专业人员能力模型研究[J].中国电化教育,2004(3):62 - 68.

[257]THACH E C. Perceptions of distance education experts regarding the roles, outputs, and competencies needed in the field of distance education[D]. TX: Texas A&M University, 1994.

[258]SMITH T C. Fifty - one competencies for online instruction [J]. The journal of educators online, 2005,2(2):1 - 18.

[259]EGAN M W, SEBASTIAN J, WELCH M, et al. Quality television instruction:perceptions of instructors[J]. Education journal, 1993,7(7):1 - 7.

[260]THACH E C, MURPHY K L. Competencies for distance education professionals [J]. Educational technology research and development, 1995,43(1): 57 - 79.

[261]WILLIAMS P E. Defining distance education roles and competencies for higher education institutions:a computer - mediated Delphi study[D]. TX:Texas A&M University,2000.

[262]肖韵.远程教育教师胜任力模型结构研究[J].北京广播电视大学学报,2012(3):31 - 36.

[263]董奇.心理与教育研究方法[M].北京:北京师范大学出版社,2004.

[264]ASSOCIATION OF COLLEGE AND RESEARCH LIBRAIES. Framework for information literacy for higher education[EB/OL]. (2016 - 01 - 11) [2023 - 05 - 08]. https://www. ala. org/acrl/sites/ala. org. acrl/files/content/issues/infolit/framework1. pdf.

[265]BANDURA A. Self - efficacy:the exerecise of control[M]. New York: W. H. Freeman and Company,1997.

［266］SULLIVAN R，MCINTOSH N．The competency – based approach to training［J］．Medical journal of Indonesia，1996，5（2）：95 – 98．

［267］SHARMA R，BHATNAGAR J．Talent management – competency devel-opment：key to global leadership［J］．Industrial and commercial training，2009，41（3）：118 – 132．

［268］丁秀玲．基于胜任力的人才招聘与选拔［J］．南开学报（哲学社会科学版），2008（2）：134 – 140．

［269］殷雷．评价中心的基本特点与发展趋势［J］．心理科学，2007（5）：1276 – 1279．

［270］东亚斌，段志善．灰色关联度分辨系数的一种新的确定方法［J］．西安建筑科技大学学报（自然科学版），2008，40（4）：589 – 592．

［271］王永刚，胡开元．一种基于改进灰色聚类分析的综合评价方法［J］．中国民航大学学报，2010，28（1）：48 – 51．

［272］文继英．中小学教师在线教学胜任力模型构建及应用研究［D］．大连：辽宁师范大学，2021．

［273］DE VOS A，DE HAUW S，WILLEMSE I．An integrative model for com-petency development in organizations：the Flemish case［J］．The International journal of human resource management，2015，26（20）：2543 – 2568．

［274］VAN DER HEIJDE C M，VAN DER HEIJDE B I J M．A competence – based and multidimensional operationalization and measurement of employability hu-man resource management［J］．Human resource management，2006，45（3）：449 – 476．

［275］GOLEMAN D，BOYATZIS R E，MCKEE A．Primal leadership：unleash-ing the power of emotional intelligence［M］．Boston，MA：Harvard Business Press，2013．

［276］马新建，顾阳．塑造企业领导者的逆境胜任力［J］．中国人力资源开发，2009（6）：50 – 53．

［277］BRANCO C K．Predicting individual team member performance：the role of team competency，cognitive ability，and personality［D］．Halifax，NS：Saint Mary's University，2003．

［278］王庆娟，朱征，张金成，等．晋升公平概念及效用机制的探索：一项质性研究［J］．南开管理评论，2023，26（5）：157 – 169．

［279］曾双喜.构建胜任力模型的四种方法［J］.人力资源,2021(23):78－79.

［280］罗生全,赵佳丽.教研员胜任力探究:多结构水平模型建构与运用［J］.华东师范大学学报(教育科学版),2021,39(5):68－84.

［281］PARIC M, KAIHLANEN A M, HEPONIEMI T, et al. Nurse teacher's perceptions on teaching cultural competence to students in Finland: a descriptive qualitative study［J］. Nurse education today, 2021(99):1－7.

［282］TALAUE F, KIM M, LIN L. Teaching competency for business educators: a framework for quality assessment within higher education institutions in ASEAN［C］//The 1st workshop on multimedia education, learning, assessment and its implementation in game and gamification in conjunction with COMDEV. European Alliance for Innovation (EAI), 2019.

［283］张养力,沈小琴,吴琼.学校首席信息官胜任力评价指标体系构建［J］.现代远程教育研究,2021,33(4):104－112.

［284］BAARTMAN L K J, BASTIAENS T J, KIRSCHNER P A, et al. Teachers' opinions on quality criteria for competency assessment programs［J］. Teaching and teacher education, 2007, 23(6):857－867.

［285］UN. OFFICE OF HUMAN RESOURCES MANAGEMENT. United Nations competencies for the future［EB/OL］. (2009－11－01)［2023－05－02］. https://digitallibrary. un. org/record/699801

［286］HARVARD UNIVERSITY. Center for Workplace Development［EB/OL］. (2006－02－15)［2023－05－02］. https://hr. harvard. edu/center－workplace－development－department.

［287］UNIVERSITY OF WISCONSIN－MADISON. New certificate program: global perspectives［EB/OL］. (2008－08－21)［2023－05－02］. https://international. wisc. edu/new－certificate－program－global－perspectives/

［288］北京师范大学.基于胜任力途径的教师教育:从理论到实践［EB/OL］. (2020－09－25)［2023－05－03］. https://psych. bnu. edu. cn/attachments/4e03ac369c85434a89140ddc065a51df. pdf

［289］中国新闻网."全球培训网络上海国际组织胜任力研训中心"上海成立［EB/OL］. (2021－10－26)［2023－05－03］. http://www. sh. chinanews. com. cn/kjjy/2021－10－26/92460. shtml.

［290］北京师范大学.运用全球教师胜任力框架提升中国教师关键胜任力项目培训招募说明［EB/OL］.（2018－04－01）［2023－05－04］.https：//psych.bnu.edu.cn/attachments/efa584d569134965a87b3aab9eb69311.pdf.

［291］魏志慧,黄复生.美国远程教育:阿波罗模式:访阿波罗国际公司前中国区营运总裁胡继旋博士［J］.开放教育研究,2006(5):4－8.

［292］RAMLAN R, FARIZAWATI F, HASRUL S. The effectiveness of implementation of the MGMP revitalization program as a media increasing English teacher competency in pidie district［J］. Budapest international research and critics institute（BIRCI－Journal）,2020,3(1):95－103.

［293］季丽春.英语教师跨校合作的意义及可行性分析［J］.教育探索,2011(4):61－62.

［294］华东地区高校教师培训专题研究课题组.华东地区高校教师培训现状调查［J］.教师教育研究,2005(2):33－37.

附　　录

附录1

高校教师远程教学胜任力专家咨询问卷（第 1 轮 节选）

尊敬的专家：

您好！本问卷是为《高校教师远程教学胜任力模型构建与开发》而设计的。胜任力是"个人具有的并用来在某个角色中产生成功表现的任何特质，这种个体的潜在特征，可能是动机、特质、技能、知识、自我形象或社会形象"。为确定高校教师远程教学胜任力，我们拟定了这份调查问题，想征求您的意见和看法。调查中的所有数据仅用于学术研究，并将严格保密。对于您的支持，我们不胜感激！

问卷中，关键特征指该胜任力涉及的关键知识、能力、态度及价值观。行为等级根据所需的认知努力程度、行为努力程度和意志努力程度进行划分。首先，请您对我们初步制定的胜任力的重要性进行判断，并在对应的空格内打钩。然后针对您认为应当具备的胜任力，判定其定义、关键特征及行为等级的划分是否合理。如果您对胜任力的描述或者行为等级的划分有不同观点，可以在"修改意见"栏中给出。如果您认为需要增加胜任力或者行为等级，请在"增加胜任力或等级水平"栏中给出。谢谢！

您的职称是：

A. 高级职称　　B. 副高级职称　　C. 中级职称

您从事工作的部门：

A. 教学院系　B. 教学管理部门　C. 网络教育学院（或类似机构）　D. 教育研究机构　E. 其他

胜任力名称	特点认知（character awareness，CA）		修改意见
定义	对所从事的远程教学有明确的认识,并能对其现状进行分析		
关键特征	分析性思维、计划的能力、比较与评价		
行为等级	定义	行为表现	
LV1	远程教学基本知识	能充分理解远程教学的定位、特点和基本规律	
LV2	整合经验体系	能将对远程教学的理解整合到已有的教学经验体系中,从而调节和改善工作方法	
LV3	明确自身定位	能深刻理解和分析出自身在远程教学中承担的角色、地位、所需的知识、技能、观念、态度等	
LV4	领域比较与评价	对远程教学发展现状尤其是自身领域的发展现状有较全面的认识,并能客观地比较和评价	
LV5	引导个人发展	对远程教学发展的未来方向有独创性的见解,并将其整合到个人自我提升的计划之中	

胜任力重要性评估							
非常重要		重要		一般		不重要	非常不重要

增加胜任力或行为等级	

附录2

高校教师远程教学胜任力专家咨询问卷（第2轮 节选）

尊敬的专家：

您好！这是对之前进行的《高校教师远程教学胜任力》专家调查的第2轮问卷。您在上一轮调查中给出的重要性评估结果在表中用蓝色√表示，如果此次有修改，请用红色√标出。此次调查中各胜任力已根据第1轮调查中反馈的专家意见进行了修改，原有表达和上次提出的修改意见在"修改说明"栏中列出，如此次有新的修改建议，请填入"新的修改意见"栏中。

对于您的支持，我们不胜感激！

您的职称是：

A.高级职称　B.副高级职称　C.中级职称

您从事工作的部门：

A.教学院系　B.教学管理部门　C.网络教育学院（或类似机构）　D.教育研究机构　E.其他

胜任力名称	特点认知 （character awareness，CA）	修改说明	新的 修改意见
定义	对所从事的远程教学的性质、特点、基本规律等有明确的认识，并能对其现状和发展进行分析、预测和评价	原为"对所从事的远程教学有明确的认识，对其现状进行分析"，修改意见为：应明确指出所需认识的内容及其具体表现	

胜任力名称		特点认知 （character awareness，CA）	修改说明	新的 修改意见
关键特征		分析性思维、计划的能力、比较与评价		
行为 等级	定义	行为表现		
LV$_1$	远程教学 基本知识	能充分理解远程教学的定位、特点和基本规律		
LV$_2$	整合经验 体系	能将对远程教学的理解整合到已有的教学经验体系中，从而调节和改善工作方法		
LV$_3$	明确自身 定位	能深刻理解和分析出自身在远程教学中承担的角色、地位、所需的知识、技能、观念、态度等		
LV$_4$	领域比较 与评价	对远程教学发展现状尤其是自身领域的发展现状有较全面的认识，并能客观地比较和评价		
LV$_5$	引导个人 发展	对远程教学发展的未来方向有独创性的见解，并将其整合到个人自我提升的计划之中		
胜任力重要性评估				
非常重要	√	重要 一般	不重要	非常不重要
增加胜任力 或行为等级				

附录3

高校教师远程教学胜任力自测问卷

尊敬的老师：

您好！非常感谢您在百忙之中抽出时间来填写本问卷。此次问卷调查是为开展"高校教师远程教学胜任力"研究而开展的研究工作。问卷共45道题目，预计用时15分钟。请您根据自己在远程教学中的真实表现，在各题目的备选项中进行选择。调查中的所有数据仅用于学术研究，并将严格保密。对于您的支持，我们不胜感激！

第一部分　个人信息

1.您的性别：

○男　　○女

2.您的年龄：

○ 25 岁以下　　○ 26 ~ 35 岁　　○ 36 ~ 45 岁　　○ 45 岁以上

3.您的最高学历：

○ 本科及以下　　○ 硕士研究生　　○ 博士研究生

4.您的学校工作经验：

○ 2 年及以下　　○ 3 年 ~ 5 年　　○ 6 年 ~ 8 年　　○ 8 年以上

第二部分　远程教学情况

1.能够通过语言、语调等的变化调动学习氛围，在虚拟网络环境中与学生产生情感共鸣。

○ 非常符合　　○ 基本符合　　○ 不确定　　○ 基本不符合；

○ 完全不符合

2.能够利用科学方法和必要的软件工具开展数据分析,形成过程性评价意见和总结性评价意见。

○ 非常符合　　○ 基本符合　　○ 不确定　　○ 基本不符合

○ 完全不符合

3.能严格采用规范的课程设计流程和方法,形成完整的课程实施方案。

○ 非常符合　　○ 基本符合　　○ 不确定　　○ 基本不符合

○ 完全不符合

4.对教学职责有明确认识,并能够主动以此约束自身行为或调整习惯。

○ 非常符合　　○ 基本符合　　○ 不确定　　○ 基本不符合

○ 完全不符合

5.在交互出现困难或阻滞时,能够调整交流的技术手段或情绪水平,维持交互正常进行。

○ 非常符合　　○ 基本符合　　○ 不确定　　○ 基本不符合

○ 完全不符合

6.对目前的媒体表现方式有深入的了解,能够依据学习需要选择具体的媒体表现形式。

○ 非常符合　　○ 基本符合　　○ 不确定　　○ 基本不符合

○ 完全不符合

7.当协作出现矛盾时保持冷静和克制,能够通过合适的途径积极进行沟通,达成理解或谅解。

○ 非常符合　　○ 基本符合　　○ 不确定　　○ 基本不符合

○ 完全不符合

8.能够不怕与他人产生冲突或矛盾而制止有损于职责或学生利益的事。

○ 非常符合　　○ 基本符合　　○ 不确定　　○ 基本不符合

○ 完全不符合

9.能够通过各种交流的手段,让孤僻和不受欢迎的学生顺利地加入集体讨论中。

○ 非常符合　　○ 基本符合　　○ 不确定　　○ 基本不符合

○ 完全不符合

10.能够主动与学习者做经常性的交互,并通过科学方法分析学习交互状况,对于普遍性的问题能采用恰当的方式(如群邮件、班级通告等)提高学习支持的效率。

○ 非常符合　　○ 基本符合　　○ 不确定　　○ 基本不符合

○ 完全不符合

11. 能够掌握在线交流的基本规则、心理规律和常见处理方法。

○ 非常符合　　○ 基本符合　　○ 不确定　　○ 基本不符合

○ 完全不符合

12. 能够以最大热情参与团队的沟通与共享，并充分满足协作所需的要求。

○ 非常符合　　○ 基本符合　　○ 不确定　　○ 基本不符合

○ 完全不符合

13. 能够充分利用自身优势，灵活地运用各种手段和方式完成教学和解决教学中的问题。

○ 非常符合　　○ 基本符合　　○ 不确定　　○ 基本不符合

○ 完全不符合

14. 面对学习者的疑问，能够耐心细致地进行沟通和提供学习指导，尽可能地满足学习者的需求。

○ 非常符合　　○ 基本符合　　○ 不确定　　○ 基本不符合

○ 完全不符合

15. 能够通过有效的提问、及时的反馈以及恰当的话题实现交互的发起、持续和完结。

○ 非常符合　　○ 基本符合　　○ 不确定　　○ 基本不符合

○ 完全不符合

16. 自身对所承担的学科领域有较全面的认识、较完整的知识结构和较高的技能水平。

○ 非常符合　　○ 基本符合　　○ 不确定　　○ 基本不符合

○ 完全不符合

17. 对自身专业知识结构中欠缺的部分有清楚的认识，并制定相应的改进策略。

○ 非常符合　　○ 基本符合　　○ 不确定　　○ 基本不符合

○ 完全不符合

18. 能够自觉关注并积极参与培训、进修、同行交流、伙伴互助等有助于提高远程教学水平或个人才干的活动。

○ 非常符合　　○ 基本符合　　○ 不确定　　○ 基本不符合

○ 完全不符合

19. 对自身在开展远程教学时承担的角色、地位以及所需的知识、技能、态度、观念有一定的理解。

○ 非常符合　　○ 基本符合　　○ 不确定　　○ 基本不符合

○ 完全不符合

20. 对自身的知识、能力以及获得的远程教学经验有充分的认识和强烈的成就感。

○ 非常符合　　○ 基本符合　　○ 不确定　　○ 基本不符合

○ 完全不符合

21. 能够体察学习者的性格特征、认知特点和心理偏好,设计适宜的策略激发学习主动性和认知潜能。

○ 非常符合　　○ 基本符合　　○ 不确定　　○ 基本不符合

○ 完全不符合

22. 能够熟练应用各类多媒体软件工具获取、加工或制作需要的多媒体素材(如多媒体图文资料、动画资料、视频资料等)。

○ 非常符合　　○ 基本符合　　○ 不确定　　○ 基本不符合

○ 完全不符合

23. 所设计的课程实施方案具有对情境的高度适应性,能够依据教学情境的变化对其进行动态调整。

○ 非常符合　　○ 基本符合　　○ 不确定　　○ 基本不符合

○ 完全不符合

24. 能够了解学生在进行远程教学时的常见心理状态及其变化规律。

○ 非常符合　　○ 基本符合　　○ 不确定　　○ 基本不符合

○ 完全不符合

25. 能够利用各种技术手段获取远程学习的过程性信息,并提取用于评价的关键性数据。

○ 非常符合　　○ 基本符合　　○ 不确定　　○ 基本不符合

○ 完全不符合

26. 对远程教学的特点有一定的理解,并且能够把这种理解整合到自己已有的教学经验中。

○ 非常符合　　　○ 基本符合　　　○ 不确定　　　○ 基本不符合
○ 完全不符合

27.能够对学生在远程教学中出现的特殊行为的原因进行分析,并且提出应对的策略。

○ 非常符合　　　○ 基本符合　　　○ 不确定　　　○ 基本不符合
○ 完全不符合

28.能够通过分享自身经历和情感体验,对学生的观念、态度和倾向产生积极的影响。

○ 非常符合　　　○ 基本符合　　　○ 不确定　　　○ 基本不符合
○ 完全不符合

29.能够在远程教学中不断地比较和反思,尽可能地完善工作方法和思维方式。

○ 非常符合　　　○ 基本符合　　　○ 不确定　　　○ 基本不符合
○ 完全不符合

30.对学科领域发展以及远程教育人才培养有深刻的认识,能够指导学习者制定个性化的学业发展计划。

○ 非常符合　　　○ 基本符合　　　○ 不确定　　　○ 基本不符合
○ 完全不符合

31.能够从面临的实际情境中鉴别出关键性远程教学问题以及问题的关键细节,并通过科学研究方法对问题产生的背景、原因、影响因素展开分析。

○ 非常符合　　　○ 基本符合　　　○ 不确定　　　○ 基本不符合
○ 完全不符合

32.能够及时反思和修正主观原因造成的自身错误,并愿意承担相应的责任或处罚。

○ 非常符合　　　○ 基本符合　　　○ 不确定　　　○ 基本不符合
○ 完全不符合

33.对学习者在远程环境中的学习行为及结果有预测的能力,并能够采取相应的策略进行补救或预防。

○ 非常符合　　　○ 基本符合　　　○ 不确定　　　○ 基本不符合
○ 完全不符合

34.能够依据经验制定远程教学问题解决方案或策略,使方案或策略具有最高的可行性并最终能够有效地解决问题。
   ○ 非常符合　　○ 基本符合　　○ 不确定　　○ 基本不符合
   ○ 完全不符合

35. 对视听心理规律及多媒体素材的技术标准有一定的认识,并能够将其应用到多媒体素材的设计中。
   ○ 非常符合　　○ 基本符合　　○ 不确定　　○ 基本不符合
   ○ 完全不符合

36. 假如开展教师团队的成员互评,能够预测团队中他人对自身的肯定性评价。
   ○ 非常符合　　○ 基本符合　　○ 不确定　　○ 基本不符合
   ○ 完全不符合

37. 能够积极思考,能够形成对教学流程、方法和问题解决的独特观点。
   ○ 非常符合　　○ 基本符合　　○ 不确定　　○ 基本不符合
   ○ 完全不符合

38. 能够综合效果和成本(时间成本、经济成本等)两个方面对自身的远程教学效果进行综合评价。
   ○ 非常符合　　○ 基本符合　　○ 不确定　　○ 基本不符合
   ○ 完全不符合

39. 能够灵活运用各种途径和手段获得需要的远程教学信息。
   ○ 非常符合　　○ 基本符合　　○ 不确定　　○ 基本不符合
   ○ 完全不符合

40. 对学生在协作中出现的冲突和矛盾,能够及时和合理地解决。
   ○ 非常符合　　○ 基本符合　　○ 不确定　　○ 基本不符合
   ○ 完全不符合

41. 对所学内容的重难点以及学习者的常见学习困难有足够的认识,能够提供教学所需的多媒体素材以减低学习者的认知难度。
   ○ 非常符合　　○ 基本符合　　○ 不确定　　○ 基本不符合
   ○ 完全不符合

42. 能够有效地阅读、筛选、评价获得的远程教学信息。
   ○ 非常符合　　○ 基本符合　　○ 不确定　　○ 基本不符合
   ○ 完全不符合

43. 能够将绩效作为远程教学评价的重要指标,并且主动寻找实现最优绩效的教学方法。

　　○ 非常符合　　○ 基本符合　　○ 不确定　　○ 基本不符合

　　○ 完全不符合

44. 对于已有经验以外的问题,能够通过比较、借鉴等方式进行学习和研究,并最终制定出可有效解决远程教学问题的方案或策略。

　　○ 非常符合　　○ 基本符合　　○ 不确定　　○ 基本不符合

　　○ 完全不符合

45. 所设计的课程实施方案具有对情境的高度适应性,允许依据教学情境的变化对其进行动态调整。

　　○ 非常符合　　○ 基本符合　　○ 不确定　　○ 基本不符合

　　○ 完全不符合

附录4

胜任力评估指标重要性评判专家调查问卷

尊敬的专家:

　　您好! 以下是为《高校教师远程教学胜任力评估体系构建》的研究工作而进行的专家调查。请您对评判表1至评判表5中的指标的重要程度进行两两比较,并填入分值,分值含义如表中所示。例如,在评判表1中,将"课程设计"与其他三个指标依次进行比较,认为"课程设计"比"学习评价"稍微重要,在第一行相应位置填入3,若认为"学习评价"比"课程设计"稍微重要,则在第一行相应位置填入1/3。第一行完成后,从第二行开始,依次比较"学习评价"与其他指标的重要性,若此时"学习评价"已经与"课程设计"比较过,并且在第一行中已经填入了3,则在第二行的相应位置,应该填入1/3,逐行填写直至完成。

表1 "教学实施"二级指标判断

指标	指标				评判标准
	课程设计	学习评价	学科素养	讲授技能	
课程设计					1表示两者同等重要;3表示前者较后者稍微重要;5表示前者较后者明显重要;7表示前者较后者强烈重要;9表示前者较后者极端重要。若后者较前者重要,则分别用1/3、1/5、1/7、1/9表示。2、4、6、8或者1/2、1/4、1/6、1/8表示相邻两标度的中间值
学习评价					
学科素养					
讲授技能					

表2 "信息处理"二级指标判断

指标	指标					评判标准
	信息素养	教学交互	媒体表达	监控支持	咨询建议	
信息素养						1表示两者同等重要;3表示前者较后者稍微重要;5表示前者较后者明显重要;7表示前者较后者强烈重要;9表示前者较后者极端重要。若后者较前者重要,则分别用1/3、1/5、1/7、1/9表示。2、4、6、8或者1/2、1/4、1/6、1/8表示相邻两标度的中间值
教学交互						
媒体表达						
监控支持						
咨询建议						

表3 "过程管理"二级指标判断

指标	指标			评判标准
	责任感	问题解决	团队协作	
责任感				1表示两者同等重要;3表示前者较后者稍微重要;5表示前者较后者明显重要;7表示前者较后者强烈重要;9表示前者较后者极端重要。若后者较前者重要,则分别用1/3、1/5、1/7、1/9表示。2、4、6、8或者1/2、1/4、1/6、1/8表示相邻两标度的中间值
问题解决				
团队协作				

表4 "职业认知"二级指标判断

指标	指标				评判标准
	特点认知	创造性思维	自我效能	自我提升	
特点认知					1 表示两者同等重要;3 表示前者较后者稍微重要;5 表示前者较后者明显重要;7 表示前者较后者强烈重要;9 表示前者较后者极端重要。若后者较前者重要,则分别用 1/3、1/5、1/7、1/9 表示。2、4、6、8 或者 1/2、1/4、1/6、1/8 表示相邻两标度的中间值
创造性思维					
自我效能					
自我提升					

表5 一级指标判断

指标	指标				评判标准
	教学实施	信息处理	过程管理	职业认知	
教学实施					1 表示两者同等重要;3 表示前者较后者稍微重要;5 表示前者较后者明显重要;7 表示前者较后者强烈重要;9 表示前者较后者极端重要。若后者较前者重要,则分别用 1/3、1/5、1/7、1/9 表示。2、4、6、8 或者 1/2、1/4、1/6、1/8 表示相邻两标度的中间值
信息处理					
过程管理					
职业认知					